Agenda 21

Birgit Breuel (Hg.)

Agenda 21

Vision: Nachhaltige Entwicklung

Campus Verlag
Frankfurt/New York

Die Buchreihe der EXPO 2000
Band 1

Idee, Konzeption und Realisierung:
Peter Felixberger,
Redaktionsbüro Wort&Tat, Erding

Redaktionelle Mitarbeit:
Peter Felixberger und Winfried Kretschmer, Erding
Gisela Klose, Frankfurt/Main

Die Deutsche Bibliothek - CIP-Einheitsaufnahme

Agenda 21 : Vision: nachhaltige Entwicklung / Birgit Breuel (Hg.). -
Frankfurt/Main ; New York : Campus Verlag, 1999
(Die Buchreihe der EXPO 2000 ; Bd. 1)
ISBN 3-593-36033-0

EXPO ‹2000, Hannover›:
Die Buchreihe der EXPO 2000 / Idee, Konzeption und Realisierung:
Peter Felixberger. - Frankfurt/Main ; New York : Campus Verlag
Bd. 1. Agenda 21. - 1999

Umschlaggestaltung und Layout: Pro Natur, Frankfurt/Main
Satz: Uwe Aufleger, Erding
Druck und Bindung: Druckhaus Beltz, Hemsbach
Gedruckt auf säurefreiem und chlorfrei gebleichtem Papier.
Printed in Germany

Inhalt

Vorwort

Birgit Breuel

Die ersten Weltausstellungen hatten eine klare Funktion. Im anbrechenden Industriezeitalter sollte der Menschheit die ganze sich entfaltende Leistungskraft einer grundlegend neuen Epoche demonstriert werden. Weltausstellungen waren Arenen, in denen der Weltöffentlichkeit der kulturelle Wandel der entwickelten Länder vorgeführt wurde – ein Wandel, den man damals noch völlig unbefangen Fortschritt nannte. Daneben ging es natürlich auch um schlichte Produktpräsentation, um herausragende Erzeugnisse alter und immer neuer Branchen. Diese Funktion, nämlich technischen Fortschritt und neue Produkte einer breiten Öffentlichkeit bekanntzumachen, haben die Weltausstellungen längst an nationale und internationale Industriemessen, später auch an immer spezialisiertere Fachmessen abgegeben.

Welche Aufgabe können Weltausstellungen heute erfüllen? Zunächst einmal sind sie Orte der Begegnung für viele Menschen und Kulturen. Ihre inhaltliche Aufgabe besteht darin, neue Fragen des zivilisatorischen Wandels aufzugreifen, die Veränderung des Denkens, der Werte, der sozialen Strukturen, die im Zuge der Globalisierung alle Gesellschaften – die der Industrienationen und die der sich entwickelnden Nationen – erfaßt hat, deutlich zu machen sowie neue Zukunftskonzepte vorzustellen.

Weltausstellungen sind Orte der Begegnung für Menschen und Kulturen.

Die EXPO 2000 bleibt der Weltausstellungstradition verbunden, indem sie die heutigen Marksteine der technologischen und gesellschaftlichen Entwicklung vorstellt – in der Informationstechnologie, Neurotechnologie, Gentechnologie, in der Zukunft der Arbeit, um nur einige Beispiele zu nennen. Die Innovation der EXPO 2000 besteht darin, daß sie Themen und Lösungskonzepte als Errungenschaften aller Nationen und gesellschaftlichen Gruppen zur Diskussion stellt, anstatt sie nur als herausragendes Ergebnis der Intelligenz von Experten hervorzuheben. Und das nicht nur für ein eingeweihtes Fachpublikum, sondern für eine breite internationale Öffentlichkeit.

Raus aus dem Elfenbeinturm!

Raus aus dem Elfenbeinturm, lautet die Devise. Bei dieser Weltausstellung sollen die Besucher nicht nur lernen, staunen – vielleicht zweifeln –, nein, wir wollen sie so in die Themen einführen, daß sie für sich selbst entscheiden können, wo sie mitreden und mitmachen wollen. Deshalb werden wir die Themen sinnlich erlebbar und erfahrbar gestalten, in ausdrucksstarken Bildern und praktischen Beispielen.

Vorgefertigte allgemeingültige Antworten auf globale Fragen für alle Gesellschaften gibt es nicht. Diese Erkenntnis setzt sich mehr und mehr durch. Die Entwicklung Amerikas als Inbegriff der Moderne ist ein Beispiel – Vorbild für die einen, Focus der Kritik für andere. Wir können voneinander lernen, aber das Gelernte kann nicht eins zu eins übertragen werden, sondern muß entsprechend angepaßt oder abgewandelt werden. Denn die Umsetzung aller Ideen, die es in unserer Welt gibt, erfolgt lokal – vor dem jeweiligen kulturellen Hintergrund, eingebettet in Traditionen, im Rahmen der jeweiligen sozialen und wirtschaftlichen Voraussetzungen.

Von den Grenzen des Wachstums zur Agenda 21

Der technische Fortschritt, den die Weltausstellungen zeigten, und die Entwicklung der Gesellschaften in den westlichen Nationen beruhen seit 1851 ganz wesentlich auch darauf, daß die begrenzten Ressourcen dieser Erde immer schneller ausgebeutet werden: gleich ob es die Erze für die Metallgewinnung sind, die fossilen Energieträger für den Energieverbrauch, der Boden für die landwirtschaftliche Erzeugung oder Luft, Wasser und Boden als Medien für die Aufnahme immer größerer Mengen von Zivilisationsabfällen.

Der Bericht des Club of Rome aus dem Jahr 1972 über »Die Grenzen des Wachstums« thematisierte erstmals für eine breitere Öffentlichkeit, daß dieser Ressourcenverbrauch an erkennbare Grenzen stoßen werde und daß die Entwicklung nicht einfach so weitergehen könne. Zwar haben sich viele quantitative und zeitliche Aussagen des Berichtes des Club of Rome als zu pessimistisch erwiesen. Ein grundlegender Fehler war ganz ohne Zweifel, daß bestimmte ökonomische Gesetzmäßigkeiten, aber auch gesellschaftliche Lernprozesse nicht in die Formeln seines Modells eingebaut waren. Denn wenn steigende Preise Knappheit signalisieren, führt das zwangsläufig zu Einsparungen und Verbrauchsverlagerungen. Und vielerorts haben sich die Menschen gerade aufgrund dieses Berichtes persönlich engagiert und Privatinitiativen gebildet.

Aber die grundsätzliche Aussage dieses ersten Berichts an den Club of Rome über die »Grenzen des Wachstums« bleibt richtig: Die natürlichen Ressourcen dieser Erde sind erschöpfbar, und der weltweite Gesamtverbrauch ist inzwischen so groß, daß wir uns schon auf mittlere Sicht das fortgesetzte Wachstum ihrer Inanspruchnahme nicht mehr leisten können. Diesen Gedanken hat die UN-Konferenz für Umwelt und Entwicklung von Rio im Jahr 1992 auf neue Weise aufgegriffen und den Begriff der »Nachhaltigkeit« der künftigen Entwicklung geprägt. Praktisch alle Nationen dieser Erde haben sich der auf dieser Konferenz verabschiedeten »Agenda 21« angeschlossen.

Der Begriff »Nachhaltige Entwicklung« beinhaltet auch das Zusammenleben und Zusammenwirken der Menschen.

Die Agenda 21 wird oft noch als eine Art »grünes« Umweltpapier abgetan. Der Begriff »Nachhaltige Entwicklung« beinhaltet aber sehr viel mehr als den sparsamen Umgang mit den Ressourcen dieser Erde. Er umfaßt auch das Zusammenleben und Zusammenwirken der Menschen. Zwei Punkte möchte ich dabei hervorheben, weil sie auch ganz maßgeblich das Konzept der EXPO 2000 beeinflussen.

Global denken – lokal handeln. Lokal denken – global handeln

Im Gegensatz zu manchem Dokument der UN aus früheren Zeiten ist die Agenda 21 eine klare Absage an eine zentralistische Vorstellung von einer Gesellschaft, die die Menschen von oben her steuert, in dem Glauben, das Wissen um den richtigen Weg sei nur an den Spitzen der großen Bürokratien vorhanden. Diese Vorstellungen sind in der internationalen Gemeinschaft weitgehend Vergangenheit.

Heute wird erkannt, daß konkrete Lösungen für die Probleme von unten her wachsen müssen, daß im Rahmen einer freiheitlichen Wirtschafts- und Gesellschaftsordnung mittelständische Unternehmen, lokale Behörden und private Initiativen in einer

Vielfalt von dezentralen Aktivitäten einen neuen Aufbruch viel effizienter bewirken können, als es durch zentrale Administrationen je möglich wäre.

Denn in der Frage der einzuschlagenden Wege hin zu nachhaltigem Wirtschaften gibt es weder Patentrezepte, noch sind Verbesserungen von einem Tag auf den anderen zu erreichen. Wir brauchen viele kleine, oft mühsame Schritte. Der marktwirtschaftliche Suchprozeß kann hier Motor sein, und deshalb wird ihm auch in der Agenda 21 eine wichtige Rolle zugewiesen. Das muß zum einen durch den Ausbau entsprechender Anreizsysteme und Steuerungssignale in den marktwirtschaftlichen Ordnungsrahmen unterstützt werden, zum anderen jedoch durch die Einbindung jedes einzelnen Menschen in diesen gesellschaftlichen Entwicklungsprozeß: seine Motivation, dabei mitzumachen, seine ganz persönliche Mitwirkung an der Gestaltung von Veränderungen. Die EXPO 2000 will den Menschen Hoffnung und Mut machen, durch eine Fülle von Lösungsbeispielen aus aller Welt, wie sie sich z.B. im Programm der Weltweiten Projekte widerspiegeln, durch thematisch zusammengefaßte Beispiele in den Erlebnislandschaften des Themenparks, durch nationale Lösungen in den Nationenpavillons, durch die Mitwirkung von Nicht-Regierungsorganisationen.

EXPO 2000 – für Menschen jeden Alters, jeden Geschlechts, jeder Hautfarbe, jeder Nationalität, für Laien und Experten!

Die EXPO 2000 ist eine Weltausstellung zum Mitmachen und zum Miterleben – für Menschen jeden Alters, jeden Geschlechts, jeder Hautfarbe, jeder Nationalität, für Laien und Experten!

Mensch – Natur – Technik: Eine neue Welt entsteht

Diese Weltausstellung hat zum ersten Mal ein für alle Teilnehmer verbindliches Thema: Mensch-Natur-Technik. Dieses Thema ist verbindlich und verbindend zugleich. Denn damit werden alle Teilnehmer zu Mitwirkenden und Mitverantwortlichen des Gesamtprogramms der EXPO 2000. Der Mensch steht dabei im Mittelpunkt des Spannungsfeldes von Natur und Technik. In seiner Macht steht es, seine Bedürfnisse mit den natürlichen Ressourcen durch Einsatz technischer Hilfsmittel in Einklang zu bringen.

Alle Entwicklungen in unserer globalen Welt sind für mich daran zu messen, ob und inwieweit sie die Menschenwürde respektieren. Trotz aller kulturellen Unterschiede erweist sich die Menschenwürde in der Eigenverantwortung und dem Recht auf Kreativität und Eigenständigkeit des einzelnen oder von Gruppierungen bei der Realisierung von Ideen und Zielen. Soziale und ökologische Normen sollen Anreiz und Rahmen für Phantasie und Schaffenskraft sein, nicht deren Einschränkung und Gängelung. Soziale Absicherung, wirtschaftliche Anreizsysteme und Subventionen sind kein Ersatz für Eigenverantwortung. Keine Nation, keine Branche, keine benachteiligte Minderheit hat sich bisher durch stetige und garantierte Subventionen positiv und unabhängig entwickelt. Eine bittere Wahrheit, die fast alle humanitären Strömungen in eine ganz andere Richtung gelenkt hat: Hilfe zur Selbsthilfe.

Zur Würde des Menschen gehört mehr als die Abwesenheit von Hunger und Not.

Die Agenda 21 macht deutlich, daß zur Würde des Menschen entschieden mehr gehört als bloß die Abwesenheit von Hunger und Not. Hinzukommen müssen die Freiheit zur Kreativität im eigenen Wirkungsbereich, die Möglichkeit zum eigenverantwortlichen Handeln in kleinen lokalen Gruppen und – ganz obenan – das demokratische Mitwirken am Handeln der Nation.

Zur Jahrtausendwende steht eine Neuausrichtung der Wachstums- und Entwicklungsziele der Weltwirtschaft zur Diskussion. Die EXPO 2000 will dazu einen prägenden Beitrag liefern. Deshalb haben wir lokale und globale Herausforderungen und Lösungen für diesen Wandel zum Generalthema unserer Weltausstellung gemacht.

Die EXPO 2000 findet ähnlich wie ihre allererste Vorgängerin im Jahr 1851 an einer Zeitenwende statt. Damals, vor 150 Jahren, machte die Weltausstellung anschaulich, wie die Innovationskraft menschlichen Denkens, Erfindens und Gestaltens die bis dahin erkennbaren Grenzen der Entwicklung der Menschen und ihrer Gesellschaften auf dieser Erde ins scheinbar Unermeßliche ausweitete. Heute müssen wir uns die Frage stellen, ob es nicht angezeigt wäre, daß die EXPO 2000 nun praktisch den Abschluß dessen verkündet, was 1851 in London begann. Markiert sie das Ende einer Phase ungeheueren Wachstums der Weltwirtschaft? Gegen diese Fragen setzt die Agenda 21 eine Botschaft der Zuversicht, ohne deshalb in den Traum vermeintlicher Grenzenlosigkeiten zurückzuverfallen. Für sie ist die neue Phase der wirtschaftlichen und zivilisatorischen Entwicklung der Länder dieser Welt vor allem eine Herausforderung. Wenn man die Agenda 21 von Rio auf ihren Kern reduziert, dann besteht diese Herausforderung darin, daß wir überall eine menschenwürdige Entwicklung sichern können, sofern wir weltweit zwei Bedingungen erfüllen:

- Wir müssen die Inanspruchnahme der natürlichen Ressourcen dieser Erde verringern.
- Wir müssen der Kreativität und Verantwortung des einzelnen Menschen und der kleinen Gemeinschaften in allen Völkern und Nationen einen viel höheren Stellenwert einräumen als bisher – oder mit anderen Worten: Wir müssen die Würde des Menschen in den Mittelpunkt stellen.

Ressourcenschonendes Wachstum und Tätigkeitsgesellschaften

Die Agenda 21 befaßt sich in besonderer Weise mit dem Problem, daß wir die Ressourcen unserer Erde stärker schonen müssen, als wir das in der Vergangenheit getan haben. Aber nicht Begrenzung des wirtschaftlichen Wachstums ist hier die Lösung, sondern die Reduzierung der Inanspruchnahme der natürlichen Ressourcen. Die Erfahrung der entwickelten Industrieländer zeigt, daß dies kein Widerspruch sein muß.

Allerdings ist es eine Illusion zu glauben, die Lösung läge allein in der Steigerung der Effizienz bei der Nutzung der Ressourcen. Eine Änderung der Verbrauchsstrukturen und Konsumgewohnheiten gehört ebenso zwingend dazu. Um es an einem Beispiel deutlich zu machen: Es genügt nicht, den Energieaufwand für den Verkehr von Personen und Gütern durch effizientere Fahrzeuge, Motoren und Verkehrsmittel zu vermindern. Es gehören dazu auch ein Umdenken in der Stadtplanung, die die durchschnittlichen Entfernungen zwischen Wohnung und Arbeitsstätte kürzer werden läßt, und eine weitere Verbesserung der Telekommunikation, die den Bedarf an berufsbedingten Reisen vermindert, sowie neue Konzepte der Logistik, die immer mehr Gütertransporte überflüssig machen.

Die wichtigste Ressource, die wir für diese Innovation der Wirtschaft brauchen, ist Kreativität.

Die wichtigste Ressource, die wir für diese Innovation der Wirtschaft brauchen, ist Kreativität: technische Kreativität, um neue Produkte, Dienstleistungen und Verfahren zu entwickeln, und wirtschaftliche wie politische Kreativität, um in unserer Gesellschaft die richtigen Anreiz- und Steuerungssysteme zu entwickeln, die Raum für kreative Gedanken und ihre Umsetzung bieten und schaffen. Aber bei all dem geht es nicht um die Problemlösungen an sich, sondern um uns, um die Menschen, die in Selbstachtung und Verantwortung am Leben ihrer Gesellschaft teilhaben und ihre Zukunft aktiv mitgestalten.

Die modernen Gesellschaften sind Arbeitsgesellschaften geworden. Das bedeutet, daß Teilhabe am gesellschaftlichen Leben sich maßgeblich als Teilhabe an der Arbeit versteht und für immer mehr Menschen die Erwerbsarbeit aus wirtschaftlichen und psychologischen Gründen Voraussetzung für ihr Selbstbewußtsein ist. Die heutigen Industrieländer kommen nicht umhin, die Weiterentwicklung von der Industriegesellschaft zur Dienstleistungsgesellschaft genauso kreativ und flexibel zu gestalten wie seinerzeit die Umstellung von der Agrargesellschaft zur Industriegesellschaft – nicht zuletzt, weil auch das Gebot des nachhaltigen Wirtschaftens dies unumgänglich macht. Und das bedeutet, daß sie auch bereit sein müssen zum Austausch von Waren und Dienstleistungen mit den sich entwickelnden Ländern und zum Rückzug aus Tätigkeitsgebieten, die vielleicht einmal ihre Kernkompetenz in ihrem Industriezeitalter ausgemacht haben.

In Modellen für Tätigkeitsgesellschaften stehen bezahlte Erwerbsarbeit, Familienarbeit, Eigenversorgung, gesellschaftliche und ehrenamtliche Arbeit und Bildungsarbeit gleichberechtigt nebeneinander.

Aber es bedarf auch einer grundsätzlichen neuen Verständigung darüber, wie wir gesellschaftliche Nützlichkeit in Zukunft neu definieren und bewerten wollen. Es gibt neue Modelle von sogenannten Tätigkeitsgesellschaften, in denen bezahlte Erwerbsarbeit, Familienarbeit, Eigenversorgung, gesellschaftliche und ehrenamtliche Arbeit, Bildungsarbeit miteinander kombiniert werden und in denen sich die Wertschätzung von Tätigkeiten nicht nur an der Höhe der gezahlten Steuern oder Sozialversicherungsbeiträge bemißt. Diese Gedanken werden wir mit den Ausstellungsbeiträgen der EXPO 2000 aufnehmen. Die Besucher werden solche Modelle von Tätigkeitsgesellschaften in einer Ausstellungslandschaft selbst ausprobieren und erleben können.

EXPO 2000 – anfaßbare, handfeste, machbare Lösungen

Im Jahr 2000, in dem nun Deutschland erstmals Gastgeber einer Weltausstellung sein wird, kommt dem deutschen Beitrag eine besondere Bedeutung zu. Wir werden uns als wiedervereintes Deutschland zeigen. Niemand konnte das bei der Bewerbung im Jahr 1988 ahnen. Damit stehen wir natürlich ganz besonders im

Scheinwerferlicht der Weltöffentlichkeit. Wir sehen uns einer Fülle von neuen Erwartungshaltungen gegenüber: Wie hat Deutschland zehn Jahre nach der politischen Einheit die Teilung überwunden? Welche neuen Modelle des Zusammenlebens haben sich daraus entwickelt bzw. welche gemeinsamen Zukunftsentwürfe lassen sich für das anbrechende neue Jahrhundert daraus ableiten?

Die gemeinsame Vorbereitung der Weltausstellung und des deutschen Beitrags kann uns selbst einen großen Schritt bei der Diskussion um Reformen weiterbringen. Einige ärmere Länder haben sich die Frage gestellt, ob ihre Teilnahme an der Weltausstellung sinnvoll ist. Die Antwort ist eindeutig: Fast alle haben sich bereits heute entschlossen dabeizusein. Weil sie sehen, daß sie auf eindrucksvolle Weise dadurch Aufmerksamkeit für ihre besonderen Entwicklungsprobleme und ihre Lösungen erwecken und gerade in den Industrieländern klarmachen können, daß bei ihnen nachhaltige Entwicklung oft im Kontext von Hunger, Not und Bevölkerungswachstum steht, aber auch im Kontext ganz unterschiedlicher Traditionen.

Die Weltausstellung EXPO 2000 ist in meinen Augen ein Ereignis, das wie kein anderes an der Wende des Jahrtausends den Nationen Gelegenheit bietet zu zeigen, welche Zukunftsentwürfe sie für ihr Land im globalen Kontext entwickelt haben. Und ebenso wird diese Weltausstellung vielen erst bewußt machen, wie viele vermeintlich isolierte Entwicklungen letztlich in den großen Zusammenhang der Lösungen dieser beiden Zukunftsfragen unserer Erde gehören.

Damit wird diese Weltausstellung ein Marktplatz der nationalen und globalen Ideen und Lösungen. Auf diesem Marktplatz werden die Nationen miteinander in Wettbewerb treten, nicht mehr in dem klassischen Sinne, daß sie ihre neuesten Industrieprodukte ausstellen. Es wird eine Kumulation von Wissen und Können sein, eine Olympiade der Visionen und deren Umsetzung für die Gestaltung der Zukunft. Mit vielen praktischen, anfaßbaren und machbaren Beispielen wird die EXPO 2000 einmal für fünf Monate den weltweiten Prozeß zur Agenda 21 abbilden und für eine breite Öffentlichkeit sichtbar machen. Sie kann damit diesem Prozeß eine große Schubkraft geben.

Die EXPO 2000 ist ein Marktplatz der nationalen und globalen Ideen und Lösungen.

Die Buchreihe zur EXPO 2000

Die Buchreihe, die wir mit diesem Band eröffnen, umfaßt zwölf realisierbare Visionen und aktuelle Reports zu den wichtigsten Zukunftsthemen der Menschheit. Die zwölf Bände packen die heißen Eisen an, die in unserer Zukunft entscheidend sein werden: Gesundheit, Ernährung, Mobilität, Energie, Klima, Wissen und Kommunikation, Grundbedürfnisse, Arbeit, Umwelt und Landschaft sowie schließlich der Mensch und das 21. Jahrhundert.

Die Buchreihe umfaßt zwölf realisierbare Visionen und aktuelle Reports zu den wichtigsten Zukunftsthemen der Menschheit.

Jeder Band ist in zwei Teile gegliedert: Im ersten entwirft ein namhafter Autor eine mögliche Vision für die Zukunft, im zweiten finden sich weltweite Bestandsaufnahmen und Reports über die Gegenwart. Jedes unserer Themen wird von bedeutenden Wissenschaftlern, Managern, politischen Aktivisten, Künstlern und Publizisten so aufbereitet, daß der Leser einerseits erfährt, wie unterschiedlich die einzelnen Kulturen damit umgehen, andererseits erkennt, warum welche Entwicklungspfade in der westlichen Zivilisation eingeschlagen werden müssen.

Ziel sind keine Höhenflüge, sondern konkrete Pfade in das neue Jahrtausend: Ökoeffizienz im Umweltmanagement, Klimaschutz in Ost und West, Weltbürgergesellschaft, Solarzeitalter – das sind Stichworte, die heute vielleicht noch diversen Fachöffentlichkeiten vorbehalten sind, die aber morgen schon im Rampenlicht globaler Problemlösungen stehen werden. Wir wollen mit diesen Bänden stabile und tragfähige Brücken bauen, die weit über die Tagesaktualität hinaus Bestand haben werden.

Das ist übrigens eine Richtschnur, an die wir uns bei der Vorbereitung der Weltausstellung in Hannover generell halten. Die EXPO 2000 will und darf nicht in einem fünfmonatigen Feuerwerk verpuffen, sondern soll nachhaltig im eigentlichen Sinne des Wortes in die künftigen Zeitläufe hineinwirken.

Autoren aus über 30 Ländern werden in dieser Buchreihe dafür sorgen, daß Stimmen aus aller Welt zu Gehör kommen: Klimaforscher aus dem Nordwesten Kanadas, Soziologen aus Singapur, indische Frauenrechtlerinnen, Landschaftskünstler aus den USA, Ranger aus Südafrika zeigen Vielfalt und interkulturelle Rücksichtnahme jenseits nationaler Nabelschau und Beschränktheit. Der Blick über den Tellerrand zwingt aber auch den Leser, sich mit ungewohnten Argumentationslinien auseinanderzusetzen und andere Begriffspfade zu betreten.

Wir verstehen die offizielle Buchreihe der EXPO 2000 als Bereicherung der zahlreichen Veranstaltungen.

Wir verstehen die offizielle Buchreihe der EXPO 2000 nicht nur als intellektuelle Begleitmusik unserer Weltausstellung, sondern auch als Bereicherung der zahlreichen Veranstaltungen, mit denen wir im Vorfeld dieses Ereignisses in eigener Sache werben. Und nicht zuletzt erwarten wir uns von den etwa 70 AutorInnen eine prägende Beteiligung an unseren Symposien im Rahmen des »Global Dialogue« während der Weltausstellung vom 1. Juni bis zum 31. Oktober 2000.

Wege in eine nachhaltige Zukunft

Ortwin Renn, Anja Knaus, Hans Kastenholz

Was bedeutet Nachhaltigkeit?

Als der sächsische Oberberghauptmann von Carlowitz im Jahre 1713 in seinem Buch *Sylvicultura Oeconomica* zum erstenmal den Begriff der Nachhaltigkeit verwendete, hatte er wohl nicht geahnt, daß dieser Begriff 274 Jahre nach dem Erscheinen seines Werkes international in aller Munde sein würde. Eine nachhaltige Forstwirtschaft, so der Oberberghauptmann, beruhe auf dem Grundsatz, daß man nur so viel an Holz einschlagen dürfe, wie durch Neupflanzung an Bäumen nachwachsen würde. Das Konzept einer nachhaltigen Bewirtschaftung von Naturressourcen leuchtete damals nicht nur den Forstwirtschaftlern ein. Was auch immer der Mensch durch Erfindungsgeist, Arbeitseinsatz und Organisationskraft an Produkten geschaffen hat und auch weiter schaffen wird, ist auf irgendeine Vorleistung der Natur angewiesen. Alle dem Menschen zur Verfügung stehenden Grundstoffe wie auch alle Primärenergieträger, die zur Herstellung von Produkten und Dienstleistungen benötigt werden, sind aus der Natur entnommen. Ohne Atemluft, Wasser und Sonneneinstrahlung wäre jedwedes Leben auf der Erde unmöglich.[1]

Ohne Atemluft, Wasser und Sonneneinstrahlung wäre Leben auf der Erde unmöglich.

In den mehr als 250 Jahren, die seit der Mahnung des Hauptmanns von Carlowitz vergangen sind, hat die Welt den Grundsatz der Nachhaltigkeit nur wenig beherzigt. Weltweit gesehen kann man nicht einmal mehr von einer nachhaltigen Forstwirtschaft sprechen. Schätzungen zufolge sind seit dem Jahr 1700 mehr als 24 Prozent der damals existierenden Waldgebiete von 4,5 Milliarden Hektar verschwunden. Mit 180 Millionen Hektar fiel nach Berechnungen der UNO-Organisation für Ernährung und Landwirtschaft (FAO) im Zeitraum zwischen 1980 und 1995 weltweit eine Waldfläche der Rodung zum Opfer, die fünfmal so groß ist wie die Fläche des vereinten Deutschlands. Die schwindenden Waldflächen sind nur ein Indikator für die besorgniserregende Lage. Eine Reihe von weiteren Anzeichen sprechen dafür, daß sich die Welt auf einem gefährlichen Kurs bewegt. Eine kleine Auswahl mag einen Eindruck von der Brisanz der Lage vermitteln: Zur Zeit wächst die Weltbevölkerung alle neun Monate um gut 80 Millionen Menschen, also etwa um die Einwohnerzahl von ganz Deutschland. In Deutschland belastet jeder Einwohner die Umwelt jährlich mit 13,7 Tonnen Treibhausgasen, mit den Schadstoffemissionen von 158 Gigajoule Energieverbrauch, mit rund 0,01 km Straßennetz und 400 Kilogramm Hausmüll. Im Bereich der Energieversorgung wird der Weltbedarf heute zu etwa 90 Prozent durch fossile Energieträger gedeckt. Diese werden in absehbarer Zeit, also in Jahrzehnten oder spätestens Jahrhunderten, versiegt sein. Entscheidender ist jedoch, daß mit ihrer Nutzung in großem Ausmaß Schadstoffe in Luft und Wasser entlassen werden, die sich negativ auf die menschliche Gesundheit und die Funktionsfähigkeit ökologischer Systeme auswirken. Der Biologe Hans Mohr resümiert: »Wir leben total von der Substanz. Die hohe Tragekapazität, auf die wir angewiesen sind, verlangt den vollen Einsatz der einmaligen, eng begrenzten fossilen Energie- und Rohstoffreserven und die totale Verwandlung der Welt in eine Produktions- und Abfallbeseitigungsmaschine mit gigantischem Energiebedarf.«[2] Die menschlichen Gesellschaften sind also auf dem besten Wege, die Grundsätze einer nachhaltigen Bewirtschaftung in den Wind zu schlagen. Was vor mehr als 250 Jahren mit der nachhaltigen Forstwirtschaft angedacht wurde, muß heute als Prinzip des Wirtschaftens neu entdeckt und praktiziert werden.

Die menschlichen Gesellschaften sind auf dem besten Wege, die Grundsätze einer nachhaltigen Bewirtschaftung in den Wind zu schlagen.

Diese Forderung ist einfacher gesagt als in die Tat umgesetzt. Eine zukunftsgerechte, den berechtigten Ansprüchen kommender Generationen angemessene Entwicklung läßt sich weder mit dem Motto »Weiter so wie bisher« noch mit der Devise »Zurück zur Natur« verwirklichen. Die Hoffnung vieler Ökonomen, der Markt werde schon für die richtigen Signale einer vorausschauenden Naturnutzung sorgen, läßt sich angesichts der heutigen Bedrohungen nicht oder nur bedingt aufrechterhalten. Gleichzeitig würde aber eine Politik der Prioritätensetzung für den Erhalt der Natur die Angewiesenheit des Menschen auf die Umwandlung von Natur- in Kulturflächen und auf die Inanspruchnahme der Material- und Energiereserven dieser Welt verkennen und die für alle Menschen ebenfalls lebenswichtigen Zinsen aus dem künstlichen Kapitalstock gefährden. Kurzum: Eine einfache Verhaltensregel, wie die Menschen mit den Bedrohungen ihrer Umwelt umgehen sollen, ist weder in Sicht noch zukünftig zu erwarten. Vielmehr liegt die schwierige Aufgabe darin, genauer zu bestimmen und zu begründen, welche Eingriffe in die Natur aus heutiger Sicht gerechtfertigt und welche besser zu unterlassen sind. Alle Nationen müssen sich daher mit der Frage beschäftigen, welches Erbe sie der kommenden Generation hinterlassen wollen.

Alle Nationen müssen sich mit der Frage beschäftigen, welches Erbe sie der kommenden Generation hinterlassen wollen.

Dies war auch das Thema einer Arbeitsgruppe der Vereinten Nationen unter der Leitung der späteren Ministerpräsidentin von Norwegen Gro Harlem Brundtland. Im Jahre 1987 veröffentlichte diese Arbeitsgruppe einen Bericht, in dem »nachhaltige Entwicklung« als Eckpfeiler einer für die heutige Generation wie für die Nachwelt beispielhaften Politik genannt und erläutert wurde. Die an der Arbeitsgruppe beteiligten Politiker und Wissenschaftler aus aller Welt definierten nachhaltige Entwicklung als eine »Entwicklung, die die Bedürfnisse der Gegenwart befriedigt, ohne zu riskieren, daß künftige Generationen ihre eigenen Bedürfnisse nicht befriedigen können.«[3] Das Konzept der Nachhaltigkeit beflügelte den »Erdgipfel« von 1992 in Rio de Janeiro, bei dem sich mehr als 170 Staaten verpflichteten, gemeinsam darauf hinzuwirken, »daß die Bedürfnisse gegenwärtiger und zukünftiger Generationen auf Entwicklung und Umwelt gerecht erfüllt werden.«[4]

In den Formulierungen der Brundtland-Kommission wie der Rio-Deklaration kommt der Kerngedanke der intergenerationalen Gerechtigkeit zum Ausdruck, d.h., jede Generation bestimmt durch die eigene Lebens- und Arbeitsweise die Spielräume der nachfolgenden Generationen. Der Zustand der jeweils weitervererbten Natur und Kultur entscheidet über die Potentiale, die für die Befriedigung der Bedürfnisse in der Zukunft zur Verfügung stehen. Ziel einer nachhaltigen Entwicklung ist die Erhaltung dieser Potentiale. Wie diese im einzelnen aussehen sollen und welche Elemente der natürlichen und künstlichen Umwelt erhaltenswürdig sind, ist unter Wissenschaftlern, Politikern und Vertretern gesellschaftlicher Gruppen allerdings heftig umstritten. Als Leitbild für eine zukunftsfähige Politik im Sinne der Gleichberechtigung aller Generationen steht das Konzept der Nachhaltigkeit zwar für die Einsicht, daß Wirtschaft und Gesellschaft sich an neuen Entwicklungslinien orientieren müssen, über genaue Zielrichtung und konkrete Ausgestaltung gibt es aber bislang keinen internationalen Konsens. Trotz dieser Begriffsverwirrung (*Abb. 1*) avancierte der Begriff der Nachhaltigkeit zum populären Schlagwort für Lösungsansätze und wurde zur Basis mehr oder weniger konkreter Zielbestimmung auf kommunaler, lokaler, nationaler und internationaler Ebene.

Nachhaltige Entwicklung – eine Frage der Definition **Abb. 1**

- eine Entwicklung, die dazu geeignet ist, eine dauerhafte Befriedigung menschlicher Bedürfnisse und eine Verbesserung der menschlichen Lebensqualität zu verwirklichen (Allen; 1980)
- unbegrenztes Überleben der menschlichen Spezies, Lebensqualität über ein rein biologisches Überleben hinaus und die Fortdauer aller Komponenten der Biosphäre, auch der Bestandteile, die anscheinend keinen Vorteil für die Menschheit bieten (Brown/Flavin/Postel; 1991)
- ein Modell für soziale und struktur-ökonomische Umgestaltung, welche die ökonomischen und gesellschaftlichen Vorteile der jetzt lebenden Menschen optimiert, ohne das wahrscheinliche Potential für ähnliche Vorteile in der Zukunft zu gefährden (Goddland/Leddec; 1987)
- die Konstanz des natürlichen Kapitalstocks und die Möglichkeit, auch zukünftig von dessen Zinsen zu leben (Pearce/Markandya/Barbier; 1993)
- ein Prinzip, das auf die Anordnung hinauslaufen muß, die Produktionskapazität für eine unbestimmte Zukunft zu schützen (Solow; 1992)
- ein positiver sozio-ökonomischer Wandel, der die ökologischen und sozialen Systeme nicht schwächt, von denen die Gesellschaft und ihre Teilgruppen abhängig sind (Rees; 1988)
- eine Entwicklung, die die Bedürfnisse der Gegenwart befriedigt, ohne die Fähigkeit zukünftiger Generationen zu gefährden, ihre eigenen Bedürfnisse zu befriedigen (Brundtland; 1987)
- ein Konzept, das darauf ausgerichtet ist, daß die natürliche Umwelt und der damit verbundene Kapitalstock an natürlichen Ressourcen so weit erhalten werden muß, daß die Lebensqualität zukünftiger Generationen gewährleistet bleibt (Akademie für Technikfolgenabschätzung; 1993)

Nachhaltigkeit leitet sich nicht aus dem ökologischen oder einem anderen naturwissenschaftlichen Wissen ab.

Die Konkretisierung des Konzeptes der Nachhaltigkeit und die Erarbeitung praxisorientierter Umsetzungsstrategien ist in den letzten Jahren als eine große Herausforderung für die Wissenschaft begriffen worden. Dabei beschreibt das Konzept Nachhaltigkeit selbst jedoch keinen wissenschaftlich beobachtbaren Sachverhalt: Nachhaltigkeit leitet sich nicht aus dem ökologischen oder einem anderen naturwissenschaftlichen Wissen ab. Nachhaltigkeit ist vielmehr ein normatives Prinzip, das für alle Menschen der Erde gelten soll. Es geht um die Frage, wie Menschen heute und morgen leben sollen und was ein »gutes« Leben ist. Zentrale Elemente in dieser Diskussion sind die Forderung nach Schutz und Erhalt der natürlichen Umwelt und die Kritik an den Eingriffen des Menschen in die natürlichen Kreisläufe.

Die Frage nach dem richtigen Handeln zu stellen ist Aufgabe der praktischen Philosophie, der Ethik. Umweltethische Überlegungen knüpfen an der Beziehung zwischen Menschen und ihrer natürlichen und künstlichen Umwelt an: Ist die Entwicklung der heutigen Gesellschaft, die mit der Umgestaltung von Natur durch den Menschen einhergeht, in den heutigen Dimensionen noch zu rechtfertigen? Welchen Wert hat die Natur? Wie sieht der ethisch richtige Umgang des Menschen mit der Natur aus? Das menschliche Naturverständnis ist entscheidend für die Interpretation von Nachhaltigkeit, weil es die Frage nach der Schutzwürdigkeit von Natur und damit die Definition erkennbarer Grenzen des menschlichen Handelns wesentlich beeinflußt. Da der Mensch als einziges Lebewesen die Fähigkeit besitzt, auch weitreichende Folgen des eigenen Handelns zu erkennen, muß sich die Aufstellung und Befolgung umwelt-ethischer Normen für Nachhaltigkeit an einer anthropozentrischen Sichtweise ausrichten. Diese Sichtweise stellt den Mensch und seine Bedürfnisse in den Mittelpunkt. Die Natur selbst kann dem Menschen nicht zeigen, was erhaltenswert ist. Als zweckorientiertes und selbstbestimmtes Wesen, das in der Lage ist, über sich und seine Interessen hinauszuschauen, steht der Mensch unter der grundlegenden sittlichen Norm, nur diejenigen Handlungen auszuführen, die er selbst als gut und geboten einordnen kann. Wichtig ist dabei, daß der Mensch als Adressat der moralischen Norm Natur nicht nur als Material und Mittel zur eigenen Selbstverwirklichung sieht, sondern auch über einen objektivierbaren und technisch verfügbaren Nutzen hinaus Verantwortung für seine Umwelt übernehmen kann. Diesem Ansatz zu folgen bedeutet, den Umgang mit der Natur am Wohlergehen der heute und zukünftig lebenden Menschen auszurichten und bei Entscheidungen über ihre Schutzwürdigkeit neben ihrem instrumentellen Wert als Ressourcenlager und Aufnahmebecken für Abfälle auch ihre Bedeutung als Quelle der Schönheit und Inspiration sowie als Bezugsrahmen für religiöse oder ästhetische Empfindungen zu berücksichtigen.

Welchen Wert hat die Natur? Wie sieht der ethisch richtige Umgang des Menschen mit Ihr aus?

Damit Grenzen in bezug auf Belastung und Inanspruchnahme von Bestandteilen der Natur erkennbar werden, sind Informationen notwendig, die vor allem die Naturwissenschaft liefern kann. Indem sie Wirkungsketten durchleuchtet, Eingriffe in die Natur analysiert und aufzeigt, wo die Entfaltung des Menschen die Umwelt verändert und negative Konsequenzen hervorrufen kann, ermöglicht sie einen sachgerechten Umgang des Menschen mit den natürlichen Grundlagen seiner Existenz.

Eine Ansammlung naturwissenschaftlicher Fakten reicht jedoch nicht aus, um Handlungsalternativen im Hinblick auf Nachhaltigkeit aufzuzeigen. Hilfestellung für diese notwendigen Entscheidungsfindungsprozesse, die auf der Abwägung von positiven und negativen Konsequenzen beruhen, leistet zunächst die Ökonomie. Ökonomische Ansätze thematisieren die Voraussetzungen wirtschaftlichen Handelns und stellen Instrumente zur Beeinflussung der wirtschaftlichen Aktivität bereit. Die begrenzte Verfügbarkeit von natürlichen Ressourcen und die Konkurrenz zwischen unterschiedlichen Nutzungsansprüchen sind Problemstellungen, für deren Bearbeitung das ökonomische Instrumentarium hilfreich ist.

An der Klärung des Verhältnisses zwischen Mensch und Natur mitzuwirken, stellt die Aufgabe der Kultur- und Sozialwissenschaften dar. Diese Disziplinen können die für die Umsetzung der Nachhaltigkeit notwendigen Abwägungsprozesse beobachten und aus der Analyse sozialer Verhandlungsprozesse praktische Anregungen für Konsensfindung, Diskursführung und der Erarbeitung gemeinsam getragener Handlungsstrategien vermitteln. Darüber hinaus können Psychologen und Soziologen dabei helfen, die Kluft zwischen Denken und Handeln verstehen zu lernen und Anreizsysteme für umweltgerechtes Verhalten zu entwerfen.

Verschiedene Wissenschaften können gemeinsam dazu beitragen, verbindliche Maßstäbe für den richtigen Umgang mit der natürlichen Umwelt zu entwerfen.

Verschiedene Wissenschaften können gemeinsam dazu beitragen, verbindliche Maßstäbe für den richtigen Umgang mit der natürlichen Umwelt zu entwerfen. Jedes noch so fundierte und umfangreiche Wissen befreit die Menschen aber nicht von der anspruchsvollen Aufgabe zu entscheiden, was im Sinne der Nachhaltigkeit zu tun bzw. zu unterlassen ist. Entscheidungen über Naturerhalt und Naturnutzung erfordern Prozesse der Bewertung und Abwägung. Die Gesellschaft muß sich über Präferenzen und die Gewichtung von Werten verständigen.

Welche Erbschaft hinterlassen wir der Nachwelt?

Ziel ist es, die Produktivität und den immateriellen Wert von Natur und Umwelt dauerhaft zu erhalten.

Ziel einer nachhaltigen Entwicklung ist es, die Produktivität und den immateriellen Wert von Natur und Umwelt dauerhaft zu erhalten. Wie aber können die Menschen konkret ihr Leben so gestalten, daß sie die Möglichkeiten für die nach ihnen Lebenden bewahren? Verlangt die Orientierung am Postulat der Nachhaltigkeit, daß die Menschen die natürliche Umwelt fortan um jeden Preis, und sei es durch drastische Einschränkungen ihres Konsumverhaltens, schützen müssen, oder ist es mit einigen wenigen Korrekturen am heutigen Lebensstil getan?

Angesichts der heutigen Lage des anhaltenden Bevölkerungswachstums, der Globalität der Auswirkungen menschlicher Eingriffe in die natürliche Umwelt, der zunehmenden Eingriffstiefe und der Geschwindigkeit dieser Veränderungen stellt die Situation am Ende des 20. Jahrhunderts eine neuartige Bedrohung dar. Auch wenn viele der negativen Auswirkungen sinnlich (noch) nicht wahrnehmbar sind, zeichnet sich mehr als deutlich ab, daß die heutige Entwicklung der Welt von den Prinzipien der Nachhaltigkeit weit entfernt ist. Mit der Diagnose der »Nicht-Nachhaltigkeit« ist die schwierige Aufgabe, genauer zu bestimmen und zu begründen, welches Erbe die Menschheit den kommenden Generationen im Sinne der Nachhaltigkeit überlassen soll, aber immer noch ungelöst.

In diesem Zusammenhang muß auch danach gefragt werden, inwieweit aus der Natur stammende Güter durch fast identische synthetisch hergestellte Produkte ersetzt werden können, um die natürlichen Ressourcen weitgehend zu schonen. Über die stoffliche und funktionale Substituierbarkeit hinaus wird aber auch darüber gestritten, ob den durch die Transformation von der Natur geschaffenen künstlichen Gütern unter Umständen der gleiche Wert beigemessen werden kann wie den in diesem Prozeß verbrauchten oder geschädigten natürlichen Bestandteilen. Bei dieser nutzenorientierten Substitution ist entscheidend, ob der entgangene Nutzen durch die Verwendung von natürlichen Bestandteilen größer oder kleiner ist als der neu geschaffene Nutzen durch die Schaffung der künstlichen Werte. Ist es beispielsweise gerechtfertigt, für den Bau und den Betrieb von Schulen und Krankenhäusern Rohstoffe und Energieträger zu verwenden, deren Nachwachsen nicht gesichert ist? Die Beurteilung der funktionalen und in besonderem

Maße der nutzenorientierten Substitution hängt von den subjektiven Einschätzungen und Präferenzen der Betroffenen ab.

Vertreter der sogenannten »starken« Nachhaltigkeit gehen davon aus, daß natürliche Bestandteile der Umwelt kaum durch künstlich geschaffene Elemente ersetzbar sind; die beiden Elementeklassen also in einem komplementären Verhältnis zueinander stehen. Protagonisten der sogenannten »schwachen« Nachhaltigkeit hingegen vertreten die Meinung, daß ein großer Teil der Elemente aus der Natur durch menschengemachte Elemente ersetzbar ist, also ein substitutives Verhältnis besteht. Beide Konzepte stellen Extreme dar, die in einer reinen Form nicht realisierbar sind. Starke Nachhaltigkeit zielt auf die Konstanz des Bestandes an natürlichem Kapital und ist stark von dem Gedanken der Konservierung von Natur geprägt. Ausgehend von der heutigen Bevölkerungsdichte und den herrschenden Ansprüchen an die Lebensgestaltung ist starke Nachhaltigkeit im Sinne einer vollständigen Komplementarität unmöglich, weil jede wirtschaftliche Aktivität eine Umwandlung von natürlichen Ressourcen in nicht-nutzbare Reststoffe bedingt. Allein von der Natur könnten die heute bereits existierenden fast sechs Milliarden Menschen nicht leben. Bei allen erschöpfbaren Ressourcen würde starke Nachhaltigkeit – bei konsequenter Verfolgung – ein Nutzungsverbot implizieren. Das heißt, daß alle Generationen auf die Nutzung verzichten und somit erhebliche Einbußen der Lebensqualität in Kauf nehmen müßten. Auch das Konzept der schwachen Nachhaltigkeit führt sich mit der Unterstellung fast grenzenloser Substituierbarkeit letztlich ad absurdum, weil hier außer Acht gelassen wird, daß jedes Produkt auf natürliche Vor- oder Nachleistungen angewiesen ist. Die Lebensqualität jeder Generation hängt von der Existenz natürlicher Ressourcen ab. Die Grenzen der Substituierbarkeit werden besonders deutlich, wenn man an essentielle, für den Menschen lebensnotwendige Ressourcen wie Trinkwasser und Atemluft denkt.

Allein von der Natur können die heute bereits existierenden fast sechs Milliarden Menschen nicht leben.

Die »Wahrheit« liegt irgendwo zwischen den beiden Polen der starken und schwachen Nachhaltigkeit. Wichtig ist in diesem Zusammenhang die Frage, welche essentiell ist, so daß sie nicht gefährdet werden darf, welche im Prinzip substituierbar und welche ganz ohne Bedeutung ist. Es führt kein Weg daran vorbei, dies genauer zu spezifizieren. Erst dann können verschiedene Handlungsmöglichkeiten im Hinblick auf Nachhaltigkeit bewertet und Prioritäten für die Umsetzung festgelegt werden. Pauschale Aussagen sind hier wenig hilfreich. Insoweit Optionen für kommende Generationen gefährdet sind, müssen die kontinuierliche Verfügbarkeit knapper Ressourcen und der Erhalt der Aufnahmekapazität der Biosphäre gewährleistet bleiben.

Wie läßt sich Nachhaltigkeit umsetzen?

Die Umsetzung einer nachhaltigen Politik ist der Versuch, die Vision von einer Wirtschafts- und Gesellschaftsstruktur, die nicht zur Verlagerung von Lasten auf die nächste Generation führt, Schritt für Schritt zu verwirklichen. Nimmt man das Postulat der Chancengleichheit für alle Menschen ernst, müssen die heutigen Möglichkeiten, einen bestimmten Lebensstil zu pflegen, für kommende Generationen ebenso wie für alle Menschen dieser Generation verallgemeinerungswürdig sein. Die kommenden Generationen brauchen den Lebensstil der heute lebenden Menschen nicht zu pflegen, sie mögen ihn ablehnen oder ihre begrenzten Mittel dafür nicht einsetzen. Aber die heutige Generation darf ihnen im Sinne der Nachhaltigkeit nicht die Möglichkeit entziehen, den Lebensstil, den sie selbst für wünschenswert hält, anstreben und erreichen zu können. Optionen für die Zukunft dürfen nicht verbaut werden.

Die heutigen Möglichkeiten, einen bestimmten Lebensstil zu pflegen, müssen für alle und für die Zukunft gelten.

Was den Zeithorizont für die Verantwortung der heutigen Generation betrifft, so gilt, daß grundsätzlich immer nur die Belange der jeweils nachfolgenden Generation berücksichtigt werden können. Wenn diese sich dazu entschließt, in gleichem Maße der ethischen Norm der Nachhaltigkeit zu folgen, wird sie wiederum auf die ihr folgende Generation Rücksicht nehmen. Weiter reichende Zeiträume müssen aber immer dann berücksichtigt werden, wenn bestimmte Aktivitäten und Handlungen der heute lebenden Menschen erst das Leben der übernächsten oder später folgenden Generationen betreffen. Dies ist zum Beispiel der Fall, wenn bestimmte Nebenwirkungen von Schadstoffen zeitverzögert auftreten und Emissionen ihre schädliche Wirkung erst nach langen Zeiträumen entfalten.

Welcher Zustand der natürlichen und künstlichen Umwelt bietet sich jedoch als Referenzgröße für die Zukunft an? Die Meßlatte beim aktuellen Zustand der natürlichen Umwelt festzumachen, ist nicht unproblematisch. Es wäre auch denkbar, sich am Zustand der

Welt vor 100 oder 200 Jahren oder gar vor jeder menschlichen Besiedlung zu orientieren. Da die Frage nach dem optimalen Zustand der Welt nur subjektiv beantwortet werden kann und damit offenbleiben muß, sowie angesichts der Tatsache, daß es in vielen Bereichen – auch wenn es noch so wünschenswert wäre – unmöglich geworden ist, zu einem ursprünglicheren Zustand der Umwelt zurückzukehren, bleibt aus pragmatischer Sicht als Bezugspunkt nur der jeweils herrschende Status quo. Für Bereiche, in denen unerwünschte Umwelteinwirkungen offenkundig und reversibel sind und diesbezüglich ein gesellschaftlicher Konsens besteht, kann die Ausrichtung einer Nachhaltigkeitspolitik aber durchaus vergangenheitsorientiert sein.

Was das Niveau der heutigen Lebensqualität betrifft, so stellt sich die Frage, ob und inwieweit der Referenzmaßstab unserer Generation überhaupt für künftige Generationen generalisierbar ist. Soll dies der Fall sein, bräuchten wir gar keine Korrekturen anzubringen, denn dann wäre Nachhaltigkeit im Sinne einer intergenerationalen Gleichverteilung der Lebenschancen definitionsgemäß gegeben. Strenggenommen dürften wir also nur einen modifizierten Lebensstandard betrachten, der sich bei Beachtung des Nachhaltigkeitsgebotes gemäß den heutigen Präferenzen der Menschen und den wahrgenommenen Möglichkeiten effizienter Naturnutzung auch wirklich als realisierbar erweist. Einen solchen Lebensstil zu bestimmen dürfte aber unmöglich sein. Aus diesem Grunde muß auch hier nach einer pragmatischen Lösung verfahren werden: Ausgehend vom realen Lebensstil der heutigen Generation werden zunächst die Konsequenzen für die nächstfolgende Generation bestimmt. Führen einige dieser Konsequenzen dazu, daß die kommende Generation einer heute vorfindbaren Präferenz nicht nachgehen kann, dann sind in einem ersten Schritt alle Möglichkeiten auszuloten, die eine Erfüllung der Präferenz bei der heutigen wie der kommenden Generation gewährleistet. Möglicherweise läßt sich durch Substitution von natürlichen Produkten durch künstliche Produkte, durch effektive Produktionsverfahren, durch neue technische Errungenschaften oder organisatorische Änderungen die Gewährleistung der jeweiligen Präferenz für die heutige wie für die kommende Generation bewerkstelligen. Ist dies gegenwärtig aber nicht realisierbar, dann sollte sowohl die heutige als auch die künftige Generation auf die Erfüllung dieser Präferenz verzichten. In diesem Fall muß die Referenzgröße für die ge-

Ausgehend vom realen Lebensstil der heutigen Generation werden zunächst die Konsequenzen für die nächstfolgende bestimmt.

wünschte Lebensqualität nach unten korrigiert werden. Wir nennen dies ein »bereinigtes« Wohlfahrtsniveau.

Diese Überlegung mag auf den ersten Blick recht kompliziert erscheinen, läßt sich aber für die praktische Umsetzung als relativ einfache Verfahrensregel formulieren: Alle Aktivitäten der heute lebenden Menschen sind erlaubt, solange die dafür benutzten Ressourcen in ihrem Nutzungspotential auch der kommenden Generation noch ausreichend zur Verfügung stehen werden. Wo dies nicht der Fall ist, sind Korrekturen am gegenwärtigen Lebensstil angebracht, zunächst bei der Wahl der Mittel und, wenn diese Möglichkeiten ausgeschöpft sind, an den Zielen selbst.

Alle Aktivitäten sind erlaubt, solange die dafür benutzten Ressourcen auch der kommenden Generation noch zur Verfügung stehen.

Nachhaltigkeit und die verschiedenen Interessenlagen: Zielkonflikte

Bisher haben wir unterstellt, daß ein weltweit gleichbleibendes Niveau der Lebensqualität existiert. Diese Annahme entspricht angesichts der bestehenden Einkommensschere zwischen Industrie- und Entwicklungsländern natürlich ganz und gar nicht den realen Bedingungen. Die Beibehaltung des Status quo bei den Lebenschancen mag für die reichen Länder dieser Erde eine gerechtfertigte Formel sein, den armen Ländern reicht ein »nicht schlechter als bisher« aber sicherlich als Zukunftsperspektive nicht aus. Das wirtschaftliche Niveau der Industrieländer als Zielebene auch der Entwicklungsländer zu wählen und aus dieser Perspektive heraus Maßnahmen zur dauerhaften wirtschaftlichen Nutzung der natürlichen Ressourcen weltweit einzuleiten, mag intuitiv einleuchten. Dem stellt sich jedoch entgegen, daß die Verallgemeinerung des Lebensstils der reichsten Erdenbürger auf alle Menschen dieser Welt physisch nicht tragbar ist. Der Zusammenbruch der Ressourcenbasis wäre bei der Wahl dieses Weges angesichts der heute schon bestehenden lokalen und globalen ökologischen Gesamtbelastung und Überlastung der Erde nicht aufzuhalten. Will man am Grundsatz der Chancengleichheit bei der Verteilung der Güter an alle Menschen festhalten, geht also kein Weg daran vorbei, daß die reicheren Länder zugunsten der ärmeren auf die Inanspruchnahme von natürlichen und künstlichen Gütern verzichten. Es geht dann nicht mehr nur darum festzulegen, in welchem Umfang Natur und Umwelt im Hinblick auf die Nachwelt genutzt werden dürfen, sondern auch um die Verteilung der Nutzungsmöglichkeiten unter den heute lebenden Bürgern dieser Welt. Es geht um die Vereinigung von intergenerationaler und intragenerationaler Gerechtigkeit.

Die meisten existierenden Konzepte für eine nachhaltige Entwicklung sind eindeutig von dem Gedanken getragen, daß beide Ziele gewissermaßen Hand in Hand gehen. Dabei wird davon ausgegangen, daß eine weltweit gerechte Einkommensverteilung geradezu Vorbedingung für die gerechtere Verteilung der Lebenschancen im Hinblick auf die kommenden Generationen sei.

Das Umweltraumprinzip gesteht allen Erdbewohnern die gleichen Ressourcen und Nutzungsrechte zu.

Von den Ansätzen, die die Frage der intergenerationalen und intragenerationalen Gerechtigkeit in einem Gesamtkonzept vereinen wollen, hat in der Vergangenheit vor allem das sogenannte Umweltraumprinzip große Bedeutung erlangt.[5] Dieses Modell besteht darin, im Rahmen eines Nachhaltigkeitskonzeptes allen Erdbewohnern gleiche Verschmutzungs- und Nutzungsrechte an der natürlichen Umwelt zuzugestehen und den gegebenen Bestand an Ressourcen dementsprechend pro Kopf aufzuteilen. Dafür werden die Summe aller verfügbaren natürlichen Ressourcen sowie die Belastungsgrenzen der Umweltmedien ermittelt und die im Rahmen dieser Grenzen möglichen Stoffströme durch die Anzahl der Nutzer im jeweilig definierten Umweltraum dividiert. Auf diese Weise erhält man die maximal zulässige Nutzungsrate pro Individuum. Das Konzept des Umweltraumes, das auf den niederländischen Wissenschaftler Hans Opshoor zurückgeht, suggeriert also, man könne die maximale Belastung eines Raumes naturwissenschaftlich messen und zeitlich fixierte Nutzungsraten angeben, die eine Überlastung auf Dauer verhindern.

Die Rechnung dieser Gleichverteilung geht in der Praxis allerdings nicht auf: Zunächst ist es unter naturwissenschaftlichen Gesichtspunkten fraglich, ob man – von Ausnahmen abgesehen – die absoluten Grenzen der Naturnutzung von Umwelträumen zweifelsfrei bestimmen kann. Das gilt insbesondere angesichts der Tatsache, daß der Ressourcenverbrauch auch von der Qualität der Bewirtschaftung durch den Menschen, also von den jeweils herrschenden Produktionsbedingungen und Konsumgewohnheiten abhängt. Weiterhin lassen sich aufgrund des internationalen Handels und des damit verbundenen direkten und indirekten Ex- und Importes von Naturverbräuchen über verschiedene Umwelträume hinweg kaum mehr sinnvoll die Stoffströme, bezogen auf eine bestimmte Region, ermitteln. Wenn z. B. Deutschland Futtermittel aus dem Ausland einkauft und Autos exportiert, so werden in beiden Fällen bei der Produktion natürliche Ressourcen wie Wasser verbraucht und über den Austausch der Produkte umverteilt. Der Nutzen des Verbrauchs an natürlichen Gütern kommt jeweils dem Land zugute, in dem der Endverbraucher seine Tiere füttert oder das Auto fährt. Der Bauer in Deutschland müßte die für die Futtermittel aufgewendeten Ressourcen von seinem Ressourcenkonto abbuchen, genauso wie die in das Fahrzeug eingegangenen Ressourcen dem legitimen Anteil am Weltverbrauch des Importlandes zugerechnet gehörten. Insgesamt bräuchte man also ein gigantisches globales Bilanzierungssystem aller Ex- und Importe, das mit Sicherheit jeden machbaren Rahmen sprengen würde.

Auch die unter ethischen Gesichtspunkten gerechtfertigte Annahme, daß allen Menchen das gleiche Recht auf Naturverbrauch zukommen solle, leuchtet pragmatisch gesehen nur auf den ersten Blick ein. So läßt die Gleichverteilung von natürlichen Ressourcen außer acht, daß sich die natürlichen Bedingungen von Kontinent zu Kontinent und von Region zu Region wesentlich unterscheiden und viele Ressourcen und Senken nicht teilbar sind. Welchen Sinn macht es beispielsweise, in einem Bundesland wie Baden-Württemberg den Wasserverbrauch drastisch zu senken, obwohl Wasser reichlich zur Verfügung steht und es Möglichkeiten gibt, diese Ressource nachhaltig zu nutzen, ohne umfangreiche Einsparungsstrategien einzuleiten? Die Bewohner im wasserarmen Sahel ziehen im Fall dieser erneuerbaren Ressource keinen Nutzen aus dem Verzicht aller Bürger von Baden-Württemberg. Ein reduzierter Wasserverbrauch in dieser Region hätte keinerlei Einfluß auf die gefährdete Regenerationsfähigkeit fossiler Grundwasservorräte in Afrika. Das in Baden-Württemberg eingesparte Wasser Tausende von Kilometern weit zu transportieren ist – zumindest unter heutigen Bedingungen – nicht vorstellbar. Ebensowenig macht es Sinn, jemandem, der in einer klimatisch gemäßigten Zone lebt, die gleichen Anteile an Energie zuzubilligen wie jemandem, der in einer extremen Zone mit heißen Sommern und kalten Wintern ausharren muß. Die Maxime der Verteilung nach Bedürfnissen (jeder erhält das, was er braucht) macht hier wesentlich mehr Sinn als die Maxime der Gleichverteilung.[6]

Die Maxime der Verteilung nach Bedürfnissen macht mehr Sinn als die Maxime der Gleichverteilung.

Das Konzept des Umweltraumes und die Forderung nach einer Gleichverteilung der Umweltgüter auf alle Menschen sind also für ein globales Nachhaltigkeitskonzept nicht konstitutiv. Wie aber können wir die offensichtliche Ungerechtigkeit in der heutigen

Verteilung von Gütern und die Begrenztheit der natürlichen Ressourcen in ein theoretisch befriedigendes und praktisch umsetzbares Konzept der Nachhaltigkeit einbinden? Das Beharren auf den heute gegebenen Besitzständen verhindert einen vernünftigen Umgang mit Ressourcen und gefährdet überdies unsere Umwelt – darin besteht kein Zweifel. Illusorisch wäre es anzunehmen, man könnte ein Niveau der Lebensqualität bestimmen, das sowohl die intergenerationale als auch die intragenerationale Gerechtigkeit quasi simuliert. Wie die Ressourcen auf die einzelnen Menschen und Länder gerecht verteilt werden sollen, läßt sich nicht von vornherein und erst recht nicht am grünen Tisch festlegen. Von zwei pragmatischen Richtlinien ist dabei aber auszugehen:

Jedes Land soll Souveränität über die Ressourcen besitzen, die in seinem eigenen Gebiet liegen.

Zum einen sollen die Länder Souveränität über die Ressourcen besitzen, die in ihrem eigenen Gebiet liegen. Ob sie diese Ressourcen nachhaltig nutzen wollen oder nicht, ist und bleibt ihre Entscheidung. Freilich spielen dabei die wirtschaftliche Lage sowie die technologischen Mittel des jeweiligen Landes eine große Rolle. Entscheidend sind in diesem Zusammenhang auch der Wissens- und Bewußtseinsstand sowie die Konsumgewohnheiten der Bevölkerung. Auch bleibt es den Konsumenten in jedem Land überlassen, beim Erwerb von Gütern aus anderen Ländern darauf zu achten, daß diese nach Kriterien der nachhaltigen Nutzung erzeugt oder hergestellt wurden.

Zum zweiten müssen beim Verbrauch natürlicher Ressourcen oder bei einer Nutzung der Umwelt, deren Wirkungen über die Grenzen des eigenen Landes hinausgehen, gerechte Verteilungsstrukturen bzw. Kompensationen festgelegt werden. Auch hier läßt sich im einzelnen nur schwer ermitteln, was gerecht heißt. Diese Verteilungsschlüssel müssen in internationalen Verhandlungen festgeschrieben und für alle Unterzeichnerstaaten als verbindlich angesehen werden. In diese Rubrik fallen beispielsweise die weltweite Ächtung von Fluorchlorkohlenwasserstoffen, die geplanten Reduktionen von Kohlendioxid und Kompensationen für Umweltschäden durch grenzüberschreitende Emissionen.

Weiterhin sind an dem in der Nachhaltigkeitsdebatte immer wieder geäußerten Argument, daß die Armutsbekämpfung eine Vorbedingung für die Lösung der weltweiten generationenüberschreitenden Umweltprobleme sei, Korrekturen angebracht. Natürlich ist es richtig, daß viele Umweltprobleme durch Armut und wirtschaftliche Misere entstehen oder verschlimmert werden.

Wenn es um ihr nacktes Überleben geht, sind viele Menschen gezwungen, jede mögliche Strategie zu ergreifen, um die einfachsten Grundbedürfnisse zu befriedigen. Aus diesem Zusammenhang zwischen Armut und Umweltproblemen folgt aber nicht zwangsläufig, daß jeder Einkommenstransfer von den reichen in die ärmeren Länder global gesehen die Belastungen der Umwelt verringern würde. Anders ausgedrückt: Wenn man den vorhandenen Kuchen gerechter aufteilt, heißt das noch lange nicht, daß genügend Stücke für die Nachwelt übrigbleiben. Allein zweckgebundene Transferzahlungen für Umweltmaßnahmen und der Transfer umweltschonender Technologien können Anreize für eine Politik der Nachhaltigkeit sein. Unabhängig von der durchaus berechtigten Frage, ob viele Entwicklungsländer eine solche Zweckbindung von Mitteln als Anmaßung der Industrieländer empfinden, ist ein solches Vorgehen heute bereits zu einer wichtigen Grundregel in der nationalen und multilateralen Entwicklungszusammenarbeit geworden. Genaugenommen sind diese Transfers aber kein primäres Mittel zur Einkommensangleichung, sondern ein Beitrag zum globalen Umweltschutz.

Unstrittig ist, daß in den Entwicklungsländern durchaus Zielkonflikte entstehen können, weil politische Lösungen für eine bessere Versorgung der Menschen unvereinbar sind mit der Bewahrung der natürlichen Umwelt. Auch in Industrieländern ist die Auflösung tiefgreifender Zielkonflikte eine Herausforderung für eine Nachhaltigkeitspolitik. Dort stellt sich z. B. die Frage, ob Umweltverträglichkeit und Beschäftigungssicherung miteinander vereinbar sind. Die gleichzeitige Berücksichtigung ökologischer, ökonomischer und sozialer Belange, die in der Nachhaltigkeitsdiskussion immer wieder gefordert wird, kann nicht bedeuten, daß im Rahmen der Umsetzung immer alle drei Zielkomponenten gleichermaßen zufriedenstellend erfüllt werden können – so wünschenswert dies auch wäre. Die Idealisierung des über eine Nachhaltigkeitspolitik Erreichbaren birgt die Gefahr, daß die Idee an Überzeugungskraft verliert und sich zu einem bloßen Modebegriff entwickelt. Nachhaltige Entwicklung ist – realistisch gesehen – keine neue Harmonieformel für die Zukunft. Bei der Verwirklichung einer Vision von einer zukunftsfähigen Gesellschaft wird es auch Verlierer geben. Davor die Augen zu verschließen, schadet der Sache mehr, als es sie voranbringen kann.

Nachhaltige Entwicklung ist – realistisch gesehen – keine neue Harmonieformel für die Zukunft.

Als realistischen Ansatz für die Umsetzung von Nachhaltigkeit

Zunächst sollte die Bewahrung all jener Elemente angestrebt werden, die zur Aufrechterhaltung der Lebensqualität notwendig sind.

schlagen wir deshalb vor, daß zunächst die Bewahrung all jener Elemente der natürlichen Umwelt angestrebt wird, die zur Aufrechterhaltung der Lebensqualität künftiger Generationen notwendig sind. Hierzu werden geeignete Maßnahmen gesucht. Bei der Frage der Bewertung dieser Maßnahmen müssen dann andere Ziele mitberücksichtigt werden. Ist eine bestimmte Maßnahme aufgrund anderer konfligierender Zielüberlegungen nicht zu empfehlen, dann müssen entweder neue Maßnahmen entworfen oder aber in einem politischen Prozeß Zielprioritäten festgelegt werden. Alles auf einmal wird man aber nur im Einzelfall erreichen können. Im Zweifelsfall und auf den konkreten Fall bezogen, kann dies auch bedeuten, daß abhängig von den jeweiligen Folgen die intergenerationale vor der intragenerationalen Gerechtigkeit höhere Priorität genießt oder umgekehrt.

Für die Industrieländer bedeutet Nachhaltigkeit, den »bereinigten« Status quo in der Lebensqualität auch als Angebot für die zukünftigen Generationen zu bewahren. Für Entwicklungsländer gilt, daß sie im Rahmen ihrer Entwicklungsziele ein Niveau der Lebensqualität anstreben, das unter der Prämisse der weiteren Unterstützung durch die Industrieländer eine dauerhafte Nutzung der gegebenen Ressourcen und der Umwelt als Senke für Emissionen und Abfälle erlaubt. Die Gegenüberstellung dieser beiden Konkretisierungen von Nachhaltigkeit zeigt, daß es kein allgemeingültiges, von den sozioökonomischen Bedingungen unabhängiges Konzept für konkrete Schritte in eine nachhaltige Gesellschaft geben kann.

Wege in die Nachhaltigkeit

»Zweifellos gibt es auf der Erde, ja sogar in allen Ländern noch Platz für einen erheblichen Bevölkerungszuwachs. ... Ich muß jedoch gestehen, daß ich keinen Grund sehe, dies zu wünschen, selbst wenn es unschädlich wäre. Es ist ... nicht sehr befriedigend, wenn man sich die Welt genauer vorstellt, in der nichts mehr der Spontaneität der Natur überlassen ist; in der jedes Fleckchen Land bewirtschaftet ist, ... in der jede Blumenwiese und unberührte Landschaft umgepflügt ist; ... jede Hecke oder jeder überflüssige Baum beseitigt und kaum ein Platz übrig ist, wo ein Busch oder eine Blume wild wachsen könnte, ohne im Namen des landwirtschaftlichen Fortschritts ... ausgerissen zu werden. ... Wenn die Erde den großen Teil ihrer Anmut verlieren muß, den sie solchen Dingen verdankt, die bei unbegrenztem Wirtschafts- und Bevölkerungswachstum von ihr verschwinden würden, und dies nur zu dem Zwecke, eine größere, aber nicht auch eine bessere und glücklichere Bevölkerung auf ihr zu erhalten, dann kann ich nur um der Nachwelt willen hoffen, daß sie mit einem stationären Zustand zufrieden sein wird, ehe er ihr von den Notwendigkeiten aufgezwungen wird.«[7]

Dieses Zitat stammt nicht von einem »unverbesserlichen« grünen Schwärmer, sondern von dem bekannten Nationalökonomen John Stuart Mill, der die Problematik der Nachhaltigkeit bereits 1848 zumindest intuitiv erfaßt hatte. Zur damaligen Zeit fanden diese warnenden Worte wenig Beachtung, da der Zustand der Umwelt trotz verstärkter Industrialisierung und Urbanisierung global gesehen wenig besorgniserregend war. Wie Umwelthistoriker nachgewiesen haben, sind der exponentielle Anstieg des Ressourcenverbrauchs und die bedrohliche Umweltbelastung erst Folgen der modernen Wirtschaftsexpansion seit dem Zweiten Weltkrieg. Um so wichtiger ist es deshalb, die Warnung von John Stuart Mill zu berücksichtigen und aus ökonomischer Sicht aufzuzeigen, wie Leitlinien für eine nachhaltige Entwicklung gestaltet werden müssen.

Damit das angestrebte Ziel der Nachhaltigkeit – die Erhaltung der Lebensqualität für die kommenden Generationen – erreicht werden kann, sind konkrete Handlungsregeln gefordert, an denen sich die Akteure in Wirtschaft und Gesellschaft orientieren können. Die Formulierung von Verhaltensanweisungen muß natürliche Ressourcen in ihrer Funktion als Grund- und Werkstoffe für die Produktion von Gütern und Dienstleistungen sowie die natürliche Umwelt in ihrer Senkenfunktion für die bei Produktion und Konsum anfallenden Abfälle betrachten. Berücksichtigt werden muß aber über diese direkte Inanspruchnahme der natürlichen Umwelt hinaus, daß Natur jenseits aller materiellen Instrumentalisierung sowohl für das Wohlbefinden als auch für das ästhetische Empfinden und die Erholung der Menschen bedeutsam ist. Beim Aufstellen von Handlungsregeln für den Umgang mit dem natürlichen Kapital muß außerdem zwischen erneuerbaren und nicht-erneuerbaren Ressourcen differenziert werden. Schließlich spielt hier natürlich die Frage nach der Ersetzbarkeit von natürlichem durch menschengemachtes Kapital eine entscheidende Rolle.

Konkrete Handlungsregeln sind gefordert, an denen sich die Akteure in Wirtschaft und Gesellschaft orientieren können.

Die folgenden Handlungsregeln verzahnen all diese wichtigen Details und umreißen, wie eine nachhaltigkeitsorientierte Abkehr von der aktuellen Verbrauchsstruktur an natürlichen Gütern gestaltet werden kann.

Jeder Verbrauch natürlichen Kapitals muß durch eine entsprechende Erhöhung des künstlichen Kapitals ausgeglichen werden.

Die generelle Grundregel zielt auf ein Substitutionsgebot von natürlichem und künstlichem Kapital: Jeder Verbrauch natürlichen Kapitals muß durch eine entsprechende Erhöhung des künstlichen Kapitals ausgeglichen werden, so daß die Lebensqualität der kommenden Generation (unter Beachtung der Notwendigkeit, die Lebensqualität der heute noch unterentwickelten Länder zu erhöhen) zumindest gleichbleibt.

Für einen Vertreter der schwachen Nachhaltigkeit reicht diese Regel bereits aus. Für einen Vertreter der starken Nachhaltigkeit hingegen greift sie nicht weit genug, denn sie differenziert nicht zwischen den substitutionsfähigen und den essentiellen (nicht substitutionsfähigen) Ressourcen. Der Schwachpunkt besteht darin, daß bei dieser Regel unklar bleibt, ob das künstliche Gut im Hinblick auf die Erhaltung der Lebensqualität gleich hoch zu bewerten ist wie der Verlust an Naturressourcen oder die Belastung der Natur mit Emissionen bzw. Abfällen. Um diese Abwägungsfrage zu lösen, braucht man zusätzliche Regeln (2-5).

Eine weitere Regel lautet deshalb: Ein Management für nicht-erneuerbare Rohstoffe basiert auf dem Erhalt der Nutzenfunktionen. Die natürlichen Ressourcen sind so weit zu schonen, daß ihr Nutzenpotential auch kommenden Generationen noch zur Verfügung steht (2). Diese allgemeine Regel ist als Handlungsanleitung noch zu grob. Sie kann durch weitere Unterregeln spezifiziert werden:

Nicht-erneuerbare Energieressourcen können solange genutzt werden, wie eine der drei folgenden Fragen mit Ja beantwortet werden kann (2a):

- Entspricht die Summe der ausgebeuteten Rohstoffe der Summe der zum jeweiligen Zeitpunkt noch zusätzlich erschlossenen Reserven oder der durch absehbare Know-how-Verbesserungen zusätzlich gewinnbaren Ressourcen?
- Entspricht die Summe der ausgebeuteten Rohstoffe dem Substitutionspotential durch erneuerbare (erste Priorität) oder nicht-erneuerbare (zweite Priorität) Energierohstoffe?
- Entspricht die Summe der ausgebeuteten Rohstoffe den Nutzengewinnen durch Effizienzsteigerungen bei der Umwandlung?

Im Klartext: Das Nutzungspotential, das durch den Verbrauch von nicht-erneuerbaren Rohstoffen verlorengeht, muß durch zusätzliche Rohstoffunde, durch Substitution durch andere erneuerbare bzw. im Notfall auch nicht-erneuerbare Rohstoffe oder durch eine dem Verbrauch entsprechende Effizienzverbesserung ausgeglichen werden. In allen drei Fällen bleibt das Nutzungspotential an Energiedienstleistung für die jeweils folgende Generation gleich. Ist keiner der drei Fälle gegeben, dann muß auf die Nutzung der nicht-erneuerbaren Ressource verzichtet werden.

Nicht-erneuerbare Rohstoffe, die nicht zur Energieumwandlung eingesetzt werden, können solange genutzt werden, wie sie mit vertretbarem wirtschaftlichen Aufwand wiederverwertet werden können (2b); d. h., solange wie es gelingt, die Rohstoffe in einen zumindest teilweise geschlossenen Nutzungskreislauf zu überführen (Schließung von Stoffströmen).

Ein Management für erneuerbare Rohstoffe muß die Regenerationsfähigkeit sicherstellen. Für erneuerbare Ressourcen als Rohstoffquelle gilt, daß Inanspruchnahme und Regeneration in einem Gleichgewicht stehen müssen (3). Auch hier sind weitere Differenzierungen notwendig.

Ein Management für erneuerbare Rohstoffe muß die Regenerationsfähigkeit sicherstellen.

Erneuerbare Rohstoffe und die Medien, die sie zu ihrem Wachstum benötigen (wie Boden oder Wasser), sollen nur in dem Maße genutzt werden, wie durch gezielte Eingriffe in das betreffende Ökosystem (bei nachwachsenden Ressourcen) oder durch Energiezufuhr ein langfristiges Gleichgewicht zwischen Verbrauch und Regeneration eintritt (3a). Die Grenze der Eingriffe richtet sich nach der Regenerationsfähigkeit der betreffenden Ökosysteme und der Erhaltung der Funktionsfähigkeit auch bei widrigen Bedingungen.

Bei allen notwendigen Eingriffen in die Umwelt ist darauf zu achten, daß die Funktionsfähigkeit von Boden, Wasser und Biotop erhalten bleibt, damit man auch bei widrigen Umständen und noch langfristig einen Ernteertrag erzielen kann (3b).

Eine Umweltnutzung als Senke darf die Assimilationsfähigkeit nicht überschreiten (4). In jedem Fall ist darauf zu achten, daß die Selbstreinigungskraft der Ressource nicht überschritten wird.

Bei der Belastung der Umwelt durch anthropogene Schadstoffe ist folgende Prioritätenskala zu beachten (4a):

- Als oberste Priorität sind humantoxische Substanzen zu vermeiden, vor allem dann, wenn sie sich biologisch gar nicht oder nur über längere Zeiträume abbauen und ubiquitär verteilt sind.
- In zweiter Priorität sind die Mengen der Stoffe zu begrenzen, die einen signifikanten Einfluß auf das globale Klima oder die globalen Stoffströme haben.

- In dritter Priorität sind die Substanzen zu minimieren, die in überschaubaren Räumen ökotoxische Wirkungen auslösen, also für uns wertvolle Biotope oder Arten schädigen (Beispiel Waldsterben).
- In vierter Priorität sind die Stoffe zu reduzieren, die sich in der Umwelt anreichern, ohne daß sie biologisch abgebaut werden, auch wenn toxische Wirkungen nicht vermutet werden.
- In fünfter Priorität sind alle verbleibenden anthropogen ausgelösten Stoffströme soweit wie möglich zu reduzieren.

Diese Prioritätenskala gibt noch nicht die genaue Grenze an, von der ab Belastungen tolerabel bzw. intolerabel sind, aber sie vermittelt eine klare Anweisung für Prioritäten in der Umweltpolitik in Richtung auf eine nachhaltige Entwicklung. Die Grenze zwischen tolerabel und intolerabel läßt sich nur mit Hilfe von Risikobetrachtungen näher bestimmen (4b). Belastungen der Umwelt sind dort kategorisch zu vermeiden, wo sie entweder mit Sicherheit menschliche Gesundheit schädigen oder den Erhalt von natürlichen Regelsystemen (Kontinuität der lebenswichtigen Kreisläufe wie Wasser, Kohlenstoff, Stickstoff u.a.) gefährden.

Auch jenseits der wirtschaftlichen Nutzbarkeit kann Natur eine besondere Wertschätzung erhalten.

Doch auch jenseits der wirtschaftlichen Nutzbarkeit kann Natur eine besondere Wertschätzung erhalten. Trotz der Verrechenbarkeit von Schaden und Nutzen bei Eingriffen in die Umwelt sollte es jeder Gesellschaft oder auch der Staatengemeinschaft unbenommen bleiben, im Konsens der Beteiligten Gegenständen aus der Natur einen immanenten Wert zuzuschreiben, selbst wenn dies zu einem negativen Kosten-Nutzen-Verhältnis bei der Bewirtschaftung dieses Naturgutes führt (5). Eine soziale oder kulturelle Wertschätzung, die unabhängig von heutigen und zukünftigen instrumentellen Nutzungsmöglichkeiten ist, verletzt nicht die Regel der Rationalität, wenn die Beteiligten die Nachteile solcher Maßnahmen kennen und sich trotz der negativen Folgen bewußt dafür entschieden haben.

Die genannten Handlungsregeln gehen mit der generellen Grundregel zunächst einmal davon aus, daß die Erfordernisse einer schwachen Nachhaltigkeit im Sinne einer Minimalregel in jedem Fall einzuhalten sind. Alle anderen Regeln sind vom Gedanken der starken Nachhaltigkeit geprägt, gehen also von der Nicht-Substituierbarkeit von natürlichem durch künstliches Kapital aus. Sie geben die jeweiligen Bedingungen bzw. Ausnahmen an, an welchen Stellen eine Substitution natürlichen Kapitals durch künstliches möglich und sinnvoll ist.

Trotz der Orientierungshilfe durch die Handlungsregeln ist die Entscheidung darüber, welche Nutzung erlaubt sein soll, nicht einfach zu treffen. Nur in Ausnahmefällen gibt es objektive Kriterien und Anhaltspunkte dafür, welche Teile des natürlichen Kapitalstocks substituierbar sind und wo der Abbau von natürlichem Kapital über den Bestanderhalt hinaus im Sinne der Nachhaltigkeit gerechtfertigt ist. Wenn etwa Stickstoff- oder Kohlenstoffkreislauf durch menschliche Aktivitäten gestört oder stark beeinflußt werden, so daß existentielle Risiken für große Teile der Menschheit entstehen, dann ist mit Sicherheit die Grenze der Nachhaltigkeit erreicht. Bei vielen weniger spektakulären Fragen ist aber die Anwendung der Regeln von der Klärung der ökologischen und ökonomischen Sachzusammenhänge und der Bewertung der zu erwartenden Folgen abhängig. Ist etwa die Überdüngung der einheimischen Wälder durch Stickoxide (eine der Ursachen für das Waldsterben) so hoch zu bewerten, daß der Staat die Emissionen von Stickoxiden aktiv verhindern soll? Stimmt man einem aktiven Eingreifen des Staates zu, dann müßte man in letzter Konsequenz dafür eintreten, daß alle motorisierten Fahrzeuge verboten werden.

Ist die Überdüngung der einheimischen Wälder so hoch zu bewerten, daß der Staat eingreifen sollte?

Die Multifunktionalität vieler natürlicher Ressourcen, die Unmöglichkeit, zukünftige technische und soziale Entwicklungen vorauszusehen, die Ungewißheit über heute noch unbekannte wichtige Funktionen natürlicher Ressourcen und die Irreversibilität vieler Eingriffe in die natürliche Umwelt sind Faktoren, die eine eindeutige Anwendung der oben genannten Leitlinien erschweren. Hinzu kommt das Problem, daß es auch hinsichtlich der Präferenzen der Betroffenen keine Beständigkeit gibt. Die Diskussion um die Substituierbarkeit zeigt deutlich, wie eng das Konzept der Nachhaltigkeit auch auf der Umsetzungsebene mit Wertentscheidungen verbunden ist. Um so wichtiger sind deshalb diskursive Verfahren der Planung und Entscheidungsfindung, weil diese sicherstellen sollen, daß sowohl der beste ökologische Sachverstand als auch die Präferenzen und Werte der Bürger Eingang in den Abwägungsprozeß finden. Im Rahmen solcher Verfahren können die Handlungsregeln für den Umgang mit der natürlichen Umwelt wegweisend sein: Sie legen zwar keinen genauen Pfad hin zur Nachhaltigkeit fest, stecken aber die Grenzen eines Korridors ab, in dem die Gesellschaft noch genügend Freiräume für die Gestaltung hat.

Voraussetzung: Qualitatives Wachstum

Um die Handlungsregeln für den Umgang mit dem natürlichen Kapital in seinen direkten und indirekten Funktionen in die Praxis umzusetzen, müssen sich Struktur und Organisation der heutigen Wirtschafts- und Lebensweise in vielen Bereichen ändern. Denn obwohl sich langsam erste Lernerfolge einstellen, ist die Entwicklung in der Produktion, der Verbreitung und dem Konsum von Gütern und Dienstleistungen heute immer noch erheblich durch den umfangreichen Einsatz von natürlichem Kapital geprägt. Hier sind technische und institutionelle Veränderungen, aber auch Verhaltensumstellungen gefragt. Ein wichtiges Teilziel der Nachhaltigkeit besteht darin, Wirtschaftswachstum und Umweltbelastung zu entkoppeln. Weniger material- und energieintensives Arbeiten und die effiziente Nutzung natürlicher Ressourcen sind in vielen Branchen und Lebensbereichen längst noch keine Selbstverständlichkeit.

Ein wichtiges Teilziel besteht darin, Wirtschaftswachstum und Umweltbelastung zu entkoppeln.

Doch ist eine schonendere Umweltnutzung bei gleichzeitiger wirtschaftlicher Entwicklung überhaupt machbar? Unserer Meinung nach ist es richtig, den Mechanismus des Wachstums als integralen Bestandteil eines nachhaltigen Wirtschaftssystems anzuerkennen. Allerdings muß das Wachstum mit dem Ziel eines abnehmenden Naturverbrauchs politisch gesteuert oder beeinflußt werden. Nicht die Menge, sondern die Beschaffenheit der produzierten Güter und Dienstleistungen steht im Vordergrund einer derartigen Entwicklung, die häufig mit dem Begriff »qualitatives Wachstum« bezeichnet wird.[8] Dabei lassen sich drei Stadien des qualitativen Wachstums unterscheiden (*Abb. 2*):

- In einer *ersten Phase* bedeutet qualitatives Wachstum, daß sich der Umwelteinsatz pro Einheit Bruttoinlandsprodukt stetig verringert. Jedes Produkt soll weniger natürliche Ressourcen verbrauchen als das vorhergegangene. Das gilt natürlich auch für die Nutzung der Umwelt als Senke für Abfälle. Diese erste Phase des qualitativen Wachstums haben die Industrieländer bereits bei vielen Wirtschaftsgütern erreicht.
- In einer *zweiten Phase* bedeutet qualitatives Wachstum, daß sich der Ressourceneinsatz pro Kopf der Bevölkerung stetig verringert. Hier kommt hinzu, daß die Einspareffekte durch bessere Umweltnutzung höher sein müssen als die zusätzliche Ressour-

Die drei Phasen qualitativen Wachstums Abb. 2

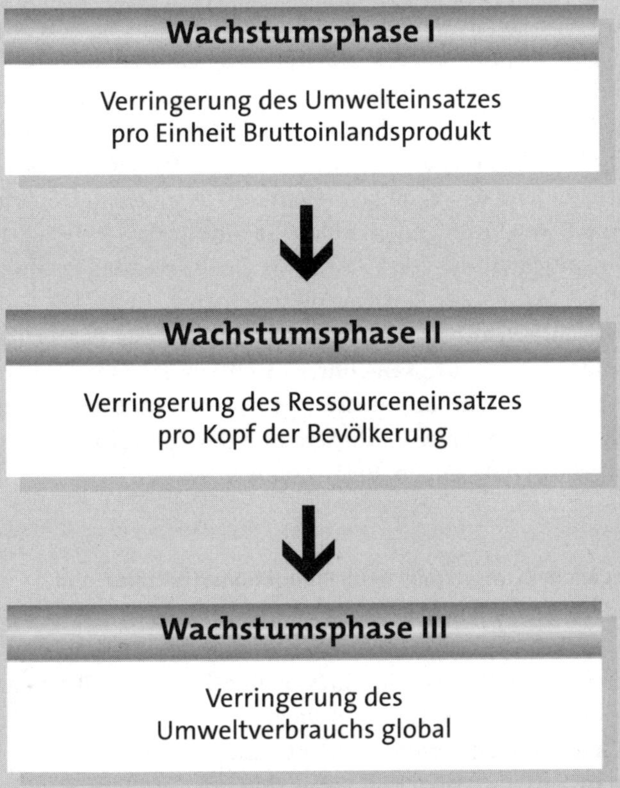

Quelle: Renn - Kastenholz

Abb. 2: *Qualitatives Wachstum als Voraussetzung für nachhaltige Entwicklung*

ceninanspruchnahme durch Wachstum von Produktion und Konsum. Solange erhöhte Ressourcenproduktivität durch zusätzliches Wachstum kompensiert wird, führt dies nicht zur Verbesserung der Umweltbedingungen. Katalysatoren zum Beispiel, die den Schadstoffausstoß verringern, nützen nur wenig, wenn immer mehr Autos immer öfter gefahren werden. Wachsen würden in der zweiten Phase nur solche Branchen, die überproportional hohe Leistungen bei geringerem Verbrauch an Umwelt versprechen. Dies wird heute erst in sehr wenigen Bereichen erreicht.

Katalysatoren nützen nur wenig, wenn immer mehr Autos immer öfter gefahren werden.

- In einer *dritten Phase* bedeutet qualitatives Wachstum, daß sich der Umweltverbrauch global absolut verringert. Die zweite und die dritte Phase wären ohne Bevölkerungswachstum identisch. Wenn aber die Bevölkerung weiter anwächst, müssen in der dritten Phase durch weitere Anstrengungen nicht nur die höheren Konsumansprüche jedes Individuums, sondern auch die wachsenden Ansprüche durch den Bevölkerungsanstieg kompensiert werden. Ob sich die absolute Verringerung als Zielvorstellung auf alle Länder und Regionen dieser Welt beziehen soll, hängt entscheidend davon ab, inwiefern und in welchem Umfang man den Entwicklungsländern einen Nachholbedarf in bezug auf die Inanspruchnahme von Umwelt als Quelle und Senke einräumen will. Solange das Bevölkerungswachstum in vielen Entwicklungsländern anhält, würde die Befolgung dieser Regel zu zunehmender Ungerechtigkeit führen, weil ausgerechnet die ärmsten Bevölkerungsteile am meisten einsparen müßten. Langfristig gesehen sollte die absolute Senkung des Umweltverbrauchs pro Volkswirtschaft jedoch angestrebt werden.

Langfristig gesehen sollte die absolute Senkung des Umweltverbrauchs pro Volkswirtschaft angestrebt werden.

Strategien der Umsetzung: neue Produktionsstrukturen und veränderte Konsummuster

Entsprechend dem Leitbild eines qualitativen Wachstums und im Sinne der genannten Handlungsregeln werden in der Diskussion um Nachhaltigkeit verschiedene alte und neue wirtschaftliche Strategien diskutiert.[9] Dabei handelt es sich um die Steigerung der Nutzenausbeute aus jeder Einheit Naturverbrauch, die Verbesserung der Innovationskraft zur Schließung von Stoffkreisläufen und den Aufbau eines ganzheitlichen Produktmanagements.

Die Überwindung der ökologischen Knappheiten im Rahmen des existierenden marktwirtschaftlichen Systems reicht vom Einsatz umweltfreundlicher Techniken über verschiedene Formen der Wiederverwertung und -verwendung bis hin zu einer Produktpolitik, die sich »von der Wiege bis zur Bahre« am gesamten Lebenszyklus der Produkte orientiert. Dabei kann man verschiedene industrielle Anwendungsformen unterscheiden.

Umweltschonende Technologien können nachgeschaltet (additiv) oder vorsorgend (integrativ) sein. Während bei der ersten Variante negative Auswirkungen auf die Umwelt korrigiert bzw. repariert werden, geht Umweltschutz bei der zweiten Variante deutlich über eine Ent- und Nachsorge hinaus, und schädliche Emissionen oder andere negative Effekte werden von Anfang an verhindert oder reduziert. Nachgeschaltete Technologien verändern den Produktionsprozeß nicht wesentlich, hier findet lediglich eine Abwandlung der auftretenden Emissionen durch nachgeschaltete Schadstoffbeseitigungsanlagen statt. Typische Beispiele sind Kläranlagen, Abgasfilter oder die Behandlung schadstoffbelasteter Böden. Bei den vorsorgenden Techniken wird eine echte ökologisch orientierte Modernisierung der Produktion angestrebt, indem problematische Stoffe und Verfahren im Produktionsprozeß substituiert werden. Beispiele für vorsorgende Verfahren sind die schwefelfreie Zellstoffproduktion, der Ersatz von FCKWs als Kühlmittel und die Verwendung mikroelekronischer Regelungstechniken zur Einsparung des Rohstoffverbrauchs in Feuerungsanlagen.

Eine weitere Möglichkeit, der Realisierung von Nachhaltigkeit näherzukommen, besteht in der umweltorientierten Optimierung der Stoffkreisläufe im Bereich der Produktion. Die Idee geschlossener Kreisläufe, die oftmals schon Bestandteil bei den integrierten Techniken ist, hat das Ziel, Rückstände, die bei der Produktion und dem Konsum von Gütern und Dienstleistungen entstehen, aufzufangen und gegebenenfalls aufzuarbeiten, so daß sie wiederverwertet werden können. Durch die Rückverwandlung und Verwertung unerwünschter Nebenprodukte und Abfälle, das »Recycling«, wird der Bedarf an natürlichen Ressourcen verringert. Beispiele hierfür sind die Wiederverwertung von Altpapier und der Wiedereinsatz von Elektronikschrott. Auch innerhalb geschlossener Produktionsprozesse kann wiederverwertet werden. Dies ist z. B. beim Mehrfacheinsatz von Kühl- und Abwässern oder neuen Verfahren bei der industriellen Lackierung der Fall.

Recycling verringert den Bedarf an natürlichen Ressourcen.

Eine ganzheitliche Produktpolitik umfaßt eine unternehmerische Produktverantwortung, die weit über die Phase der Produktion hinausgeht. Beim umweltorientierten Produktdesign sollen nicht nur die Bedingungen der Herstellung und die Produkteigenschaften, sondern vielmehr der gesamte Lebenszyklus eines Produktes betrachtet werden. Neben Stoffrecycling und Abfallvermeidung werden hier Langlebigkeit, lange Nutzungsdauer und der vielseitige Einsatz von Produkten und Produktkomponenten angestrebt. Ganzheitlich entwickelte Produkte zeichnen sich durch lange Haltbarkeit, Reparaturfreudigkeit und im Idealfall auch Nachrüstbarkeit aus. In der Computerbranche und bei Kopierern sind Ansätze in dieser Richtung bereits seit einigen Jahren zu erkennen. Multifunktionalität, technische Hochrüstung, Modulbauweise und Wiederinstandsetzung sind in diesen Branchen keine Fremdwörter. Von einem veränderten Kundenverhalten gehen die neuen Organisationsformen des Vertriebs aus: Käufer werden durch Miete, Leasingmodelle oder gemeinsamen Gebrauch bestimmter Produkte zu »Nutzern«. Wenn der Kunde nicht mehr ein bestimmtes Produkt erwirbt, sondern eine Leistung einkauft, kann die Nutzungsintensität bestimmter Produkte und Geräte erhöht werden, außerdem wächst das Interesse an der Langlebigkeit und Wartungsfreudigkeit der Produkte bei den Herstellern. Moderne Kopierer z. B., die in der Regel von den Anwendern nicht mehr gekauft, sondern geleast werden, verfügen über eingebaute Sensoren, die dem Nutzer bei Betriebsstörungen melden, welche Komponenten betroffen sind, so daß der Mechaniker bereits am Telefon darüber informiert werden kann, welche Ersatzteile er mitbringen sollte. Die Idee einer ganzheitlichen Produktpolitik impliziert einen grundlegenden Wandel in der Gestaltung der Entwicklungs-, Konstruktions- und Produktionsprozesse. Neue Produktionsweisen bedeuten hier mehr als den Einsatz neuer technisch-industrieller Entwicklungen und schließen neuartige und innovative Organisationsformen und Verhaltensweisen ein. Dahinter steht die Erkenntnis, daß technische Lösungen und soziale Verhaltensweisen vielfach sehr eng miteinander verflochten sind.

Effizienzgewinne und die Überwindung ökonomischer Knappheiten stoßen allerdings an technische, ökonomische und soziale Grenzen. So sind etwa die technisch realisierbaren Potentiale zur Einsparung von Material und Energie nicht beliebig steigerbar, und bestimmte technische Realisierungen scheitern an der ökonomischen Machbarkeit. Beim Recycling sind qualitative Wertminderungen nicht zu vermeiden (Stichwort »Downcycling«). Wenn aus ursprünglich hochwertigen Produkten unter gewaltigem Einsatz von Energie Produkte geringerer Qualität gewonnen werden, die selbst nicht mehr weiterverwendet werden können, geht unter Umständen weder die ökonomische noch die ökologische Rechnung auf. Schließlich ist absehbar, daß das besitzorientierte, traditionelle Kaufverhalten der Menschen nur in bestimmten Bereichen durch neue, besitzunabhängige Vertriebsformen überwunden werden kann. Weder die hundertprozentige Kreislaufwirtschaft noch der Durchbruch der gemeinsamen Nutzung in allen Lebensberei-

Neue, besitzunabhängige Vertriebsformen können in bestimmten Bereichen das besitzorientierte, traditionelle Kaufverhalten der Menschen überwinden.

chen sind realistische und realisierbare Zukunftsbilder. Darüber hinaus sind die sozialen und ökonomischen Auswirkungen der Umsetzung der beschriebenen industriellen Leitbilder in vielen Fällen nicht bekannt. So ist z. B. die Frage nach den Beschäftigungseffekten einer ganzheitlichen Produktpolitik, deren Ziel vor allem in der Herstellung weniger hochwertigerer Produkte besteht, noch ungeklärt.

Neben den beschriebenen Effizienz- und Innovationsstrategien zur Einschränkung des Ressourcenverbrauchs und der Verhinderung von Schadstoffemissionen wird in der Literatur zur Nachhaltigkeit, unter dem Stichtwort »Suffizienzstrategie«, ein Ansatz diskutiert, der auf die Verringerung des materiellen Konsums abzielt.[10] Durch den Verzicht auf bestimmte, besonders umweltschädigende Aktivitäten soll hier eine Entlastung und Schonung des natürlichen Kapitals erreicht werden. Dieses Konzept ressourcenschonender Lebens- und Konsummuster ist oftmals mit der Forderung nach einer Besinnung auf nicht-materielle Werte und einer Philosophie der Genügsamkeit verbunden. Die Idee der Suffizienz setzt bei den Lebensbedingungen in den modernen, konsumintensiven Industriegesellschaften an.

Ein Beispiel für Suffizienz: der Verzicht auf Fernreisen mit dem Flugzeug zugunsten eines Fahrradurlaubs in der heimischen Region.

Der Verzicht auf Fernreisen mit dem Flugzeug zugunsten eines Urlaubs mit dem Fahrrad in der heimischen Region, der Genuß von regionalem Obst und Gemüse anstatt des Verzehrs von weither transportierten Lebensmitteln oder der Verzicht auf das Auto, verbunden mit der Nutzung von Bussen und Bahnen, sind Beispiele für gelebte Suffizienz. Es geht hier um die Beantwortung der Frage, welcher Lebensstil mit Nachhaltigkeit kompatibel ist und welche Konsequenzen die Menschen für ihre Lebensgestaltung daraus ziehen wollen. Die Ansichten hierüber sind von Individuum zu Individuum verschieden, und zwischen Anspruch und Realität tut sich hier oftmals eine gewaltige Lücke auf. Wie weit selbstverordnete Mäßigung gehen kann, hängt stark von den herrschenden kulturellen, sozialen und wirtschaftlichen Bedingungen und insbesondere dem bereits erreichten Lebensstandard ab. Daß Verzicht im Sinne einer neuen Genügsamkeit jemals von einer Mehrheit positiv erlebt wird, ist aber äußerst zweifelhaft. Versuche, den Verzicht zu erzwingen, dürften zum Scheitern verurteilt sein und wären auch nicht mit einer demokratischen Grundeinstellung vereinbar. Trotz dieser bestehenden Einschränkungen sind Suffizienzüberlegungen aber ein wichtiges Element bei der Umsetzung von Nachhaltigkeit.

Denn die Frage nach der Berechtigung bestimmter Arten und Weisen der Bedürfnisbefriedigung, in Anbetracht der Bedürfnisse der kommenden Generationen, ist Bestandteil der notwendigen Abwägungsprozesse im Hinblick auf die Nutzung versus den Erhalt von natürlicher Umwelt. Insofern sind freiwillige Suffizienzanstrengungen wichtige flankierende Maßnahmen für die Erreichung von Nachhaltigkeit.

Instrumente für eine Nachhaltigkeitspolitik

Um die in den Handlungsregeln skizzierten Zielvorgaben zu verwirklichen und die Strategien auch wirksam werden zu lassen, benötigt man Instrumente, die eine Transformation der bestehenden Verhältnisse in Richtung auf eine nachhaltige Entwicklung auslösen sollen. Der einfache Weg, die Lösung der Nachhaltigkeitsprobleme durch den Ausgleich von Angebot und Nachfrage auf dem Markt zu erzielen, reicht dabei nicht aus. Die Unfähigkeit des Marktes, dafür zu sorgen, daß das knappe natürliche Kapital nicht unter Wert verschleudert wird, erklärt sich aus der besonderen Beschaffenheit der natürlichen Güter, die Menschen für ihre Lebensgestaltung in Anspruch nehmen. Umweltgüter wie saubere Luft, Wasser und Boden haben – durch die »Brille« des Ökonomen gesehen – besondere Eigenschaften, durch die sie sich von den wirtschaftlichen, auf Märkten gehandelten Gütern unterscheiden. Betrachtet man die saubere natürliche Umwelt als Gut und den Verbrauch natürlichen Kapitals bzw. die Verschmutzung der Umwelt als Konsumvorgang, sind folgende Aspekte besonders bedeutsam:

Umweltbelastungen schädigen meistens die am Tausch von Gütern und Dienstleistungen nicht beteiligten Dritten.

Umweltbelastungen schädigen meistens die am Tausch von Gütern und Dienstleistungen nicht beteiligten Dritten. Es treten hier sogenannte negative externe Effekte auf, die als gemeinschaftliche Nebenwirkungen von Produktion und Verbrauch entstehen und sich auf nicht-beteiligte Personen oder auf Umwelt und Natur auswirken. Die negativen Beeinträchtigungen, unter denen die durch Umweltbelastungen betroffenen Dritten zu leiden haben, werden über den Markt und die Preise der Güter nicht abgegolten. Ein Unternehmen z. B., das einen nahegelegenen Fluß verschmutzt, also Natur konsumiert, kommt für die Kosten, die Anglern, Anwohnern und benachbarten Unternehmen durch die Verschmutzung entstehen, nicht auf. Diese Kosten schlagen sich auch nicht in den Preisen der hergestellten Produkte nieder. Ohne staatlichen Eingriff einer »künstlichen« Preiserhöhung oder einer vertraglichen Vereinbarung mit den Geschädigten läßt sich dieses Problem nicht zufriedenstellend lösen.

Die Umwelt ist ein Paradebeispiel für ein Gut, bei dem die Nutzung durch einen Menschen eine Nutzung durch andere nicht hindert und bei dem auch niemand über den Preis von der Nutzung ausgeschlossen werden kann. (In der Ökonomie spricht man hier von Kollektivguteigenschaften.) Jemand, der nicht bereit ist, für eine saubere Umwelt zu bezahlen, kann dennoch nicht vom Genuß der sauberen Luft oder des sauberen Wassers ausgeschlossen werden. Wenn einzelne aber vom umweltgerechten Handeln der anderen profitieren können und gleichzeitig die Kosten für dieses Handeln nicht tragen müssen, tritt das sogenannte »Trittbrettfahrerproblem« auf. Ähnlich wie ein Schwarzfahrer davon profitiert, daß die anderen zahlenden Fahrgäste den Einsatz der Straßenbahn überhaupt möglich machen, zieht auch ein einzelner Umweltschädiger seine Vorteile aus dem umweltgerechten Verhalten der anderen. Je mehr »Trittbrettfahrer« kostenlos an dem Gut Umwelt Anteil haben, um so größer ist die Gefahr, daß das Produkt »saubere Umwelt« gar nicht mehr »angeboten« wird, weil auch die eigentlich Zahlungswilligen keinen Preis mehr entrichten wollen. Im Endeffekt verlieren also alle. Ähnlich verhält es sich beim sogenannten Allmende-Problem der gemeinschaftlichen Nutzung von (Umwelt-)Gütern durch eine Gruppe. Auch hier kann durch ein Verhalten, das einem einzelnen Vorteile bringt, ein Nachteil für die Gemeinschaft entstehen. Wenn z. B. alle Fischer die Fischbestände der Meere gemeinsam nutzen, dann wird jeder einzelne versuchen, den eigenen Fang so groß wie möglich zu halten, was aber letztlich zu einer Überfischung und damit zum Nachteil aller führen kann.

Jemand, der nicht bereit ist, für eine saubere Umwelt zu bezahlen, kann dennoch nicht von ihrer Nutzung ausgeschlossen werden.

Um mit diesen Problemen fertig zu werden, müssen Steuerungsmaßnahmen ergriffen werden. Für eine Politik des Umwelt- und Ressourcenschutzes sind verschiedene Instrumente denkbar, die von Verboten bis hin zu Informations- und Bildungsangeboten reichen. Die wichtigsten Instrumente lassen sich in fünf Gruppen einteilen:

Gruppe	Beispiele
Regulative Instrumente	Ordnungsrechtliche Verbote, Grenzwerte, technische Anleitungen und Verfahrensvorschriften
Planerische Instrumente	Landschafts-, Luftreinhalte- und Abfallentsorgungsplanung, wasserwirtschaftliche Planung
Anreizorientierte Instrumente	Umweltabgaben, Zertifikate, Subventionen
Partizipative und kooperative Instrumente	Runde Tische, Mediationsverfahren, kooperative Diskurse
Informativ-erzieherische Instrumente	Umwelterziehung, Umweltbildung, Produkt- und Betriebsprüfungen, Ökobilanzen, Öko-Audit

Abb. 3

Regulative Instrumente werden von staatlicher Seite erlassen und schreiben bestimmte Verhaltensweisen verbindlich vor. Bei Nichteinhaltung stehen Sanktionsmaßnahmen zur Verfügung. Auch das Haftungsrecht gehört in diese Instrumentengruppe.

Beim planenden Umweltschutz werden Aktivitäten und Handlungen systematisch und gezielt so vorbereitet, daß bestimmte Ziele erreicht werden können.

Planerische Instrumente können sich auf konkrete abgesteckte Gebiete und Landschaften beziehen oder raumübergreifend auf einzelne Aufgaben- und Problemfelder ausgerichtet sein. Der Staat oder private Organisationen versuchen in ihrem jeweiligen Kompetenzbereich, die Ziele der Nachhaltigkeit durchzusetzen. Wichtige umweltorientierte Planungen sind vor allem die Landschaftsplanung, die Luftreinhalteplanung, die wasserwirtschaftliche Planung und die Abfallentsorgungsplanung. Belange des Umweltschutzes gehen auch in die Verkehrs-, die Energie- und Ressourcenplanung, die Flurbereinigungsplanung und die forstliche Rahmenplanung ein. Auch Ansätze zur Umsetzung von Nachhaltigkeit, wie sie z. B. im Rahmen der nationalen Umweltplanung oder der Lokalen Agenda 21 nach der Konferenz von Rio weltweit initiiert worden sind, lassen sich bei den planerischen Instrumenten einordnen.

Zentrale Aufgabenfelder ökologischer Planung sind die Pflege der Landschaft, die Reinhaltung von Luft und Wasser und die Abfallentsorgung.

Umweltabgaben, Zertifikate sowie Subventionen und andere Finanzhilfen zielen darauf ab, *wirtschaftliche Anreize* so zu setzen, daß ein an Nachhaltigkeit orientiertes Verhalten gefördert wird. Die Veränderung der Preise für die Bestandteile des natürlichen Kapitalstocks spielt bei diesen anreizorientierten Instrumenten eine zentrale Rolle.

Partizipative und kooperative Instrumente binden staatliche und nicht-staatliche Akteure in einen Prozeß der Entscheidungsfindung ein, der konsensorientiert ist. Runde Tische, Mediationsverfahren und kooperative Diskurse sind Beispiele für kommunikative Problemlösungen. Die Ergebnisse werden von den Beteiligten freiwillig getragen und umgesetzt. Umweltpolitische Kooperation findet im Rahmen von Selbstregulierungen und freiwilligen Verpflichtungen der Industrie statt.

Umwelterziehung, -bildung und -aufklärung schaffen Umweltbewußtsein.

Umwelterziehung, Umweltbildung und Umweltaufklärung sind *informativ-erzieherische Instrumente*. Sie zielen auf die Schaffung von Umweltbewußtsein ab und beeinflussen Umweltverhalten indirekt. Umweltbezogene Informationssysteme, wie die Produkt- und Betriebsprüfungen, die Ökobilanzierung und das sogenannte Öko-Audit, sind informative Instrumente eines Umweltmanagements.

Eine umfassende Bewertung des umfangreichen umweltpolitischen Instrumentariums verlangt nicht nur eine differenzierte Auseinandersetzung mit den jeweils zugrundeliegenden wissenschaftlichen Modellen, sondern muß auch die Praxistauglichkeit und die Möglichkeit der Umsetzung im konkreten Anwendungsfall berücksichtigen. Bei der Auswahl des »richtigen« Instruments sollte man sich an vier Kriterien orientieren:

- Effektivität: Die Instrumente müssen auf konkrete Zielsetzungen abgestimmt sein und einen Erfolg der Bemühungen zumindest erwartbar machen lassen.
- Kompatibilität: Der Instrumenteneinsatz muß mit den jeweiligen ökologischen, wirtschaftlichen und sozialen Bedingungen abgestimmt sein.
- Effizienz: Es sollte nicht mehr Aufwand betrieben werden, als für die Erreichung des Zieles unbedingt notwendig ist.
- Implementationsfähigkeit: Die Menschen und Organisationen, die sich auf den Weg der Nachhaltigkeit begeben wollen, müssen mit den gewählten Instrumenten umgehen können und sie auch als zielführend und sinnvoll anerkennen.

Dieses Bewertungsraster bildet die Grundlage der Beurteilung der Instrumente. Was Ge- und Verbote betrifft, so zeichnen sich diese *regulativen Instrumente* durch große Treffsicherheit und schnelle Wirkung aus. Dabei müssen bestimmte Höchstmengen und Grenzwerte für Stoffe, denen umweltschädigende Eigenschaften zugeschrieben werden, politisch festgelegt werden. Angesichts vieler

Unsicherheiten und oftmals nicht eindeutiger naturwissenschaftlicher Erkenntnisse kann dieser erste Schritt bereits zum Problem werden. Welche Stoffe und Produktionsverfahren man verbieten soll oder inwieweit bestimmte Mengen von Schadstoffen freigesetzt werden dürfen, sind Fragen, auf die auch die Experten oft keine eindeutige Antwort verfügbar haben. Problematisch ist diese Art von politischem Instrument aber vor allem auch deshalb, weil starre Regelungen dem einzelnen keine Freiheit geben, anders als vorgeschrieben zu handeln. Dies ist bedenklich, weil individuelle Freiräume Bestandteil einer Politik der Nachhaltigkeit sein sollten. Im Rahmen unserer Kriterien schneiden regulative Instrumente meist als sehr effektiv ab, aber selten als effizient. Je nach Einsatzgebiet sind sie mit den jeweiligen Erfordernissen kompatibel (etwa wenn es um die Gefährdung von Menschenleben geht), und sie werden auch von den Betroffenen weitgehend akzeptiert, wenn sie eine eindeutige Schutzfunktion ausüben.

Individuelle Freiräume sollten Bestandteil einer Politik der Nachhaltigkeit sein.

Die Stärke *planerischer Maßnahmen* liegt im Versuch des Ausgleichs konkurrierender Interessen und Ansprüche und in der Planung übergreifender und effizienter Strategien zum Schutz von Umwelt und Natur. Ein großes Problem besteht aber darin, daß planender Umweltschutz große Zeiträume in Anspruch nimmt und schnelle Schritte mit diesem Instrument nicht zu machen sind. Die Erfahrung zeigt, daß viele Umweltplanungen oftmals auch gar nicht durchsetzbar oder ihre praktischen Auswirkungen unbedeutend sind. Auch hier zeigt die Bewertung nach den Kriterien ein ambivalentes Bild: Planungsverfahren sind selten sehr effektiv, weil zwischen Ziel und Umsetzung kein direkter Zusammenhang besteht. Sie können relativ effizient sein, wenn im Plan selbst Effizienzgesichtspunkte Eingang gefunden haben. Planungen können ebenfalls flexibel und problemgerecht den jeweiligen Anliegen angepaßt werden, also einen hohe Kompatibilität erzielen, obwohl dies in der Realität nur selten geschieht. Schließlich stoßen Pläne dann auf Implementationsdefizite, wenn die Betroffenen wenig oder keinen Einfluß auf deren Zustandekommen gehabt haben.

Der Vorteil *anreizorientierter Instrumente* liegt vor allem darin, daß sie für die Betroffenen Optionen offenlassen. Aus ökonomischer Sicht ist es sinnvoll, dort aktiven Umweltschutz zu betreiben, wo es am kostengünstigsten ist. Anreizsysteme sind also in jedem Fall effizient. Hinsichtlich anderer Kriterien müssen wir die Anreizsysteme weiter differenzieren.

Umweltabgaben in Form von Steuern beeinflussen zwar das Spiel von Angebot und Nachfrage, setzen die Gesetze des Marktes, die zu einer effizienten Verteilung knapper Ressourcen führen, aber nicht außer Kraft. Sie korrigieren lediglich das Marktergebnis, das durch die speziellen Eigenschaften der Umweltgüter unvollkommen ist. Mit Hilfe der Steuer kann erreicht werden, daß die Preise »ökologische Wahrheiten widerspiegeln«.[11] Die Erreichung bestimmter Umweltziele durch die Erhebung einer Steuer ist aber fraglich, weil die Reaktion des einzelnen auf die Steuer sehr unterschiedlich sein kann. Wieviele der Betroffenen der Steuer ausweichen, indem sie umweltschädliche Handlungen unterlassen oder verhindern, und wieviele weiter machen wie bisher, obwohl sie dafür kräftig in den Geldbeutel greifen müssen, kann niemand vorher wissen. Da sich das Verhalten der Menschen erst langsam den durch die Steuer neu geschaffenen Bedingungen anpassen muß, ist die umweltrelevante Wirkung in jedem Fall langsamer und oft auch weniger genau prognostizierbar als bei Auflagen und Verboten. Im Extremfall kann eine Umweltsteuer zum reinen Finanzierungsinstrument zur Aufbesserung des Staatshaushaltes werden und überhaupt keine Lenkungsfunktion ausüben. Steuern können also, was die Umwelteffektivität anbelangt, keine Garantie für die Einhaltung eines bestimmten Zieles (etwa die Reduktion von Kohlendioxid um 25 Prozent) geben.

Können bestimmte Umweltziele durch die Erhebung einer Steuer erreicht werden?

Bei zweckgebundenen Abgaben läßt sich die Effektivität verbessern, da dort die Möglichkeit der gezielten Verwendung der Einnahmen für Umweltzwecke besteht. So könnte man beispielsweise eine Abgabe auf fossile Brennstoffe erheben, die dann der Entwicklung von neuen regenerativen Energiequellen zugute kommen könnte. Allerdings ist auch hier der Erfolg nicht garantiert. Tendenziell geht mit einer derartigen Abgabe der umweltbelastende Verbrauch zurück, während der umweltentlastende Verbrauch ansteigt. Man kann jedoch erst im nachhinein feststellen, wie groß diese beiden Effekte ausfallen.

Im Gegensatz zu den Steuern belasten Subventionen als positive Anreize den Staatshaushalt und können deshalb schon aus Kostengründen nicht praktizierbar sein. Hier muß außerdem genau festgelegt werden, unter welchen (Vor-)Bedingungen die Verringerung von Umweltbeeinträchtigungen belohnt wird. Es besteht sonst die Gefahr, daß Unternehmen oder Privatpersonen ihr Umweltverhalten kurzfristig verschlechtern, um später leichter in den Genuß öffentlicher Zuschüsse zu kommen. Wenn durch Subventionen reparative Umweltmaßnahmen gefördert werden, geht von diesem Instrument kein Anreiz für ein umweltfreundliches Verhalten aus. Gleichzeitig ist auch bei den Subventionen nicht im voraus erkennbar, wieviel an Umweltentlastung mit einer bestimmten Summe an Finanzmitteln erreicht werden kann.

Dieses Manko der mangelnden Prognostizierbarkeit der Effekte tritt beim Einsatz der sogenannten Zertifikate nicht auf. Da bei der Zertifikatlösung die Menge der erlaubten Verschmutzung verbindlich festgelegt wird, ist sie genauso treffsicher wie der Einsatz regulativer Instrumente. Allerdings treten auch hier Probleme bei der Festlegung der Belastungsgrenzen auf. Handelbare Lizenzen sind ebenso wie Umweltsteuern Instrumente einer grundsätzlich marktwirtschaftlich orientierten Politik. Es wird niemandem verbindlich vorgeschrieben, wieviele Schadstoffe emittiert werden dürfen. Wenn der Zertifikatemarkt gut funktioniert, hat grundsätzlich jeder die Möglichkeit, sich Lizenzen zu beschaffen. Da die Anschaffung neuer Lizenzen Kosten verursacht und der Verkauf vorhandener Verschmutzungsrechte Gewinne einbringt, ist ein wirksamer Anreiz für die Anschaffung umweltfreundlicher Technologien gegeben. Insoweit sind die beiden Kriterien der Effektivität und der Effizienz weitgehend erfüllt.

Es wird niemandem verbindlich vorgeschrieben, wieviele Schadstoffe emittiert werden dürfen.

Schwierigkeiten bereiten dagegen die beiden Kriterien der Kompatibilität und der Implementationsfähigkeit. Veräußerbare Nutzungsrechte sind häufig mit den legalen Vorschriften eines Landes inkompatibel. Die Frage nach der Erstausstattung bleibt immer problematisch und führt entweder zu Ungerechtigkeiten gegenüber den Alt-Emittenten (wenn die Zertifikate frei versteigert werden) oder gegenüber potentiellen Neuanbietern auf dem Markt (wenn die bereits existierenden Emittenten eine Erstausstattung mit Zertifikaten erhalten). Darüber hinaus ist das Zertifikatsmodell der Öffentlichkeit schwer nahezubringen. Ist es nicht gerade paradox, einzelnen Personen oder Organisationen »Verschmutzungsrechte« zu verkaufen und dies noch mit dem Etikett der Nachhaltigkeit zu versehen? Dieser Vorwurf ist bei zu schützenden essentiellen Ressourcen berechtigt. Diese benötigen ordnungsrechtliche Maßnahmen. Werden aber nicht-essentielle Umweltgüter in Produktion und Konsum nachgefragt, dann ist das Modell der Zertifikate in besonderem Maße geeignet, den »ökologisch wahren« Preis dieser Umweltgüter widerzuspiegeln. Insgesamt gesehen sind Zertifikate dann positiv zu beurteilen, wenn nicht-essentielle Umweltgüter in ihrer Qualität oder Menge effektiv und effizient reguliert werden sollen.

Der Einsatz wirtschaftlicher Anreize scheint vor allem dort vorteilhaft zu sein, wo es keine festumrissenen Grenzen für Schädigungen gibt, aber eine kontinuierliche Richtung der Vermeidung von Beeinträchtigungen der Umwelt vorgegeben ist. Dies ist der Fall bei der Emission umweltschädigender, aber nicht lebensgefährlicher Stoffe, bei der Risikovorsorge bei geringem Schadensmaß und in allen Umweltbereichen, wo die Streckung der Ressourcenbasis oder die Schließung von Kreisläufen wünschenswert ist.

Die Stärke der *partizipativen Instrumente* liegt vor allem darin, daß mit Hilfe diskursiver Verfahren die für die Nachhaltigkeit notwendigen Abwägungen vollzogen werden können. Die Frage, welche Ressourcen und welche Umweltaspekte als essentiell anzusehen sind und wie diese geschützt werden sollen, geht weit über das politisch-administrative Handeln hinaus. Vielmehr ist bei der Frage nach dem »Erhaltenswerten« ein breiter Konsens in der Bevölkerung notwendig. Dialogbereitschaft, Lernprozesse und Kompromißfähigkeit stehen im Mittelpunkt der diskursiven Verfahren. Die Stärkung der partizipatorischen Elemente scheint im Bereich des vorsorgenden und planenden Schutzes von Umwelt und Natur besonders machbar und realistisch zu sein. Kommunikative Instrumente haben natürlich auch ihre Grenzen: Ähnlich wie bei den Steuern und Abgaben läßt sich im voraus die Effektivität der jeweiligen Maßnahmen nicht abschätzen. Auch die Effizienz ist nicht immer gegeben, vor allem dann, wenn solche Verfahren zeitlich unbegrenzt zu reinen »Debattierklubs« verkommen. Dagegen sind sie sowohl mit der politischen Kultur in Deutschland als auch mit den meisten Problemanforderungen kompatibel. Meist stoßen sie auch auf eine positive Akzeptanz und sind somit politisch implementierbar. Kommunikative Verfahren sind also überall dort anwendbar, wo eine direkte Schädigung wichtiger Umweltfunktionen nicht zu befürchten und keine Eile geboten ist, Eingriffe aber mit Wertschätzungen verbunden sind.

Bei der Frage nach dem »Erhaltenswerten« ist ein breiter Konsens in der Bevölkerung notwendig.

Der Erfolg einer kooperativen Politik im Rahmen freiwilliger Verpflichtungen hängt nicht nur von der Glaubwürdigkeit und Nachvollziehbarkeit der eingegangenen Verpflichtungen ab. Eine große Rolle spielt hier, welche Seite der Verhandlungspartner tatsächlich ihre Interessen durchsetzen kann. So ist beim Einsatz freiwilliger

Selbstverpflichtungen realistischerweise davon auszugehen, daß die Freiwilligkeit der Beteiligten nur unter dem Druck drohender und weitaus schärferer gesetzgeberischer Maßnahmen über »No-regret«-Maßnahmen hinausgehen wird. Ob tiefgreifende Reformen und Veränderungen, die über ohnehin schon absehbare Entwicklungen hinausgehen, durch freiwillige Selbstverpflichtung und Kooperation erreicht werden können, ist offen. Weiterhin ist problematisch, daß bei diesen Verhandlungslösungen Dritte, die gleichermaßen betroffen sind, ausgeschlossen bleiben. Diese Gefahr besteht bei jeder Art von Rundem Tisch.

Umweltaufklärung und Information sind wichtige Stützen einer Politik, die die Verwirklichung von Nachhaltigkeit anstrebt.

Verbleibt die letzte Klasse von Instrumenten: *Information und Bildung*. Auch wenn ein verschärftes Umweltbewußtsein noch nicht Auslöser für umweltgerechtes Handeln ist, haben Umweltaufklärung und Information ihre Berechtigung als wichtige Stützen einer Politik, die die Verwirklichung von Nachhaltigkeit anstrebt. Insbesondere wenn die Wahrnehmbarkeit von Belastungen nicht gegeben ist, kann das Bildungsniveau in bezug auf die Umweltproblematik großen Einfluß auf die Bereitschaft der Menschen, etwas zu ändern, ausüben. Alle Maßnahmen, ob sie nun mit Anreizsystemen arbeiten oder mit Hilfe des Polizeirechts durchgreifen, müssen im politischen Raum verabschiedet werden. Politische Maßnahmen, die bei den Bürgern zu schwerwiegenden Verhaltensänderungen führen sollen, sind letzlich nicht über die Mehrzahl der Köpfe hinweg durchzusetzen.

Informative Instrumente sind aber in bezug auf ihre Effektivität kaum abzuschätzen. Sie stimmen die Bevölkerung in der Regel auf weiterführende Instrumente ein, die eher auf effektive Wirkungen hin ausgerichtet sind. Auch über die Effizienz kann man kaum allgemeingültige Aussagen machen. Manche Informationskampagnen sind außerordentlich mittelintensiv, ohne daß sie sich im Bewußtsein oder im Verhalten der informierten Bevölkerung niederschlagen. Umgekehrt können auch Informations- und Bildungsprogramme mit geringem Etat große Wirkungen erzielen. Zweifellos sind informative Instrumente aber wegen ihrer Flexibilität und ihres Freiwilligkeitscharakters mit rechtlichen und situativen Anforderungen kompatibel und stoßen bei der Mehrheit der angesprochenen Menschen auf positive Akzeptanzbereitschaft.

Umweltorientierte Informations- und Bewertungsinstrumente haben die Aufgabe, Schwachstellen in bezug auf die Belastung von Umwelt und Natur in Unternehmen aufzuzeigen und Vergleiche zwischen Produkten und Produktionsverfahren zu ermöglichen. Damit können sie dem umweltbewußten Käufer eine Orientierungshilfe sein, wenn dieser seine Kaufentscheidung über das Preis-Leistungs-Verhältnis hinaus auch verstärkt an ökologischen Kriterien ausrichten möchte. Dies gilt insbesondere dann, wenn Umweltmanagement und -prüfung mit der Vergabe eines Ökolabels verbunden sind, das dem Verbraucher signalisiert, wie ein Produkt hinsichtlich ökologischer Kriterien eingestuft werden kann.

Betriebsinterne Umweltprüfungen und Ökobilanzierungen stellen auch – aber nicht nur – ein Instrument zur Imagepflege von Firmen dar. In vielen Fällen, in denen Firmen sich derartigen Verfahren unterziehen, können Erträge verbessert und Kosten eingespart werden. Das macht sich positiv in den Betriebsbilanzen bemerkbar. Die Prüfungen alleine haben natürlich keine direkten Auswirkungen auf den Zustand von Natur und Umwelt, sondern sind als eine Art Bestandsaufnahme zu sehen. Als wichtige Grundlage für zukünftige Entscheidungen in den Unternehmen sind sie jedoch ein wesentlicher Bestandteil der Unternehmenspolitik im Rahmen einer zukunftsgerichteten Nachhaltigkeitsstrategie. Auch hier sind Effektivität und Effizienz schwer zu beurteilen. Umweltmanagementsysteme sind eher als Vorboten oder Wegbereiter anderer Instrumente zu sehen, die dann mit größerer Kompatibilität und Akzeptanz eingesetzt werden können.

Allen informativen Instrumenten ist gemeinsam, daß sie den Freiheitsspielraum der Individuen kaum einschränken. Information und Aufklärung müssen nicht unbedingt von staatlicher Hand ausgehen, sondern können auch privatwirtschaftlich organisiert sein. Bei den Informations- und Bewertungsinstrumenten besteht die Rolle der öffentlichen Hand darin, Grundsätze und Vorgehensschritte bei Bedarf gesetzlich zu verankern und zur Vereinheitlichung der Verfahren beizutragen.

Nachhaltigkeit anzustreben bedeutet, viele Hebel in Bewegung zu setzen, die an unterschiedlichen Stellen ihre Wirkung entfalten.

Nachhaltigkeit anzustreben bedeutet, viele Hebel in Bewegung zu setzen, die an unterschiedlichen Stellen ihre Wirkung entfalten. Der Einsatz neuer, ungewohnter Instrumente erfordert in vielen Bereichen Mut zu echten Reformen. Damit ist vor allem auch der notwendige Übergang von einer reaktiven und regulativen, auf einzelne Sektoren bezogenen Umweltpolitik zu ursachenorientierten und flexibleren Ansätzen der Politikgestaltung gemeint. Das bedeutet konkret: Weniger Auflagen in Form von Verboten und größerer Einsatz von Instrumenten, die anreizorientiert, freiheitsfördernd

Die Bereitschaft, das eigene Handeln nach den Kriterien der Nachhaltigkeit auszurichten, kann nicht »künstlich« erzeugt werden.

und verstärkend im Bereich der Partizipation angesiedelt sind. Die Bereitschaft, das eigene Handeln nach den Kriterien der Nachhaltigkeit auszurichten, kann weder durch den Markt noch durch irgendein anderes Lenkungssystem »künstlich« erzeugt werden. Sie muß in den heute lebenden Menschen heranwachsen. Dazu sind zwei Dinge notwendig: Zum einen muß den Menschen der Zusammenhang zwischen Konsum, Lebensweise, Risikobereitschaft und Naturnutzung verdeutlicht werden, zum anderen muß es zu einer kulturellen Neuorientierung kommen, in der ressourcen- und naturschonendes Verhalten sozial belohnt wird.

Meßgrößen als Orientierungshilfe

Es reicht nicht aus, Wege aufzuzeigen, die in die Nachhaltigkeit führen. Daneben muß man sich Gedanken darüber machen, wie zu überprüfen ist, ob die beschrittene Route auch tatsächlich in die gewünschte Richtung führt. Da sich nachhaltige Entwicklung auf das gesellschaftliche, ökonomische und ökologische Umfeld des Menschen bezieht und damit ein hochkompliziertes Phänomen ist, werden Indikatoren benötigt, die anzeigen, ob in einem bestimmten Zeitraum mehr oder weniger Nachhaltigkeit erreicht wird. Indikatoren sind Meßgrößen, die den Status eines bestimmten Zustands oder einer Entwicklung angeben, wenn aus technischen oder finanziellen Gründen dieser nicht direkt gemessen werden kann. Indikatoren machen es möglich, einfache und verständliche Informationen über komplexe Systeme zu erhalten.

Wie aber kann man den Zustand der Nachhaltigkeit »messen«? Nach welchen Indikatoren soll man sich dabei richten? Kann man überhaupt den Grad der Zielerreichung objektiv bestimmen? Gefragt ist also eine möglichst exakte Bestandsaufnahme, um den Stand der Nachhaltigkeit so objektiv wie möglich zu bestimmen und in Zahlenwerte zu fassen. Diesem Anliegen sind jedoch konzeptionelle und methodische Grenzen gesetzt: Die Wissenschaft kennt keine objektiven Schwellenwerte, von denen an die Nachhaltigkeit ernsthaft gefährdet ist. Die Politiker wissen nicht, welche Vorlieben und Neigungen die kommenden Generationen haben werden. Die Prognostiker können nicht vorhersagen, wie sich das Wissen der Gesellschaft in bezug auf Naturnutzung in Zukunft entwickeln wird. Wohl wissend, daß die Menschen das Ziel noch nicht erreicht haben, gleichzeitig aber auch die Zielgerade noch nicht bestimmen können, gilt es nach dem Motto zu verfahren: Der Weg ist das Ziel. Alle Maßnahmen, die es der Menschheit ermöglichen, den Kapitalstock der Natur zu entlasten und jede Einheit daraus noch produktiver zu machen, sind Schritte in die richtige Richtung.

Es gilt das Motto: Der Weg ist das Ziel.

Die Akademie für Technikfolgenabschätzung in Baden-Württemberg hat auf der Basis eines bestehenden Katalogs, der von der OECD empfohlen wird, und weiterer Anregungen aus vielen wissenschaftlichen und praxisorientierten Institutionen einen eigenen Indikatorkatalog zur Erfassung der Situation im Hinblick auf Nachhaltigkeit entwickelt.[12] Dieser Katalog zeigt auf, bei welchen Naturressourcen die Menschen den Weg zu einer nachhaltigen Nutzung eingeschlagen und bei welchen sie sich von diesem Ziel entfernt haben. Anhaltspunkte dafür sind Zeitreihen der Nutzung der Umwelt als Ressourcenbasis und als Senke für Emissionen und Abfälle. Wird im Verlauf der Zeit das Erbe des natürlichen Kapitalstocks zunehmend aufgezehrt, ohne daß dafür das Erbe des künstlichen Kapitalstocks entsprechend steigt, ist unbedingter Handlungsbedarf angesagt. Vermindert sich das Erbe des natürlichen Kapitals absolut gesehen, wobei aber der künstliche Kapitalstock überproportional wächst, dann kann die Entwicklung dem Kriterium der schwachen Nachhaltigkeit genügen, weil die Wirtschaft mehr neues Erbe schafft, als altes verbraucht wird. Allerdings ist auch hier besondere Vorsicht geboten, denn es könnte der Fall sein, daß der künstliche Ersatz kein wirkliches Äquivalent darstellt für das, was verlorengegangen ist. Noch ein dritter Fall ist möglich: Die Nutzung des jeweiligen Naturgutes sinkt im Verlauf der Zeit stetig ab. In diesem Falle ist kein unmittelbarer Handlungsbedarf geboten, es sei denn, klare naturwissenschaftliche Erkenntnisse weisen nach, daß auch bei den verbleibenden Verbräuchen oder Belastungen kritische Schwellen überschritten werden. Wo dies nicht deutlich ist, müssen die Nutzer dieser Messung sich mit dem Wissen um die Richtungsweisung begnügen. Der Indikatorkatalog zeigt für unterschiedliche Leitgrößen der Umweltnutzung an, wo unmittelbarer Handlungsbedarf, wo vermutlich Handlungsbedarf und wo zunächst kein Handlungsbedarf besteht. Er dient zur möglichst objektiven Orientierung über den Zustand der Nachhaltigkeit.

Die Akademie hat diesen Indikatorkatalog auf das Bundesland Baden-Württemberg angewandt und anhand der ausgewählten Indikatoren Zeitreihen für Belastungen und Ressourcenverbrauch erstellt. Die Meßwerte eines jeden Indikators dokumentieren die Fort- und Rückschritte auf dem Weg in ein nachhaltiges Baden-Württemberg. Bei dieser Messung wurde deutlich, daß sich in einigen Umweltbereichen die Situation laufend verbessert hat, der Umweltzustand in einigen Bereichen aber stagnierte und in anderen auch schlechter geworden war. Unter den problematischen Entwicklungen waren besonders die klimaschädigenden Emissionen von Kohlendioxid und Methan, die Emission von Stickoxiden, Landschaftszerschneidung und -verbrauch sowie die Verringerung der Artenvielfalt zu nennen. Bei den Ressourcen stand die Angewiesenheit auf fossile Brennstoffe als wichtigster Hindernisgrund einer nachhaltigen Bewirtschaftung entgegen. Natürlich ist Baden-Württemberg nur ein Beispiel. Aber es zeigt zweierlei: Die Situation ist weder so hoffnungslos, daß sich ein Engagement für Nachhaltigkeit nicht mehr lohnen würde, noch ist die Situation so befriedigend, daß ein Engagement nicht mehr notwendig wäre. Was also können wir tun?

Die Situation ist nicht hoffnungslos: Ein Engagement für Nachhaltigkeit lohnt sich – und ist notwendig.

Nachhaltigkeit umsetzen – aber wie?

Über 70 Prozent der Deutschen sind beunruhigt, wenn sie darüber nachdenken, unter welchen Umweltverhältnissen unsere Kinder und Enkelkinder wahrscheinlich leben müssen. Diese Aussage entspricht weitgehend dem Anliegen der Nachhaltigkeit, obgleich dieser Begriff nur von elf Prozent der Menschen in Westdeutschland und von sieben Prozent in Ostdeutschland gekannt wird.[13] Mit Empörung und Wut über aufgedeckte Umweltprobleme reagieren 65 Prozent der Bevölkerung im Westen und 62 Prozent im Osten Deutschlands. Rund zwei Drittel der Bevölkerung sind außerdem der Meinung, daß wir auf eine Umweltkatastrophe zusteuern. Dementsprechend ist auch rund die Hälfte der befragten Bürger bereit, zugunsten der Umwelt Einbußen vom Lebensstandard in Kauf zu nehmen. Offenkundig haben die Sorgen um eine nachhaltige Umweltsituation nicht abgenommen, wenn auch andere gesellschaftliche Probleme wie die Arbeitslosigkeit nach Ansicht der Bundesbürger vorrangig bearbeitet werden sollten.

Auf der Basis dieser Umfragedaten dürfte einer Politik der Nachhaltigkeit eigentlich nichts entgegenstehen. Denn die überwiegende Mehrheit der Deutschen ist nicht nur problembewußt und von der Notwendigkeit von Kurskorrekturen überzeugt, sie ist auch zumindest in weiten Teilen zu Verhaltensänderungen bereit, sofern diese der Umwelt wirklich zugute kommen. Doch den klaren Worten folgen nur begrenzt klare Taten. Zwischen den geäußerten Einstellungen und dem konkreten Verhalten liegt meist eine deutliche Kluft. Dafür gibt es eine Reihe von Gründen. Häufig paßt einstellungsgetreues Handeln nicht in die Erfordernisse der jeweiligen sozialen Situation. Wer Eindruck schinden will, fährt mit der blitzenden Stahlkarosse vor, auch wenn er genausogut mit dem Fahrrad fahren könnte. Und wer möchte schon bei einer Party den Spielverderber spielen, wenn man auf Einweggeschirr oder Wegwerfservietten stößt? Manchmal mangelt es auch an objektiven Handlungsmöglichkeiten, etwa wenn Mieter den Hausbesitzer nicht von einer energie- oder ressourcensparenden Maßnahme überzeugen können. Häufiger jedoch sind Unsicherheiten über die gebotene Verhaltensweise und der Eindruck, man könne als einzelner sowieso nichts ausrichten, sowie die Überlagerung von verschiedenen, sich häufig widersprechenden Handlungsanreizen die Gründe für die Kluft zwischen Wollen und Tun.

Klaren Worten folgen nur begrenzt klare Taten.

Um den Betroffenen Wege aufzuzeigen, wie man den Wunsch nach Nachhaltigkeit auch im Alltag oder im jeweiligen Zuständigkeitsbereich umsetzen und wie man Orientierung und mehr Urteilssicherheit gewinnen kann, sollen in den folgenden Abschnitten Handlungsmöglichkeiten aufgezeigt und konkrete Schritte zu einer nachhaltigen Lebens- und Arbeitsweise aufgeführt werden.

Was kann der einzelne tun?

Nachhaltigkeit bedeutet in erster Linie eine Hinterfragung des eigenen Lebensstils. Dazu muß sich jeder einzelne fragen: Verbrauche ich mehr Ressourcen als nachwachsen können? Belaste ich die Umwelt mehr als sie verkraften kann? Hier geht es uns vor allem um den privaten Konsum von Gütern und Dienstleistungen, denn dieser nimmt eine Schlüsselstellung bei der Verwirklichung einer nachhaltigen Entwicklung ein. In Deutschland macht der private Verbrauch nach Angaben des Statistischen Bundesamtes rund 57 Prozent des gesamten Bruttoinlandsproduktes aus.[14] Ökobilanzen zeigen zudem, daß die überwiegende Umweltbelastung bei vielen Produkten nicht bei der Herstellung und auch nicht beim Transport, sondern bei der Nutzung entstehen. Alle Fortschritte, die bislang bei der Erhöhung der Umweltproduktivität und der Verbesserung der Innovationskraft nachweislich erzielt wurden, sind im Verlauf der Zeit durch entsprechend höheren Konsum wieder ausgeglichen bzw. sogar überkompensiert worden. Wer nachhaltig leben will, sollte sich an einen einfachen Grundsatz halten:

Passe deinen Lebensstil und dein Konsumverhalten dem Grad deines Umweltbewußtseins an!

Diese Forderung erscheint auf den ersten Blick trivial. Wie gesagt, liegt aber zwischen der Einstellung zu Umwelt und Nachwelt und dem entsprechenden Verhalten eine tiefe Kluft. Hier sind vor allem drei Aspekte zu nennen, die dem einzelnen helfen können, das verbal Gewünschte mit dem real Ausgeführten in Einklang zu bringen.

Konsum sollte in erster Linie die sinnvolle Befriedigung materieller Wünsche sein.

Zunächst gilt es, Konsum als eine sinnvolle Befriedigung materieller Wünsche anzusehen, aber nicht als eine Surrogatlösung für immaterielle Bedürfnisse. Man braucht sich nur einmal die Werbung anzusehen, um festzustellen, wie stark in einer weitgehend gesättigten Gesellschaft die Verkaufserfolge von symbolischen Zuschreibungen abhängen. Nicht mehr gesunder Brotaufstrich wird angeboten, sondern ein harmonisches Familienleben (dank Frühstücksmargarine); nicht mehr schöne, warme und attraktive Kleidung, sondern Statussymbol und Prestige (dank Markenzeichen); nicht mehr ein geräumiges, schnelles und funktionales Fahrzeug, sondern flotter Lebensstil und persönliches Glück. Es zeigt sich aber, daß diese symbolischen Attribute durch den Konsum der jeweiligen Produkte nicht eingelöst werden. Um so größer kann daher die Abhängigkeit von den Surrogatlösungen werden, weil sich die Frustrationen häufen und nach immer mehr Surrogaten verlangen. Je mehr sich die Menschen beim täglichen Konsum bewußt sind, was sie wirklich brauchen und welchen Nutzen sie aus dem Produkt selbst ziehen wollen, desto einfacher wird es ihnen fallen, die Kluft zwischen Einstellung und Handeln zu überwinden.

Der zweite Aspekt des umweltbewußten Handels betrifft die eigene Lebensführung. Der Astrophysiker und engagierte Umweltschützer Hans Peter Dürr hat einen Test herausgegeben, durch den man die eigene Lebensführung auf umweltrelevante Aspekte überprüfen kann. Viele Menschen, die diesen Fragebogen ausgefüllt haben, kamen zu einer überraschenden Erkenntnis: Über die Hälfte der Abweichungen von einer nachhaltigen Lebensweise beruhte auf reiner Nachlässigkeit und ein weiteres Drittel auf Verhaltensweisen, die man ohne große Mühe abstellen könnte. Die Änderung dieser Verhaltensweisen benötigen zwar Energie und möglicherweise anfangs zusätzlichen Zeitaufwand, sie verändern aber nicht die Substanz des selbst gewählten Lebensstils oder der eigenen Lebensführung. So einfache Verhaltensänderungen, wie Einkaufstaschen zum Kauf mitzubringen, Computerpapier beidseitig zu benutzen (wenn es nur um Entwürfe geht), Stofftaschentücher anstelle von Papiertüchern zu benutzen, bei unvermeidlichen längeren Autofahrten die Mitfahrerzentrale zu benachrichtigen, korrigieren den eigenen Lebensstil nur marginal, können aber in der Gesamtbilanz einen wesentlichen Beitrag zu einem umweltgerechten Konsum leisten.

Einfache Verhaltensänderungen können einen wesentlichen Beitrag zu einem umweltgerechten Konsum leisten.

In dieser Hinsicht lassen sich noch einige weitere Tips anbringen: Z. B. kann man versuchen, die Produkte, die man kauft, länger zu nutzen und nicht gleich nach kurzer Zeit zu ersetzen. Dadurch wird der Stoffstrom verlangsamt, d. h., es fallen pro Zeiteinheit weniger Abfallstoffe an, und die natürlichen Ressourcen werden geschont. Die moderne Angewohnheit, Kleidungsstücke nur noch für eine Saison zu kaufen und diese dann großzügig an Kleidersammlungen zu verschenken, führt zu einer unnötigen Aufblähung des Materialaufwandes. Eine längere Nutzungsdauer läßt sich auch dadurch erreichen, daß man Güter gemeinsam nutzt. Dieses kann einerseits durch sogenannte Pool-Lösungen erfolgen, indem man selten benutzte Güter gemeinschaftlich anschafft oder ausleiht und sie dann nur bei Bedarf für eigene Zwecke nutzt. Beispiele dafür sind Heimwerkergeräte, Kraftfahrzeuge, Computer oder Ferienwohnungen. Andererseits kann man sicherstellen, daß nicht mehr benötigte Güter an andere weitergegeben werden. Secondhandläden oder Gebrauchtwarenbörsen sind organisatorische Formen der Weitergabe nicht mehr benötigter Produkte an andere.

Des weiteren kann man beim Kauf von Produkten auf umweltbelastende Eigenschaften achten. Dabei sind unter dem Gesichtspunkt der Nachhaltigkeit folgende Fragen von Bedeutung:

- Ist das gleiche Produkt auch mit geringerem Materialaufwand oder weniger Verpackung zu haben?
- Ist das Produkt besonders energieintensiv in der Herstellung oder in der Nutzung?
- Ist das Produkt so hergestellt, daß es zumindest die Zeitspanne der vorgesehenen Nutzung überstehen wird? Läßt es sich überhaupt reparieren, falls ein Schaden auftritt?
- Deutet die Materialzusammensetzung auf die Möglichkeit eines geschlossenen Stoffkreislaufes hin? Besteht die Möglichkeit zum Stoffrecycling?
- Hat das Produkt einen sehr langen Transportweg hinter sich? Könnte man ein nutzengleiches Produkt auch aus der eigenen Region beziehen?
- Führt das Produkt zu umweltbelastenden Folgewirkungen, sei es für den eigenen Energieverbrauch oder für den Abfallbereich?

Sinn einer bewußten Auswahl von Konsumgütern ist es vor allem, die anthropogenen Stoffströme den natürlichen Stoffströmen anzupassen. Darunter wird verstanden, daß sich die Materialien in die organischen Grundbestandteile auflösen, sobald sie nicht mehr benötigt werden. Es geht also nicht um Verzicht, sondern um eine kluge, umweltbewußte Auswahl der benötigten Produkte und Dienstleistungen.

Damit kommen wir zum dritten Aspekt: Wer kennt sie nicht, die »sauertöpfischen« und »katastrophen-schwangeren« Öko-Mahner, die keine Gelegenheit auslassen, uns auch noch die letzten Lebensfreuden mit einem schlechten Gewissen zu belasten, weil alles irgendwie der Natur schade? Besonders schlimm sind die selbsternannten Öko-Polizisten, die am liebsten die Mülleimer ihrer Nachbarn durchleuchten würden, ob sich dort nicht ein Gramm wiederverwertbares Material finden könnte. Gerade diejenigen, die umweltbewußt handeln wollen, sollten sich von dem Bazillus »ökologische Perfektheit« nicht anstecken lassen.

Lassen Sie sich von dem Bazillus »ökologische Perfektheit« nicht anstecken!

Die Forderung, den Lebensstil dem eigenen Bewußtsein anzupassen, umfaßt also zwei Seiten. Auf der einen Seite macht es keinen Sinn, das eigene Umweltbewußtsein »grün« zu überholen. Das führt zu innerer Unzufriedenheit und kann sogar in einer fundamentalistischen, intoleranten Grundströmung enden. Auf der anderen Seite sollte das eigene Verhalten aber auch das widerspiegeln, was man persönlich glaubt und für richtig hält. Weder der

Verweis auf die widrigen Umstände noch der erhobene Zeigefinger gegen diejenigen, die in noch größerem Maße schuldig geworden sind, sollten als Entschuldigungen herangezogen werden, wenn es um die Kongruenz zwischen Wort und Tat geht.

Was können die Unternehmen tun?

Hersteller und Anbieter von Konsumgüter sind daran interessiert, die von ihnen hergestellten oder vertriebenen Produkte oder Dienstleistungen zu verkaufen. Das ist nicht nur ihr legitimes Recht, sondern auch die Grundlage ihrer wirtschaftlichen Existenz. Von einem Anbieter zu verlangen, zugunsten der Umwelt den Verkauf einzuschränken oder zu unterbinden, ist deshalb weder realistisch noch moralisch gerechtfertigt. Je mehr die Konsumenten aber eine Vorliebe für langlebige und dauerhafte Produkte zeigen, desto eher werden die Produzenten und die Händler auch solche Produkte anbieten, selbst wenn sie ihren Erlös mit Verschleißwaren theoretisch aufbessern könnten. Letztlich werden die Anbieter alles daran setzen, den Kundenwünschen so weit wie möglich entgegenzukommen.

Je mehr die Konsumenten eine Vorliebe für langlebige und dauerhafte Produkte zeigen, desto eher wird man diese anbieten.

Natürlich bedeutet das nicht, daß umweltbewußtes Handeln der Anbieter nur durch den Druck der Konsumenten zustande käme. Zum einen liegt es im wohlverstandenen Interesse der Anbieter, Kriterien eines nachhaltigen Konsums zu erfüllen. Zum anderen sind auch die Unternehmer ebenso wie alle anderen Menschen in unserem Kulturkreis von den Umweltauswirkungen betroffen und versuchen, je nach eigenem Bewußtsein und Problemdruck selbst an der Lösung dieser Probleme mitzuwirken. Beide Aspekte, effektives Öko-Management und verantwortungsvolles Handeln gegenüber der Umwelt, sind wichtige Orientierungspunkte in der Frage nach den Grundsätzen eines nachhaltigen Wirtschaftens aus der Sicht der Anbieter.

Mit dem *ersten Grundsatz* ist zunächst einmal die vielzitierte effizientere Umweltnutzung (Stichwort: »Ökoeffizienz«) angesprochen, die auch Kosten sparen hilft. Offenkundig liegt es im Interesse eines jeden Unternehmens, kostensparende Maßnahmen einzuführen, um mit weniger Energie, Material oder Abfall auszukommen. Effiziente Produktion und Dienstleistung sind Ziele, die im Rahmen von marktwirtschaftlichen Systemen aus Kosten- und

Grundsätze nachhaltigen Wirtschaftens aus Sicht der Unternehmen Abb. 4

Erster Grundsatz

Begrenze das Ausmaß des Einsatzes der natürlichen Ressourcen und die Nutzung der Umwelt als Senke so weit, wie es betriebswirtschaftlich vertretbar ist.

Zweiter Grundsatz

Konzentriere deine Forschungs- und Entwicklungsanstrengungen zunehmend auf die Substitution von umweltschädigenden durch umweltneutrale Produkte.

Dritter Grundsatz

Verwende – bei aller Notwendigkeit des Welthandels und seiner wohlstandserhaltenden Funktion – auch Produkte oder Dienstleistungen aus der eigenen Region bzw. nimm sie ins Sortiment auf. Dies gilt, sofern es betriebswirtschaftlich möglich und nach Prüfung der Umweltverträglichkeit auch umweltschonender ist.

Die meisten Branchen verspüren Druck in Richtung Naturproduktivität.

Wettbewerbsgründen ständig angestrebt werden. Die meisten Branchen haben in den letzten Jahren einen zunehmenden Rationalitätsdruck nicht nur in Richtung auf höhere Arbeitsproduktivität, sondern auch in Richtung Naturproduktivität erlebt. Gleichwohl verbleibt auch bei der Einlösung der Forderung nach mehr Ökoeffizienz noch viel Spielraum. Trotz elektronischer Vernetzung und Informationsübertragung sind die Transporte von Material und Produkten in den letzten Jahren nicht gesunken, sondern gestiegen. Trotz erheblicher Aufwendungen zum aktiven Umweltschutz spielt die *End-of-the-pipe*-Technologie immer noch die Hauptrolle in der verarbeitenden Industrie. Integrierter Umweltschutz, bei dem die langfristigen Folgen bereits bei der Wahl der Ausgangsmaterialien und der Produktionsweise mit eingeplant und berücksichtigt werden, läßt sich weiter fördern und ausbauen.

Der erste Grundsatz besagt aber mehr, als den noch verbleibenden Spielraum zur Erhöhung der Effizienz von Umwelt als Quelle und Senke auszunutzen. Es geht auch um Handlungsspielräume, die im Rahmen betriebswirtschaftlicher Kalkulation noch vertretbar und akzeptabel sind, selbst wenn sie sich im strengen Sinne nicht rechnen. Viele Versandhäuser bieten beispielsweise ökologisch verträgliche Produkte an, bei denen die Gewinnspanne zur Zeit noch geringer ausfällt als bei herkömmlichen Produkten. Eine bewußte Unternehmenspolitik der Begrenzung von Naturverbrauch kann auf die Belegschaft des Unternehmens integrations- und innovationsfördernd wirken. Dabei muß selbstverständlich die Grenze der betriebswirtschaftlichen Rentabilität beachtet werden.

Die deutsche Wirtschaft hat in der Vergangenheit bereits einen dramatischen Technologie- und Strukturwandel durchgemacht. Dabei ist die Innovationskraft auch im Sinne des *zweiten Grundsatzes* nachhaltigen Wirtschaftens bei der Substitution von umweltschädigenden durch umweltneutrale Produkte wirksam geworden. Schlagworte sind hier die Entwicklung des 3-Liter-Autos, intelligente Wärmesteuerung in Gebäuden, energiesparende Geräte und flexible Wohnkonzepte. In Richtung Nachhaltigkeit geht sicherlich auch das Bestreben, den Austausch von Informationen zu »entmaterialisieren«. Der Materialaufwand pro Wort Speicherung ist auf dem langen Weg vom Papyrus über das Buch, über den Mikrofilm bis hin zu Diskette, CD oder optischen Speichern mindestens um den Faktor 10.000 gesunken. Wenn auch die Vision vom papierlosen Büro Illusion geblieben ist (und auch in Zukunft bleiben wird), so läßt sich über Datentransfer und elektronische Ablage der Papierausstoß zumindest verringern. Darüber hinaus kann die stärkere Ausnutzung der elektronischen Kommunikation reale Wege sparen und das Mobilitätsaufkommen verringern.

Bereits heute zeichnen sich eine Reihe innovativer Entwicklungen in Richtung Nachhaltigkeit ab. Zum einen werden zunehmend Dienstleistungspakete anstelle von Produkten angeboten. Die darin enthaltenen Produkte können ausgeliehen statt erworben werden. Damit kann dem Wunsch nach intensiverer und längerfristigen Nutzung von Konsumgütern auch unter betriebswirtschaftlichen Gesichtspunkten Rechnung getragen werden. Viele Baumärkte sind dazu übergegangen, teure Maschinen im Leihservice bereitzustellen. Einige Chemieunternehmen erwägen zur Zeit, anstatt von Pflanzenschutzmittel einen ertragssteigernden Service an die Landwirte zu vermitteln, bei dem der Pflanzenschutz nur eine Komponente des Gesamtpakets darstellt. Erfolgreich laufen schon einige neue Unternehmen, die Modelle des Car-Sharings anbieten. Der Verkauf von Nutzungsrechten statt Eigentumsrechten steckt sicherlich noch in den Kinderschuhen, verspricht aber auf Dauer eine interessante und attraktive Lösung für Anbieter und Verbraucher.

Dienstleistungspakete tragen dem Wunsch nach intensiver und längerfristiger Nutzung von Konsumgütern Rechnung.

Bei allen Problemen des heutigen Welthandels sind wir davon überzeugt, daß der Welthandel den allgemeinen Wohlstand in der Welt fördert und indirekt zu Umweltentlastungen durch Konzentration auf regional angepaßte Produkte beiträgt. Daneben ist indes auch eine Orientierung an dem *dritten Grundsatz* nachhaltigen

Wirtschaftens sinnvoll, der den Anbietern die Aufnahme von umweltverträglichen Produkten und Dienstleistungen aus der eigenen Region in das Angebot empfiehlt. Denn ob und inwieweit Produkte aus der eigenen Region den Regeln einer nachhaltigen Wirtschaftsweise entsprechen, läßt sich sicherlich einfacher entscheiden und kontrollieren, als wenn diese Produkte aus aller Herren Länder stammen. Darüber hinaus werden Transporte und bei Lebensmittel aufwendige Konservierungsverfahren vermieden. Gleichzeitig werden die Potentiale der eigenen Region gestärkt, was nicht nur der Nachhaltigkeit zugute kommt. Schließlich verhilft die Regionalisierung auch zu einem Bewußtsein beim Verbraucher, daß bestimmte Produkte an Jahreszeiten gebunden sind und dieser Rhythmus nicht nur eine Einengung der eigenen Konsumfreiheit, sondern in vielen Fällen auch eine Bereicherung der eigenen Lebensweise bedeuten kann. Daß diese Einsicht nicht von oben verordnet werden kann und alternative Produkte aus anderen Ländern als Angebote bestehen bleiben müssen, wollen wir hier explizit klarstellen. Regionalisierung bedeutet nicht eine Rückkehr zur autarken Lebensweise, sondern soll die Autonomie und Identität einer Region stärken. Dazu können die Anbieter von Produkten und Dienstleistungen einen wichtigen Beitrag leisten, indem sie regionale Produkte bewußt in ihren Produktionsprozeß bzw. ihr Warensortiment aufnehmen.

Regionalisierung bedeutet nicht eine Rückkehr zur autarken Lebensweise, sondern soll Autonomie und Identität einer Region stärken.

Ob unsere Gesellschaft weiterhin so konsumorientiert bleiben wird wie in den letzten Jahren, kann niemand voraussehen. Möglich ist jedoch, daß es zu einer Entwicklung kommt, in der zumindest ein Teil der Verbraucher aufgrund eines ausgeprägten ökologischen Bewußtseins sein Konsumverhalten in Richtung auf einen genügsamen Lebensstil ändert, ohne dies als eine Einengung bzw. als Zeichen von Erfolglosigkeit zu empfinden. Auf diese neue Klientel müssen Anbieter mit radikal veränderten Produkten und Dienstleistungen reagieren. Gefordert ist also eine enge Rückkopplung zwischen dem Aufkeimen einer veränderten Nachfrage und der Bereitstellung eines entsprechenden Angebots.

Was kann die Politik tun?

Die für alle zufriedenstellende Verteilung knapper Güter in einer komplexen Gesellschaft kann daran gebunden sein, daß der Staat für die notwendigen Rahmenbedingungen sorgt. Dazu gehört, daß der Staat die Leistungsfähigkeit der Märkte sicherstellt und mögliches Marktversagen abfedert. Aufgabe des Staates ist es, dafür zu sorgen, daß der Markt die aktuellen Knappheiten an Umweltgütern widerspiegelt und daß die Marktpreise die richtigen Signale setzen.

Neben dem Staat sind auch die an der Steuerung gesellschaftlicher Vorgänge beteiligten Institutionen wie Verbände, Kirchen, Gewerkschaften und Medien mit der Gestaltung der Bedingungen für eine nachhaltige Wirtschafts- und Lebensweise betraut. In Anlehnung an die Analysen des Soziologen Ulrich Beck werden diese Institutionen als subpolitische Ebene bezeichnet. Welche Aufgaben ergeben sich nun für die politischen und subpolitischen Akteure in dem Bestreben, zu einer nachhaltigen Entwicklung in Deutschland beizutragen? Wie lassen sich diese Aufgaben auf die spezielle Frage des nachhaltigen Konsums anwenden?

Die Erörterung der politischen Aufgaben läßt sich analog zu den Handlungsfeldern bei Konsumenten und Wirtschaftssubjekten mit Hilfe einer Liste von Grundforderungen vornehmen. Die Reihenfolge der Nennungen folgt hier der Logik der Steuerungstiefe oder Interventionsintensität. Am Anfang stehen die eher weicheren, am Ende die härteren Maßnahmen.

Natürlich kann es nicht Aufgabe des Staates sein, jeden Konsumenten zum Lebensmittelchemiker, Kernphysiker, Gentechniker usw. auszubilden. Was aber verlangt werden kann, ist eine abgerundete Allgemeinbildung in Schule, Hochschule und Stätten der Erwachsenenbildung, die auch auf natur- und umweltwissenschaftliche Kompetenz ausgerichtet ist. Darum geht es uns hier aber nicht. Vielmehr ist mit dem *ersten Grundsatz* die Forderung verbunden, daß Händler wie auch Konsumenten produktbezogene Informationen erhalten. Solche Informationen können über verschiedene Informationskanäle vermittelt werden: von angehefteten Produktbeschreibungen, Charakterisierungen von Produkten und Materialien im Internet bis hin zu Checklisten für Einkäufer. Beim Endverbraucher ist vor allem eine verständliche und sinnvolle Kennzeichnung (Labelling) notwendig, die wichtige Informationen über Umwelt- und Gesundheitsverträglichkeit enthält. Der Staat kann hierzu die gesetzlichen Grundlagen schaffen, und die subpolitischen Akteure haben die Aufgabe, hier unterstützend zu wirken.

Händler und Konsumenten brauchen Informationen über die Umwelt- und Gesundheitsverträglichkeit von Produkten.

Neben der Produktinformation könnten vor allem subpolitische

Grundsätze für die Gestaltung einer nachhaltigen Wirtschafts- und Lebensweise aus Sicht der staatlichen und subpolitischen Akteure **Abb. 5**

Erster Grundsatz

Initiiere und fördere die Bereitstellung von Informationen, welche Konsumenten und Anbieter von Produkten und Dienstleistungen in die Lage versetzen, die Konsequenzen des Konsums für Umwelt und Nachwelt einigermaßen zuverlässig abschätzen zu können.

Zweiter Grundsatz

Initiiere und fördere die systematische Rückkopplung der Erfolge und Wirkungen einer nachhaltigen Lebensweise an alle Beteiligten.

Dritter Grundsatz

Verbessere deine Beratungskapazität und stelle neue Formen der Beratung bereit.

Vierter Grundsatz

Beteilige dich aktiv an der Bewertung der herrschenden Arbeits- und Lebensweise und biete diskursive Formen der Konfliktschlichtung und der Selbstverpflichtung an.

Fünfter Grundsatz

Ermögliche oder biete geeignete infrastrukturelle Angebote an, die eine nachhaltige Entwicklung unterstützen können.

Sechster Grundsatz

Nutze die dir gesetzlich gegebenen Möglichkeiten, durch finanzielle Anreize und Abgabenlösungen die externen Kosten der konsumbedingten Umweltbelastung aufzufangen und sie in das Preisgefüge zu integrieren.

Akteure gezielte Informationen zu einem umweltgerechten Konsumstil entwickeln und an Mitglieder und Interessierte weiterleiten. Schon heute bieten Volkshochschulen sowie gewerkschaftliche Arbeitskreise Kurse über nachhaltige Lebensweise an, die klienten- und bedürfnisorientiert Informationen vermitteln. Darüber hinaus sind subpolitische Akteure in der Lage, Foren der eigenen Kommunikation wie etwa Gewerkschaftsversammlungen, Jubiläen oder Kirchentage als günstige Gelegenheit für die Botschaft einer nachhaltigen Entwicklung zu nutzen. Natürlich kann man des Guten zu viel tun, und es wäre sicherlich fatal, den Eindruck eines starren und »besserwisserischen« Oberlehrers zu hinterlassen. Wesentlich ist, daß Botschaft und eigenes Verhalten sowie die Führung der eigenen Institution übereinstimmen. Nichts untergräbt das Vertrauen in eine Institution mehr, als wenn der Wegweisende selbst einen anderen Weg wählt als den, den er allen anderen empfiehlt.

Botschaft und eigenes Verhalten müssen übereinstimmen.

Einer der wesentlichen Gründe für die Kluft zwischen ökologischem Bewußtsein und tatsächlichem Umweltverhalten ist die Illusion der Marginalität des eigenen Verhaltens. Ob ich meinen Abfall sortiere oder nicht, ob ich öffentliche Verkehrsmittel statt meines eigenen Personenkraftwagens benutze, ob ich meinen Garten mit Naturdünger oder mit chemischen Pflanzenschutzmitteln bearbeite, dies macht sich aus der Sicht des einzelnen im Gesamtgefüge nicht unbedingt bemerkbar. Psychologisch ist es aber wichtig, daß man den Erfolg des eigenen Verhaltens erfährt, vor allem dann, wenn dieses Verhalten mit Unannehmlichkeiten oder sogar Verzicht verbunden ist. An diesem Punkt setzt der *zweite Grundsatz* für eine Politik der Nachhaltigkeit an, der die systematische Rückkopplung der Erfolge des marginalen Verhaltens an alle Beteiligten fordert. Fehlt die Rückkopplung über längere Zeit, dann erlahmt die Motivation. Die meisten werden erst einmal nachlässiger, und da sich die allgemeine Lage dadurch nicht sichtbar verändert, werden die Nachlässigkeiten zunehmend zur Regel, bis man in die alten Gewohnheiten zurückfällt. Um den Erfolg der Anstrengungen jedes einzelnen zu vermitteln, gibt es zunächst einmal einfache technische Maßnahmen. Man kann Strom- oder Wasserzähler in der Küche oder in anderen Räumen installieren, so daß die Verbraucher zumindest ein Gefühl dafür entwickeln, mit welcher Geschwindigkeit sie bestimmte Ressourcen in Anspruch nehmen. Um die kollektiven Anstrengungen besser sichtbar machen zu können, sind in den USA einige Gemeinden dazu übergegangen, kommunale Erfolge, etwa beim Abfallmanagement oder bei der Emissionskontrolle, auf gut sichtbaren Displays im Rathaus oder an anderen öffentlichen Stellen darzustellen. Besonders eindrucksvoll sind Displays, bei denen man den Ausgangspunkt und die danach erfolgten Reduktionen auf einen Blick erkennen kann. Komplziertere Rückkopplungen lassen sich auch über Zeitungen oder andere Informationsträger anschaulich vermitteln.

Erfolge müssen für alle Beteiligten sichtbar sein.

Der *dritte Grundsatz* für eine Politik der Nachhaltigkeit verlangt von den politischen und subpolitischen Akteuren eine Verbesserung ihrer Beratungskapazitäten. Schon heute bestehen Beratungsstellen für Verbraucher allgemein, für Energienutzer, für Bauwillige und viele andere Funktionsbereiche. Diese Beratungstätigkeit kann sicher aktiviert und verbessert werden. Häufig läuft die herkömmliche Beratung aber immer noch zu stark nach der Regel »Hier der Fachmann – dort der Laie« ab. Gerade im Konsumbereich ist jedoch weniger das Fachwissen entscheidend als ein einfühlendes Orientierungswissen. Den Ratsuchenden geht es vor allem um die

Frage, wie sie Umweltbewußtsein, Lebensstil und objektive Handlungsspielräume zu einer ganzheitlichen Lebensweise integrieren können. Dazu reicht es nicht aus zu wissen, welcher Kühlschrank die beste Wärmedämmung besitzt oder wo sich Energiesparlampen rechnen. Vielmehr stehen Fragen der persönlichen Lebensführung, der Orientierung an inneren und äußeren Werten sowie die Abhängigkeiten vom Urteil anderer an. Solche Fragen lassen sich nur schwer im Rahmen eines klassischen Beratungsgesprächs klären. Hier sehen wir eine besondere Aufgabe der kulturell tätigen subpolitischen Akteure. Die Kirchen könnten beispielsweise gemeinsame Gesprächsrunden unter Anleitung eines Umweltberaters anbieten, die Volkshochschulen Kurse zum nachhaltigen Konsumstil veranstalten und die Umweltverbände Aktionseinheiten für eine nachhaltige Lebensweise entwickeln. In dialogischen Verfahren können die Teilnehmer untereinander ihre Erfahrungen austauschen und gemeinsame Wege zu einem nachhaltigen Konsumverhalten ausloten. Die Fachleute sind dann in ihrer Funktion als Wegbegleiter gefragt und weniger als Faktengeber.

Es reicht nicht aus zu wissen, welcher Kühlschrank die beste Wärmedämmung besitzt.

Neben Information und Beratung gehören Formen der problemlösenden Kommunikation zu den wichtigsten Instrumenten einer nachhaltigen Politik. Zu solchen Kommunikationsformen fordert der *vierte Grundsatz* die politischen und subpolitischen Akteure auf. Sie beruhen auf der Freiwilligkeit der Teilnehmer, zielen aber nicht nur auf soziale Lernprozesse, sondern darüber hinaus auf gemeinsame Handlungsstrategien, Selbstverpflichtungen oder Konfliktschlichtungen ab. Grundlage dafür sind Informationseingaben, zu denen z. B. Ökobilanzen, Analysen zum Lebenszyklus von Produkten, Risikoabschätzungen und Umweltverträglichkeitsprüfungen gehören. Staatliche und subpolitische Akteure sind zunächst dazu angehalten, entweder eigene Analysen zu erstellen oder aber jene zu fördern, die Hintergrundinformationen zu Produkten, Produktionsverfahren, Konsumverhalten etc. liefern, aufbereiten oder in Auftrag geben können. Viele der heute bereits durchgeführten Verfahren zur Qualitätskontrolle und zum Öko-Controlling etwa lassen sich zu einer aussagekräftigen Bewertung von Produkten und Dienstleistungen ausbauen. Mehr Klarheit, Eindeutigkeit und Genauigkeit bei der Abschätzung der Umweltauswirkungen sind wichtige Voraussetzungen dafür, daß in einem Diskurs über Konsum und Produktion nicht die eigenen Vorurteile, sondern der beste Stand des Wissens zum Ausgangspunkt genommen wird.

Damit sind wir beim zweiten Element des vierten Grundsatzes. Die durchgeführten Bewertungen bleiben meist folgenlos, wenn sie nicht zum Gegenstand eines Diskurses gemacht werden. Diskursive Verfahren, die kollektiv verbindliches Handeln im Dialog festlegen, sind für die Umsetzung von Nachhaltigkeit deshalb so wichtig, weil es keine verbindlichen Bewertungsmaßstäbe gibt, nach denen eine Gesellschaft ex cathedra bestimmen könnte, was an der Natur erhaltenswert, schutzwürdig oder lediglich zu schonen wäre. An dieser Stelle kann die Wissenschaft nur Verfahrensvorschläge unterbreiten. Im Diskurs können die subpolitischen Akteure ihre Interpretationen der Bewertungen austauschen, gemeinsame Zielsetzungen und Strategien ausarbeiten und die unvermeidlich auftretenden Zielkonflikte entweder aushalten oder durch geeignete Kompromisse zum Ausgleich bringen.

Diskurse können und sollen die offizielle Politik nicht ersetzen. Ihre Aufgabe besteht vielmehr darin, zum einen den Handlungsraum zu füllen, der von den Teilnehmern in eigener Regie gesteuert und verändert werden kann, zum anderen Anregungen an die legitimierten Entscheidungsträger weiterzuleiten, die der Politikberatung der legalen Gremien, wie Parlamente und Regierungen, dienen sollen.

Diskurse können und sollen die offizielle Politik nicht ersetzen.

Der *fünfte Grundsatz* für eine Politik der Nachhaltigkeit fordert geeignete infrastrukturelle Angebote für eine umweltgerechte Entwicklung. Das Verkehrsverhalten eignet sich besonders dafür, diesen Grundsatz zu erläutern. Die Tatsache, daß heute ein immer größerer Anteil der Fahrten im eigenen Fahrzeug der Freizeitgestaltung dient, ist zunächst auf die persönliche Entscheidung des Konsumenten zurückzuführen, den eigenen PKW in die Gestaltung der Freizeit einzubeziehen. Gleichzeitig reflektiert dieses Verhalten aber auch das Fehlen von alternativen Freizeitangeboten, die Erholung und Entspannung auch ohne Einsatz des eigenen Fahrzeugs versprechen. Verantwortliche in Städten und Gemeinden sowie subpolitische Anbieter von Infrastruktur könnten sicherlich die Palette der Freizeitmöglichkeiten und ihre Zugänglichkeit verbessern. Dort, wo Kommunen Freizeitangebote verstärkt und öffentliche Verkehrsmittel für Freizeit und Einkauf bereitgestellt haben, konnte der individuelle Straßenverkehr auch gesenkt werden.

Der Verkehr ist nur ein Beispiel für die vielen Möglichkeiten, durch umweltgerechte Planung der Infrastruktur nachhaltigen Konsum zu fördern. Das fängt bei der Stadtplanung an und hört bei der Errichtung von Freizeitheimen für Jugendliche auf. Dabei geht es nicht um noch mehr Subventionen oder Fördermittel für neue infrastrukturelle Einrichtungen. Vielmehr sollte das Augenmerk darauf liegen, die geplanten oder laufenden Maßnahmen zur Verbesserung der Infrastruktur an die Erfordernisse einer nachhaltigen Entwicklung anzupassen. Dazu gehören kurze Wege zu den Einkaufsmöglichkeiten, Schulen, Kulturzentren und Arbeitsstätten, attraktive Angebote im Bereich des öffentlichen Nahverkehrs, lokale Freizeitangebote, einfacher Zugang zu Beratungsstellen und kommunale Gemeinschaftseinrichtungen, die bestimmte soziale und kommunikative Funktionen erfüllen und damit dem Hang zum Surrogatkonsum entgegenwirken können.

Nahezu alle ökonomischen Analysen zur Nachhaltigkeit und zur Umweltsituation stimmen darin überein, daß die heutigen Marktpreise für Güter und Dienstleistungen die wahren Kosten für die Allgemeinheit nicht adäquat widerspiegeln. Der *sechste Grundsatz* für eine Politik der Nachhaltigkeit fordert den Saat dazu auf, die Marktbedingungen so festzulegen, daß Stoff- und Umweltverbrauch als Kosten in die Preisgestaltung eingehen.

Die heftige Diskussion um die Frage, wie man finanzielle Anreizsysteme optimal gestalten sollte, hat leider zu einer Verunsicherung in Politik und Gesellschaft beigetragen, die den weitgehenden Konsens, daß Korrekturen im Preissystem notwendig sind, in den Hintergrund gerückt hat. Somit geschieht zunächst einmal nichts. Dazu kommt noch, daß in einer Zeit, in der die Wirtschaft um ihre globale Wettbewerbsposition bangt und der Staat in Schulden versinkt, die Aussicht auf Steuererhöhungen wenig öffentlichen Anklang findet und das Versprechen einer aufkommensneutralen Umverteilung auf wenig Glaubwürdigkeit stößt. Bei allem Verständnis für die jetzige Lage sollte die Politik aber nicht im Abwarten die Lösung erhoffen. Solange die Preise die ökologische Wahrheit verzerren, wird eine Entwicklung zu einer nachhaltigen Wirtschaftsweise kaum zu verwirklichen sein.

Die Produktpreise müssen die ökologische Wahrheit widerspiegeln.

Neben den hier aufgeführten Grundsätzen sind Politik und Subpolitik aufgerufen, ihre klassischen Funktionen und Aufgaben, die ihnen kraft ihres Amtes und ihrer Verantwortlichkeit unterliegen, auch unter dem Gesichtspunkt der Nachhaltigkeit auszuführen. Für den Staat bedeutet dies, bei der Aufstellung und Formulierung von Gesetzen, Vorschriften, Grenzwerten und technischen Anleitungen die Belange der Nachhaltigkeit zumindest mitzubedenken.

Nicht ein Mehr an Gängelung und Ordnungspolitik ist gefragt, sondern eine effektivere und gezielte Gesetzgebung und deren konsequente Umsetzung. Subpolitische Akteure wie Gewerkschaften und Unternehmerverbände sollten bei Auseinandersetzungen oder bei neuen Vereinbarungen auch die Folgen für die Nachhaltigkeit mit in das Kalkül einbeziehen. Schließlich können Politik und Subpolitik auch als Wirtschaftssubjekte selbst Vorbilder sein und damit einen Ausstrahlungseffekt auf andere ausüben. So hat die evangelische Landeskirche in Württemberg eine Initiative zum Energiesparen in kirchlichen Gebäuden ins Leben gerufen und damit für alle Gläubigen ein Beispiel dafür gegeben, wie man die Verkündigung zur Bewahrung der Schöpfung mit der eigenen Praxis in Einklang bringen kann.

Gefragt sind eine effektivere und gezielte Gesetzgebung und deren konsequente Umsetzung.

Ausblick

Lassen wir zum Schluß noch einmal die wichtigsten Erkenntnisse aus unserer Analyse Revue passieren:

- Nachhaltigkeit bedeutet, die Produktivität und den immateriellen Nutzengewinn von Natur und Umwelt auf Dauer zu erhalten. Eine nachhaltige, auf Dauer angelegte Entwicklung muß den Bestand an natürlichen Ressourcen so weit erhalten, daß die Lebensqualität zukünftiger Generationen gewährleistet bleibt.
- Was als erhaltenswert und schützenswert in der Natur anzusehen ist, folgt weder aus der Natur selbst noch aus den Erkenntnissen der Naturwissenschaften. Es geht dabei vor allem darum, die Elemente von Natur und Umwelt zu bestimmen, deren Bestand und Funktionsfähigkeit für die heutigen und zukünftigen menschlichen Bedürfnisse und Werte bedeutsam sind. Unter die Rubrik Bedürfnisse fallen vor allem die Nutzungsansprüche der heutigen und der zukünftigen Generationen, bei den Werten stehen die mit der Natur verbundenen sozialen und kulturellen Zuweisungen, seien sie ethischer oder ästhetischer Qualität, im Vordergrund.
- Natur- und Umweltschutz stehen im Dienste einer Entwicklung zu einer dauerhaft menschenwürdigen Lebensweise für alle. Die Forderung nach einer humanen Lebensweise schließt auch die treuhänderische Achtung der Lebensrechte von Tieren und

Pflanzen mit ein. Wesentlich ist, daß die heutige Nutzung der Natur so gestaltet wird, daß auch kommende Generationen ein nach unseren heutigen Vorstellungen menschenwürdiges Leben führen können.

Eine Selbstbescheidung der Menschen in den Industrieländern beim Energie- und Ressourcenverbrauch ist angebracht.

- Der Mensch ist auf die Umgestaltung der Natur in produktive Umwelt angewiesen. Er muß Natur nutzen, um leben zu können. Anders als die übrigen Lebewesen kann er aber durch Arbeit, Energieeinsatz und Wissen die ihm natürlich vorgegebene Tragekapazität beeinflussen. Ohne diese Möglichkeit wäre der Mensch niemals so erfolgreich als Spezies gewesen. Es gibt keinen Grund anzunehmen, daß er nicht auch in Zukunft durch Umweltgestaltung und Substitutionsprozesse die Effizienz der Naturnutzung verbessern kann. Damit die absoluten Grenzen der Tragfähigkeit nicht erreicht werden, bedarf es aber besonderer Anreize zur Erhöhung der Ökoeffizienz und zur Beschleunigung bei der Entwicklung umweltschonender Innovationen. Angesichts der wachsenden Bevölkerung und der bereits eingetretenen Überziehung der Tragekapazität erscheint darüber hinaus eine Selbstbescheidung der Menschen in den Industrieländern in Hinsicht auf Energie- und Ressourcenverbrauch angebracht.
- Intergenerationale und intragenerationale Gerechtigkeit laufen nicht zwangsläufig Hand in Hand. Was zum Einkommensausgleich zwischen »Armen« und »Reichen« führt, kann sogar kontraproduktiv für die Verteilungsgerechtigkeit zwischen den heutigen Nutzern und den künftigen Nutzern der Umwelt sein. Da die Ermöglichung des heutigen Lebensstils für künftige Generationen unter Einbeziehung humaner Lebensbedingungen erfolgen soll, muß im Konfliktfall eine Abwägung zwischen Zielen der Umwelterhaltung und der Sozialverpflichtung vorgenommen werden. Umweltbelangen kann nicht automatisch Vorrang vor anderen, dem Ziel der Verstetigung des Lebensstils dienenden Belangen eingeräumt werden, es sei denn, diese anderen Belange sind von dem Erhalt der jeweiligen Umweltbelange abhängig. Dieses müßte aber im Einzelfall nachgewiesen werden.
- Nachhaltigkeit bleibt solange eine Leerformel, wie es nicht in operationales Handeln umgesetzt werden kann. Anstelle von unrealistischen, aber wohlklingenden Programmen ist eine generelle Verpflichtung der Industriegesellschaften zur Redukti-

on im Verbrauch nicht-erneuerbarer Rohstoffe und im Gebrauch der Umwelt als Senke sinnvoll. Jedes Jahr sollte eine kontinuierliche Reduktion des Umweltverbrauchs angestrebt werden. Wo, wie und in welcher Größenordnung sollte einerseits von der spezifischen Gefährdungslage, andererseits von Effektivitäts- und Effizienzüberlegungen abhängig gemacht werden. In den Umweltbereichen, in denen ein solcher Rückgang nicht erzielt werden kann, ist staatliche Regulationspolitik notwendig. Ansonsten ist eine Rahmenpolitik, die ökologisch verantwortbares Handeln belohnt und ökologisch bedenkliches Handeln bestraft, sinnvoll, wenn gleichzeitig die Akteure sich untereinander einigen können, wie sie die Reduktionsziele gemeinsam verwirklichen können.

- Wirtschaftliche, politische und soziale Institutionen sind ebenso wie alle Bürger aufgerufen, an der Umsetzung der Nachhaltigkeit mitzuwirken. Dazu können alle einen wichtigen Beitrag leisten. Der Erfolg einer nachhaltigen Entwicklung wird maßgeblich davon bestimmt sein, wie alle gesellschaftlichen Akteure ihre Handlungsspielräume nutzen, um dem Ziel näherzukommen.

Es bleibt eine wichtige Herausforderung für alle Beteiligten in der Diskussion um Nachhaltigkeit, die richtigen Instrumente für die jeweilige Aufgabe zu finden und das rechte Maß an Druck und Verbindlichkeit der Dringlichkeit der Aufgabe anzupassen. Der Vorschlaghammer der Öko-Diktatur mag zwar das Ziel erreichen helfen, dabei aber so viel Porzellan zerschlagen, daß in unserem Leben wenig Lebenswertes verbleibt. Das Schmirgelpapier der Bewußtseinsbildung läßt zwar den Werkstoff schön glatt erscheinen, ist aber nicht ausreichend, um die gewünschte neue Form zu gestalten. Gefragt ist also eine Strategie, die persönliches Verhalten, Marktstrukturen und politische Rahmenbedingungen durch geschickte, angemessene und erfolgversprechende Auswahl und den Einsatz von Instrumenten in die Richtung eines nachhaltigen Konsums zu lenken vermag. Dazu kann jeder, ob als Verbraucher, Unternehmer oder Politiker, einen wichtigen Beitrag leisten.

Jeder, ob Verbraucher, Unternehmer oder Politiker, kann zur Entwicklung in die Richtung eines nachhaltigen Konsums beitragen.

Anmerkungen

1 Knaus/Renn 1998, S. 14. Zur ausführlichen Darstellung des Konzepts einer nachhaltigen Entwicklung siehe Knaus/Renn 1998.
2 Mohr 1995, S. 56.
3 Hauff 1987, S. 46.
4 United Nations 1992, S. 9.
5 BUND/Miserior 1997.
6 Young 1995.
7 Mill 1924. Zitiert in: Renn 1985, S. 55.
8 Majer 1992.
9 Meyer-Krahmer 1995.
10 Huber 1995.
11 von Weizsäcker 1992, S. 141.
12 Pfister/Renn 1996.
13 BMU 1996, S. 86.
14 Statistisches Bundesamt 1997, S. 676.

Globale Umweltprobleme lösen

Udo Ernst Simonis

»This is a story about four people: Everybody, Somebody, Anybody and Nobody. There was an important job to be done and Everybody was asked to do it. Everybody was sure Somebody would do it. Anybody could have done it, but Nobody did it. Somebody got angry about that because it was Everybody's job. Everybody thought Anybody could do it, but Nobody realized that Everybody wouldn't do it. It ended up that Everybody blamed Somebody when actually Nobody asked Anybody.«
N.N.

Globale Probleme – eine Bestandsaufnahme

Die beste nationale Umweltpolitik kann globale Probleme nicht lösen.

Das Interesse an globalen Umweltproblemen hat in den 90er Jahren – und insbesondere nach der UN-Konferenz über Umwelt und Entwicklung in Rio de Janeiro 1992 – erheblich zugenommen, im praktischen wie im theoretischen Sinne. Dies mag einerseits mit dem wachsenden Problemdruck zusammenhängen, der sich aus weiterhin ungelösten ökologischen Problemen ergibt, und es dürfte andererseits Folge der Erkenntnis sein, daß sich manche dieser Probleme auch durch die beste nationale Umweltpolitik allein nicht werden lösen lassen.

In der Problemanalyse und der Politikformulierung muß zunächst zwischen globalen und universell auftretenden Umweltproblemen unterschieden werden. Der »Wissenschaftliche Beirat Globale Umweltveränderungen«, kurz WBGU, hat seiner Arbeit die folgende Definition zugrunde gelegt und diese in ein globales Beziehungsgeflecht eingebracht:

»Globale Umweltprobleme sind Veränderungen in der Atmosphäre, in den Ozeanen und an Land, die dadurch gekennzeichnet sind, daß ihre Ursachen direkt oder indirekt menschlichen Aktivitäten zuzuschreiben sind, daß hierdurch Auswirkungen auf die natürlichen Stoffwechselkreisläufe, die aquatischen und terrestrischen Lebensgemeinschaften und auf Wirtschaft und Gesellschaft entstehen, die zu ihrer Bewältigung der internationalen Vereinbarungen (Kooperation) bedürfen.«[1]

Für globale Umweltprobleme kann nur eine global konzipierte Politik ursachenadäquat und zielführend sein. Ein Beispiel ist der anthropogene, also vom Menschen bewirkte Treibhauseffekt, der das Weltklimasystem destabilisiert und nur durch internationale Kooperation, d. h. global verbindliche Vertragsgrundlagen, Zielvorgaben und Maßnahmenbündel, angegangen werden kann.

Universell auftretende Umweltprobleme können dagegen lokal oder regional begrenzt sein und erfordern nicht notwendigerweise eine solche Vorgehensweise. Ein Beispiel hierfür ist die zunehmende Süßwasserverknappung, die lokal und regional bekämpft werden kann, auch wenn es dazu vermutlich einer international koordinierten Strategie bedarf.

Die Notwendigkeit der globalen Sicht der Dinge und der Globalisierung der Umweltpolitik ergibt sich aus mehreren Gründen:

- aus den zunehmenden ökologisch-ökonomischen Abhängigkeiten,
- aus der Komplexität physikalisch-chemischer Ursache-Wirkungs-Zusammenhänge,
- aus der Langfristigkeit der Wirkungen,
- aus der möglichen Unumkehrbarkeit von Umweltschädigungen.

Die Notwendigkeit einer globalen Sicht der Dinge ergibt sich auch aus der Vielzahl politischer Akteure.

Sie ergibt sich aber auch und besonders wegen der Vielzahl der politischen Akteure, der Widersprüchlichkeit ihrer Interessen und der Unterschiedlichkeit ihrer ökonomischen und technischen Handlungspotentiale sowie der gesellschaftlichen Organisation von Technik und Wissenschaft. Globale bzw. universell auftretende Umweltprobleme erfordern eine Politik, die den Nationalstaat als traditionellen Hauptakteur von Politik nicht aus der Verantwortung entläßt, aber weit über seinen Wirkungsbereich hinausgeht. Genau dies macht ökologisch effektive, ökonomisch effiziente und sozial akzeptable Lösungen aber enorm schwierig. Um Trittbrettfahrerverhalten zu verhindern, ist internationale Kooperation erforderlich, die für eine koordinierte Umsetzung von Politik sorgen.

Ein Grundproblem aller internationalen Umweltpolitik besteht darin, daß ihre Ziele durch freiwilliges Handeln von Individuen und Unternehmen verwirklicht und von Staaten mit territorial begrenzter Autorität durchgesetzt werden müssen – und daß es bisher erst teilweise verfügbare Mechanismen gibt, um die Staaten zur Durchsetzung internationaler Umweltpolitik zu veranlassen.

Die Ziele internationaler Umweltpolitik müssen durch freiwilliges Handeln von Individuen und Unternehmen verwirklicht werden.

Globalisierung der Problemsicht

Globale bzw. universell auftretende Umweltprobleme können auf ganz unterschiedliche Weise angegangen werden. In der Fachliteratur steht hierfür vielfach die »Weltumweltformel« von Anne und Paul Ehrlich im Blickpunkt, wonach die globalen Umweltprobleme (U) bedingt sind durch das Wachstum der Weltbevölkerung (B), den zunehmenden Verbrauch an Gütern und Diensten (V) und die installierte, nicht umweltgerechte Technologie (T): **U = f (B, V, T)**

Für die Formulierung praktischer Politik hat diese Formel allerdings keine unmittelbare Wirkung gehabt, wenn auch die Frage nach den demographischen, ökonomischen und technologischen Triebkräften, die hinter der Belastung und Zerstörung der globalen Ökologie (wie Ozonschicht, Klima, Biodiversität, Böden, Wasser und Meere) stehen, nicht ausgeklammert worden ist. Es hat sich statt dessen eine mediale Grundstruktur internationaler Umweltpolitik herausgebildet, in der diese Triebkräfte jeweils unterschiedlich stark integriert sind.

Der wichtigste Grund für diese Art der Politikformulierung ist historisch-pragmatischer Art: Die realen Umweltprobleme entwickeln sich unterschiedlich schnell, werden unterschiedlich intensiv von der Öffentlichkeit wahrgenommen, von der Wissenschaft analysiert und von der Politik aufgegriffen. Das war hierzulande so bei der Entwicklung der nationalen Umweltpolitik, wo die Luftreinhalte- und die Abfallpolitik weit fortgeschrittener sind als beispielsweise die Bodenschutzpolitik – und es ist so bei der internationalen Umweltpolitik, wo die Ozon- und die Klimapolitik stärker ausformuliert sind als beispielsweise die Biodiversitätspolitik und die Wasserpolitik.

Das Ozonproblem

Das bisher am intensivsten behandelte und politisch beachtete globale Umweltproblem ist die Schädigung der stratosphärischen Ozonschicht. Im Verlauf von insgesamt zehnjährigen Verhandlungen entstand hierzu ein internationales Umweltregime, das auf einer Zweiteilung des rechtlichen Instrumentariums beruht: erstens als Rahmenkonvention und zweitens als Protokoll.

Die »Wiener Konvention« von 1985 definierte zunächst das Problem, das »Montrealer Protokoll« von 1987 verpflichtete schließlich die Unterzeichnerstaaten, den Verbrauch der die Ozonschicht zerstörenden Fluorchlorkohlenwasserstoffe (FCKW) und Halone bis 1999 um 50 Prozent gegenüber 1986 zu reduzieren, ließ jedoch zunächst die Übertragung von Produktionen auf andere Staaten zu. Die Vertragsstaatenkonferenz in Helsinki 1989 leitete die geplante

Vorhersage der Chlorkonzentration in der Atmosphäre — Abb. 1

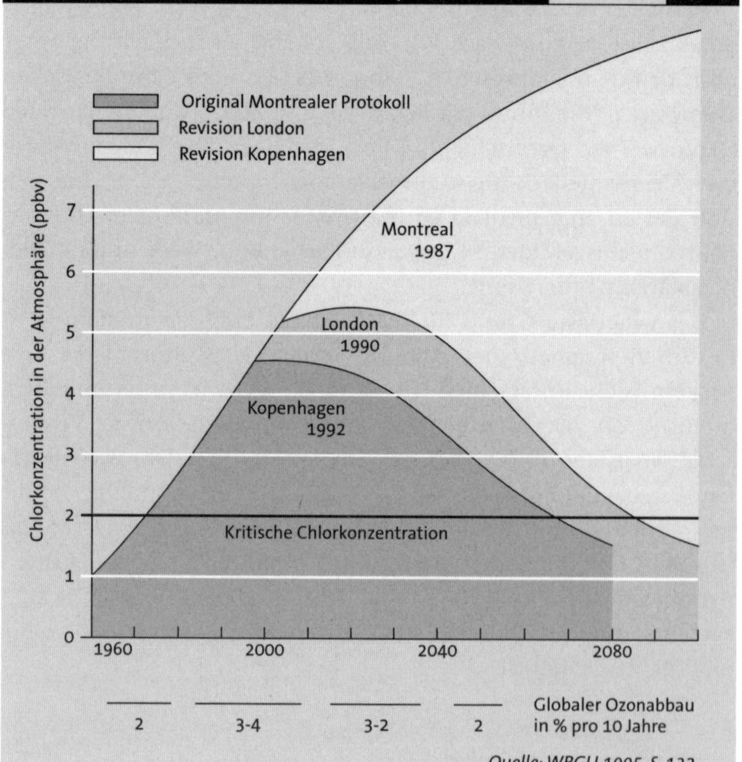

Quelle: WBGU 1995, S. 132

Revision ein, die für FCKW einen vollständigen Produktionsstopp sowie eine schrittweise Regelung für die Reduzierung der anderen ozonschädigenden Stoffe vorsah. Auf den Nachfolgekonferenzen in London 1990 und Kopenhagen 1992 wurden weitere Verkürzungen der Ausstiegszeit beschlossen.

Neben diesen verschärften Reduzierungspflichten war aber auch eine Ausweitung der internationalen Kooperation geboten, weil sich zunächst nur Industrieländer den Regeln unterworfen hatten, nicht aber Entwicklungsländer. Brasilien, China und Indien verfügen über einen potentiell großen Binnenmarkt für Autos, Kühlschränke und Klimaanlagen, für die FCKW verwendet wurde. Um diesen Ländern den Beitritt zum Protokoll zu erleichtern, beschlossen die Vertragsstaaten, einen Mechanismus zur Finanzierung von und zum Zugang zu moderner Technologie einzurichten. Auf der Konferenz in London 1990 wurde der Multilateral Ozone Fonds beschlossen, der die Aufgabe hat, die erhöhten Kosten zu decken, die Entwicklungsländern bei der Umstellung der Produktion auf ozonverträgliche Stoffe und Verfahren entstehen. Durch Produktionsstopp der ozonschädigenden Substanzen in den Industrieländern und durch internationalen Technologietransfer in die Entwicklungsländer gelang somit in relativ kurzer Zeit eine Trendwende, die das Ozonregime zu einem – wie es zu Recht heißt – Modell internationaler Umweltpolitik werden ließ.[2]

Modell internationaler Umweltpolitik: das Ozonregime.

Die Erfolgsbedingungen der Ozonpolitik waren jedoch sehr spezifischer Art und sind nicht ohne weiteres auf andere globale Problemfälle übertragbar: Der erfolgreiche Nachweis der Ursache-Wirkungs-Zusammenhänge machte die politische Bedeutung von Wissenschaft deutlich, die hochkonzentrierte Produktionsstruktur weniger marktbeherrschender Unternehmen bei den Fluorchlorkohlenwasserstoffen schwächte den Widerstand der Industrie gegen die Produktionsumstellung (Konversion), und die Gefahr der erhöhten UV-Strahlung wurde zudem von weiten Teilen der Bevölkerung als unmittelbar bedrohlich empfunden. Alle diese Faktoren erleichterten und beschleunigten den Prozeß der Politikformulierung und Politikumsetzung.

Die Schädigung der stratosphärischen Ozonschicht bleibt jedoch weiterhin auf der politischen Agenda, da von verschiedenen Ersatzstoffen ebenfalls ökologische Schäden ausgehen. Des weiteren bestehen Umsetzungsprobleme (Substitution FCKW-haltiger Produkte und Produktionsverfahren) in den Nicht-Vertragsstaaten, und es finden illegale Importe größeren Ausmaßes statt (insbesondere aus Teilen der ehemaligen Sowjetunion in die USA).

Das Klimaproblem

Das zur Zeit meistdiskutierte globale Umweltproblem ist die weltweite Klimaveränderung. Die in der Atmosphäre angehäuften Spurengase – wie Kohlendioxid (CO_2), Methan (CH_4), Stickoxide (N_2O), halogenierte und perfluorierte Kohlenwasserstoffe (HFCs und PFCs), Schwefelhexafluorid (SF_6) und andere – stören den Wärmehaushalt der Erde, indem sie die Wärmestrahlung in den Weltraum zum Teil blockieren. Den größten Anteil (ca. 50 Prozent) an diesem Erwärmungsprozeß hat das CO_2, das so gut wie bei allen wirtschaftlichen Aktivitäten entsteht und dessen Niveau mehr oder weniger stark mit dem jeweiligen Bruttosozialprodukt eines Landes korreliert. Das CO_2-Problem ist insofern in besonderem Maße ein Nord-Süd-Problem, als die Pro-Kopf-Emissionen zwischen Industrie- und Entwicklungsländern höchst unterschiedlich sind. Bis zum Jahr 2100 erwartet man eine Verdoppelung der heute aktuellen CO_2-Konzentration.

Zwischen den Pro-Kopf-Emissionen von Kohlendioxid in den Industrie- und den Entwicklungsländern besteht ein großes Gefälle.

Die CH_4-Emissionen, die etwa 18 Prozent des Treibhauseffekts

Erwarteter Anstieg der CO_2-Konzentration **Abb. 2**

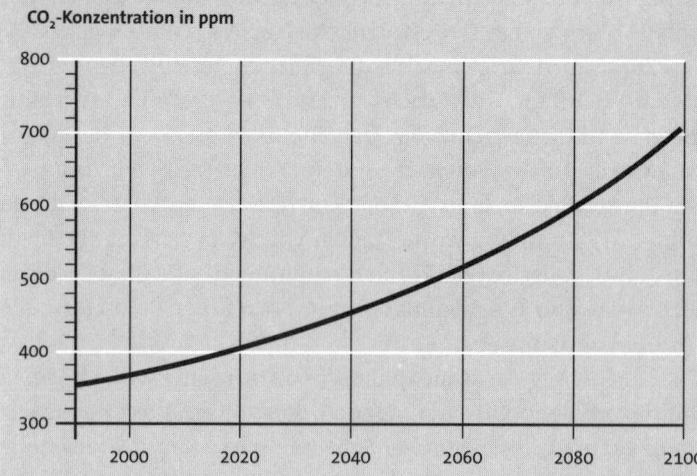

Quelle: IPPC 1996, S. 23

ausmachen, stellen dagegen eher ein Süd-Nord-Problem dar, insofern als große Mengen dieses Treibhausgases in der Landwirtschaft, beim Reisanbau und beim Verdauungsprozeß der Rinderherden in den Ländern des Südens entstehen. Anders als bei den FCKW sind die rasche Eindämmung oder gar der Stopp des Kohlendioxids und des Methans schwierig, ja nahezu unwahrscheinlich. Anders wiederum dürfte es bei den HFC-, PFC- und SF_6-Emissionen sein, die alle industriewirtschaftlichen Prozessen entstammen und für die Ersatzstoffe gefunden werden können.

Während die Ursachen der künstlichen Erwärmung der Erdatmosphäre relativ gut bekannt sind, besteht über deren Auswirkungen noch erhebliche Unsicherheit. Der erwartete Temperaturanstieg von zwei Grad Celsius im globalen Mittel für das kommende Jahrhundert brächte jedoch ohne Zweifel gravierende Folgen mit sich. Die Winter in den gemäßigten Zonen könnten kürzer und wärmer, die Sommer länger und heißer werden. Die Klimaänderung würde schon bestehende, regional schwerwiegende Probleme wie Wetterextreme, Trockenheit oder Bodenerosion verschärfen und die nachhaltige Entwicklung in großen Teilen der Welt gefährden.

Die Winter könnten kürzer und wärmer, die Sommer länger und heißer werden.

Die »Klimarahmenkonvention«, die 1992 in Rio de Janeiro verabschiedet wurde und im März 1994 in Kraft trat, ist – ähnlich wie

Verursacher des anthropogenen Treibhauseffekts in den 80er Jahren Tab. 1

Verursacherbereich	Effekte	Anteile gerundet in Prozent	Aufteilung auf die Spurengase gerundet in Prozent
Energieerzeugung, Verkehr	Verbrennung fossiler Energieträger (Kohle, Erdöl, Gas)	50	40 CO_2 10 CH_4 und O_3
Chemische Industrie	Emissionen von FCKW, Halonen u.a.	20	20 FCKW, Halone etc.
Forstwirtschaft	Vernichtung der Wälder durch Verbrennung und Verrottung (einschließlich verstärkter Emissionen aus dem Boden)	15	10 CO_2 5 weitere Spurengase, v.a. N_2O, CH_4 und CO
Landwirtschaft	Anaerobe Umsetzungsprozesse (CH_4 durch Rinderhaltung, Reisanbau etc.), Düngung (N_2O)	15	15 in erster Linie CH_4, N_2O und CO_2

Quelle: Enquête-Kommission 1995, S. 76.

das Ozonregime – dynamisch konzipiert (jährliche Vertragsstaatenkonferenzen, laufende Berichtspflicht, begleitende wissenschaftliche Forschung, ständiges Sekretariat in Bonn) und enthält eine potentiell mächtige Definition der Stabilisierungsbedingungen in Artikel 2:

»Das Ziel ... ist es, ... die Stabilisierung der Treibhausgaskonzentrationen in der Atmosphäre auf einem Niveau zu erreichen, auf dem eine gefährliche anthropogene Störung des Klimasystems verhindert wird. Ein solches Niveau sollte innerhalb eines Zeitraumes erreicht werden, der ausreicht, damit

- die Ökosysteme sich auf natürliche Weise den Klimaänderungen anpassen können,
- die Nahrungsmittelerzeugung nicht bedroht wird und
- die wirtschaftliche Entwickung auf nachhaltige Weise fortgeführt werden kann.«

Die Klimarahmenkonvention ist wiederum auf der 3. Vertragsstaatenkonferenz in Kyoto 1997 durch ein Protokoll ergänzt worden (»Kyoto-Protokoll«), das bescheidene, aber konkrete Ziel- und Zeitvorgaben und erste Maßnahmen zur Reduzierung der Emissionen (Quellen) bzw. zur Erhöhung der Aufnahmekapazität der Natur (Senken) und institutionelle Vorkehrungen zur Umsetzung der Konvention enthält.

Wirtschafts- und Politikwissenschaft haben strategische Vorschläge zum Instrumentarium der Klimapolitik entwickelt.

Von seiten der Wirtschafts- und Politikwissenschaft sind – was das Instrumentarium der Klimapolitik angeht – mehrere strategische Vorschläge entwickelt worden. Sie reichen von der Einführung nationaler und globaler Ressourcensteuern und Emissionsabgaben über gemeinsame Umsetzungen (joint implementation) bis zu transnational handelbaren Emissionszertifikaten (Emissionshandel). Die Annahme dieser Vorschläge hätte drastische Änderungen im Wachstumspfad und der Struktur der Industrieländer und auch der Entwicklungsländer (ökologischer Strukturwandel der Wirtschaft) zur Voraussetzung bzw. zur Folge.

Zur praktischen Umsetzung dynamisch angelegter Emissionsminderungs- und Absorptionskonzepte kommt eine Reihe von Maßnahmen in Betracht, vor allem

- die Reduzierung des Verbrauchs fossiler Brennstoffe durch Erhöhung der Energieeffizienz bei Transportenergie, Elektrizität, Heizenergie;
- die Installation neuer, effizienter Energiegewinnungstechniken wie Blockheizkraftwerke, Fernwärme, Fernkühlung, Gasturbinen;

CO_2-Emissionen im Industriesektor 1992 Tab. 2

Gesamt und pro Kopf (in Tonnen) Rang		Gesamt-Emission	Emission pro Kopf
1	USA	4.881.349	19,13
2	VR China	2.667.982	2,27
3	GUS	2.103.132	14,11
4	Japan	1.093.470	8,79
5	Deutschland	878.136	10,96
6	Indien	769.440	0,88
7	Ukraine	611.342	11,72
8	Großbritannien	566.246	9,78
9	Kanada	409.862	14,99
10	Italien	407.701	7,03
11	Frankreich	362,076	6,34
12	Polen	341.892	8,90
13	Mexiko	332.852	3,77
14	Kasachstan	297.892	17,48
15	Südafrika	290.291	7,29
	Welt	**22.339.408**	**4,10**

Quelle: WRI 1996, S. 328f.

- der Ersatz fossiler Brennstoffe durch erneuerbare Energien wie Biomasse, Windenergie, Photovoltaik, Wasserstoff und
- die Vergrößerung der CO_2-Senken, insbesondere durch Stopp der Regenwaldvernichtung und durch breit angelegte Aufforstungsprogramme.

Mit der bevorstehenden Umsetzung der Klimapolitik sind alle drei zentralen Konfliktthemen einer internationalen Politik der nachhaltigen Entwicklung (sustainable development) angeschnitten:

- Quantität und Qualität des weiteren Wirtschaftswachstums,
- Stabilisierung des globalen Ökosystems,
- soziale und intergenerative Gerechtigkeit.

Weltweit vom Aussterben bedrohte Tier- und Pflanzenarten 1994	Tab. 3
Gruppe	**Anzahl**
Tiere insgesamt	5.366
Säugetiere	533
Vögel	862
Reptilien	257
Amphibien	133
Fische	934
Wirbellose	2.647
Pflanzen	26.106

Quelle: UNEP 1995, S. 234

Das Biodiversitätsproblem

In bezug auf den Naturschutz ist international ein tiefgreifender Paradigmenwechsel erforderlich.

Das Übereinkommen der Vereinten Nationen über die biologische Vielfalt (im folgenden: Biodiversitäts-Konvention), das während der UN-Konferenz in Rio de Janeiro 1992 von 154 Staaten verabschiedet wurde und im Dezember 1993 in Kraft trat, bringt die Einsicht der Staatengemeinschaft zum Ausdruck, daß international ein tiefgreifender Paradigmenwechsel in bezug auf den Naturschutz erforderlich ist. Das der Konvention zugrundeliegende Konzept der biologischen Vielfalt – oder Biodiversität – umfaßt alle Tier- und Pflanzenarten sowie Mikroorganismen, die genetische Variabilität innerhalb der Arten sowie die unterschiedlichen Ökosysteme der Erde, in denen diese Arten zusammenleben.

Trotz Einführung zahlreicher völkerrechtlicher Vereinbarungen zum Schutz und zur sorgfältigen Nutzung der biologischen Vielfalt hält die Zerstörung der natürlichen Lebensräume und das damit einhergehende Artensterben unvermindert an. Das dürfte vor allem daran liegen, daß die bisherigen Ansätze des internationalen Arten- und Naturschutzes nicht weit genug gehen und es obendrein an politischer und finanzieller Durchsetzungskraft mangelt. Die Biodiversitäts-Konvention erhebt den Anspruch, diese Situation zu ändern.

Dieser Anspruch kommt bereits in der Präambel der Konvention zum Ausdruck. Dort wird der Schutz der biologischen Vielfalt zu einem gemeinsamen Anliegen der Menschheit erklärt.

Artikel 1 definiert dann die Ziele:

»Die Ziele dieses Übereinkommens sind

- die Erhaltung der biologischen Vielfalt,
- die nachhaltige Nutzung ihrer Bestandteile und
- die ausgewogene und gerechte Aufteilung der sich aus der Nutzung der genetischen Ressourcen ergebenden Vorteile, insbesondere durch angemessenen Zugang zu genetischen Ressourcen, angemessene Weitergabe der einschlägigen Technologien unter Berücksichtigung aller Rechte an diesen Ressourcen und Technologien sowie durch angemessene Finanzierung.«

Diese Ziele der Biodiversitäts-Konvention bilden einen »Dreiklang«, der sich auch in ihrer Umsetzung widerspiegeln soll. Aus der Verknüpfung des Naturschutzanliegens mit wirtschafts- und technologiepolitischen Fragen entstand ein komplexes Regelwerk, das den allgemeinen Rahmen für künftiges Handeln festlegt.

Neben den Artikeln, die den Schutz, die nachhaltige Nutzung der biologischen Vielfalt und den Finanz- und Technologietransfer regeln (Artikel 1 bis 22), enthält der zweite Teil des Vertrages (Artikel 23 bis 42) verschiedene institutionelle Mechanismen, die sich auf den Kooperationsprozeß und die Fortentwicklung des Vertragswerkes selbst beziehen. So findet unter anderem in überschaubaren Abständen eine Vertragsstaatenkonferenz statt, während der die Verhandlungen zu einzelnen Bereichen der Konvention fortgesetzt und die erfolgte Umsetzung der Bestimmungen überprüft werden. Vor der jeweiligen Vertragsstaatenkonferenz erarbeitet ein Nebenorgan für wissenschaftliche und technologische Fragen (SBSTTA) entsprechende beschlußreife Empfehlungen. Für die laufende Betreuung und Verwaltung der Konvention ist in Montreal ein ständiges Sekretariat eingerichtet worden.

Die Biodiversitäts-Konvention ist durch den dynamisch angelegten Verhandlungsprozeß grundsätzlich in der Lage, neue Fragen aufzugreifen und strittige Punkte zu verfolgen, über die es bei Vertragsabschluß noch keine Einigung gab. Als besonders wichtig ist hierbei – ähnlich wie bei der Klimarahmenkonvention – die Möglichkeit zur Annahme von Protokollen anzusehen, mit dem Ziel, Zeitvorgaben und Maßnahmen zu einzelnen Themenfeldern zu konkretisieren und umzusetzen.

Die Biodiversitätskonvention ist in der Lage, neue Fragen aufzugreifen und strittige Punkte zu verfolgen.

Auf der 2. Vertragsstaatenkonferenz 1995 in Jakarta wurde vereinbart, einen Dialog mit den drei thematisch eng verwandten älteren Vertragswerken, dem Washingtoner Abkommen über den Handel mit bedrohten Tier- und Pflanzenarten (CITES) von 1973, der

Bonner Konvention zum Schutz wandernder Tierarten (CMS) von 1979 und der Konvention zum weltweiten Schutz der Feuchtgebiete (Ramsar) von 1971, zu beginnen.

Was die weiteren Schritte zur Umsetzung der Biodiversitäts-Konvention angeht, so wurde eine internationale Arbeitsgruppe mit der Aushandlung eines Protokolls zur biologischen Sicherheit (Biosafety-Protocol) beauftragt, das Regeln über den sicheren Umgang mit sowie den Transfer von genetisch modifizierten Organismen festlegen und 1999 in Nairobi verabschiedet werden soll. Zur Biodiversität der Meere und Küstengebiete wurde ein Expertengremium eingerichtet, von dem alsbald erste konkrete Vorschläge zu dieser speziellen Thematik erwartet werden.

Die handelspolitische Dimension der Biodiversitäts-Konvention macht es erforderlich, auch in einen Dialog mit der Welthandelsorganisation (WTO) einzutreten. Dies betrifft unter anderem das Abkommen über handelsbezogene Rechte des geistigen Eigentums (Trade Related Intellectual Property Rights, TRIPS).

Veränderung des natürlichen Waldbestandes in den Tropen von 1980 bis 1995 **Tab. 4**

	Bestand 1995 in Millionen Hektar	1980-90 in Millionen Hektar	1990-95 in Millionen Hektar	1990-95 in Prozent pro Jahr
Entwicklungsländer insgesamt	1.871	- 15,5	- 13,7	- 0,7
Afrika	508	- 4,3	- 3,8	- 0,7
Lateinamerika	942	- 6,8	- 5,8	- 0,6
Asien und Ozeanien	421	- 4,4	- 4,2	- 0,9

Quelle: FAO 1997, S. 18 und 182f.

Eine andere komplexe Aufgabe der Biodiversitätspolitik besteht im Schutz und in der naturnahen Bewirtschaftung der Wälder. Das globale Ausmaß der Waldzerstörung verlangt rasche, unmittelbar wirksame Schutzmaßnahmen. Die gegenwärtige Waldbewirtschaftung muß weltweit durch ökologisch nachhaltige Nutzungsformen ersetzt werden. In den Industrieländern müssen die Wälder in ihrer Ausdehnung erhalten und vor weiteren Schädigungen geschützt werden. In den Entwicklungsländern muß es gelingen, den Schutz der Wälder und wirtschaftliche Entwicklung miteinander in Einklang zu bringen. Eine wichtige Rolle können dabei Erwerbsquellen

Das globale Ausmaß der Waldzerstörung verlangt rasche, unmittelbar wirksame Schutzmechanismen.

spielen, die aus der nachhaltigen Nutzung der Wälder entstehen. Die rechtlich unverbindliche Walderklärung von 1992 stellt wirtschaftliche Interessen in den Vordergrund. Nach wie vor gibt es aber Bestrebungen, den Schutz der Wälder international verbindlich zu regeln. Neben der Formulierung einer eigenständigen Waldkonvention wird dabei diskutiert, den Umgang mit Wäldern unter dem Dach der Biodiversitäts-Konvention, also in Form eines Waldprotokolls zu regeln.

Die Verhandlungen zu diesem Teilbereich der biologischen Vielfalt finden im Rahmen des »Zwischenstaatlichen Waldausschusses« (IPF) statt, der Vorschläge für künftige institutionelle Regelungen der internationalen Waldpolitik präsentieren soll. Da in den Wäldern – besonders in den noch verbliebenen Naturwäldern – die meisten landlebenden Tier- und Pflanzenarten heimisch sind, ist deren ökologisch verträgliche Nutzung eine wesentliche Voraussetzung für den Schutz der biologischen Vielfalt insgesamt. Da mit einer breit angelegten Wiederaufforstung aber auch das Treibhausproblem entschärft werden kann, wäre eine aktive Waldpolitik zugleich beste Klimapolitik.

Eine Schwäche der neuen internationalen Biodiversitätspolitik läßt sich an der geringen Finanzausstattung ausmachen, gemessen am tatsächlichen Handlungsbedarf. Die Global Environment Facility (GEF), als vorläufiger Finanzierungsmechanismus der Biodiversitäts-Konvention, ist darüber hinaus noch zuständig für die Umsetzung von Projekten zum Schutz der Ozonschicht, des Klimas, der Meere und vor Wüstenbildung. Für den Erhalt der biologischen Vielfalt standen im Zeitraum 1995 bis 1997 gerade 800 Millionen US-Dollar zur Verfügung. Angesichts eines von der UNEP geschätzten mehrfach höheren Finanzbedarfs zeugen diese Mittel von der weiterhin fehlenden Bereitschaft der Staaten, die Biodiversitäts-Konvention finanziell auf eigene Füße zu stellen.

Für den Erhalt der biologischen Vielfalt standen 1995 bis 1997 nur 800 Millionen US-Dollar zur Verfügung.

Boden- und Wasserprobleme

Neben dem quantitativen Verlust an Böden durch Überbauung und Versiegelung vollzieht sich weltweit eine qualitative Verschlechterung ehemals ertragreicher Böden (die sogenannte Bodendegradation). Es ist aber strittig, ob es sich hierbei um ein globales oder (nur) um ein universell auftretendes Umweltproblem handelt.

Nach jüngsten Schätzungen dehnen sich die Wüstengebiete der Welt um jährlich zirka sechs Millionen Hektar aus. Bis zu zwei Fünftel der Nicht-Wüstengebiete Afrikas und zwei Drittel in Asien sowie ein Fünftel in Lateinamerika könnten sich in Zukunft in Wüsten verwandeln (Desertifikation). Die Zunahme der Bevölkerung, aber auch der Viehbestände in diesen Regionen haben die Vegetation beeinträchtigt und damit wiederum die Bodenerosion beschleunigt.

Die wissenschaftliche Erforschung dieser Prozesse hat gezeigt, daß hierbei vom Menschen verursachte Faktoren im Vergleich zu natürlichen Faktoren weit bedeutsamer sind als früher angenommen. Daher sind nicht nur technische Maßnahmen erforderlich, sondern auch soziale und institutionelle Innovationen, vor allem die Einführung geeigneter Landnutzungsrechte. Diesen Fragen wiederum soll sich die »Konvention zur Bekämpfung der Wüstenbildung und der Dürrefolgen insbesondere in Afrika« (kurz: Wüstenkonvention) widmen, die auf Drängen afrikanischer Länder erarbeitet und im Juli 1994 unterzeichnet wurde (und ihr ständiges Sekretariat in Bonn haben wird).

Mit dieser Konvention ist zwar noch nicht der Grundstein einer globalen Bodenpolitik gelegt, was vor allem mit dem unterschiedlichen Begreifen der Dringlichkeit dieses Problems zusammenhängt. Sie fordert allerdings – ähnlich wie die Klima- und die Biodiversitäts-Konvention – internationale Kooperation ein und ist somit ein Vorläufer einer globalen Bodenpolitik.

Nicht ganz so verheißungsvoll läßt sich die Lage in bezug auf eine künftige globale Wasserpolitik beschreiben. Nach dem jüngsten diese Problematik betreffenden Bericht der UNEP mangelt es derzeit bereits 1,2 Milliarden Menschen an Wasser. Die Süßwasserverknappung bedroht insgesamt etwa 80 Staaten der Welt, in denen 40 Prozent der Weltbevölkerung leben. In vielen Fällen wird das quantitative Wasserdargebot durch Dürre, Übernutzung von Wasservorräten und Entwaldung kritisch, während die Wassernachfrage aufgrund künstlicher Bewässerung in der Landwirtschaft, fortschreitender Urbanisierung und Industrialisierung und damit einhergehendem höheren individuellen Wasserverbrauch weiter ansteigt.

1,2 Milliarden Menschen mangelt es an Wasser.

Auch die Wasserqualität verschlechtert sich in weiten Teilen der Welt zum Teil auf dramatische Weise. Oberflächengewässer und Grundwasser werden durch Nitrat und Pestizide aus der Landwirt-

Wasserdargebot ausgewählter Länder in m^3 pro Kopf und Jahr — Tab. 5

Länder nach Regionen	Wasserdargebot in m^3 pro Kopf und Jahr		Veränderungen in Prozent
Afrika			
Ägypten	30	20	-33
Kenia	560	330	-41
Niger	1.690	930	-45
Ruanda	820	440	-46
Somalia	1.390	830	-40
Südafrika	1.200	760	-37
Naher Osten			
Israel	330	250	-24
Jordanien	190	110	-42
Saudi Arabien	140	70	-50
Andere			
Niederlande	660	600	-9

schaft, durch Leckagen der städtischen und industriellen Wasser- und Abwassersysteme, aus Kläranlagen und Mülldeponien belastet. Die von der Weltgesundheitsorganisation (WHO) empfohlenen Grenzwerte für Trinkwasserqualität werden so immer häufiger überschritten, die von der EU-Kommission gesetzten Grenzwerte werden von Tausenden von Brunnen in Europa nicht eingehalten – sie müßten folglich geschlossen werden.

Wasserpolitik hat noch eine weitere internationale Dimension, insofern als es auf der Welt mehr als 200 grenzüberschreitende Flußeinzugsgebiete und eine große Zahl von Seen und Gewässern mit regionalem Einzugsgebiet gibt, für die wirksame Vereinbarungen zwischen den Anliegern erforderlich sind.

Für viele grenzüberschreitende Gewässer und ihre Einzugsgebiete sind wirksame Vereinbarungen zwischen den Anliegern erforderlich.

Neben der Forderung, geeignete Maßnahmen zur quantitativen und qualitativen Sicherung der Wasservorräte für eine weiter zunehmende Bevölkerung zu treffen – wie die Erschließung neuer Quellen, Schaffung integrierter Wasserkreisläufe, Verhinderung der Wasserverschmutzung –, dürfte es in Zukunft deshalb auch um eine gezielte Reduzierung des spezifischen Wasserverbrauchs in Land-

Formen und Ursachen der Wasserverschmutzung Tab. 6

Verschmutzungsform	Ursache	Besonders betroffene Regionen
Krankheitserreger	häusliche Abwässer	Entwicklungsländer
Nährstoffanreicherung	Mineraldünger; häusliche Abwässer	Industrie- und Transformationsländer, einzelne Entwicklungsländer (z. B. Brasilien, China, Mexiko, Philippinen)
Nitratanreicherung im Grundwasser	Mineraldünger	Europa, Nordamerika
Salzeintrag in Grund- und Oberflächengewässer	künstliche Bewässerung, Übernutzung des Grundwassers	landwirtschaftlich intensiv genutzte Trockenzonen Afrikas, des Nahen Ostens, Asiens und Australiens
Versauerung	Eintrag von Luftschadstoffen (Schwefeldioxid und Stickoxide)	Europa, Nordamerika; in rascher Industrialisierung befindliche Regionen in Asien und Südamerika
Sedimenteintrag	Erosion	China, Indien, Indonesien, Iran, Irak
Schwermetallbelastung	industrielle Abwässer, Bergbau	Industrie- und Transformationsländer; einzelne Entwicklungsländer (z. B. Brasilien, Chile, Mexiko, Panama, Philippinen, Türkei)

Quelle: BMZ 1995, S. 29f.

wirtschaft, Industrie und Haushalten gehen (Nachfragemanagement). Die Alternative hierzu heißt zunehmende Wasserrationierung und weitere Wasserverschmutzung – mit allen daraus wiederum entstehenden Konsequenzen. Es besteht daher dringender Handlungsbedarf bezüglich einer aktiven Wasserpreispolitik, einer Neudefinition von Wassernutzungsrechten und des Transfers von Wasserspar- und Aufbereitungstechniken. Die entsprechenden Initiativen sollten zu einer international abgestimmten Wasserstrategie entwickelt werden und könnten in der nicht allzu fernen Zukunft in die Formulierung einer globalen »Wasser-Konvention« münden.

Initiativen zu einer international abgestimmten Wasserstrategie könnten zu einer »Wasser-Konvention« führen.

Das Abfallproblem

Viele Industrieprodukte und chemische Abfälle sind nicht bzw. nur schwer abbaubar oder dauerhaft lagerungsfähig. Die wirksame Kontrolle des Transports gefährlicher Abfälle gilt generell als schwierig.

Nach erfolgtem Grenzübertritt unterliegt Abfall oft ganz unterschiedlichen, gelegentlich sich widersprechenden Regulierungen. Die weiterhin bestehenden Exportmöglichkeiten vermindern die zu schwachen ökonomischen Anreize zur Abfallvermeidung vor Ort; sie transferieren damit zugleich einen Teil des Risikos, ohne auch das Wissen und die Technik zu dessen Reduzierung zu transferieren.

Angesichts dieser Problematik war die Verabschiedung der »Baseler Konvention über die Kontrolle des grenzüberschreitenden Verkehrs mit Sonderabfällen und ihrer Beseitigung« 1989 ein bemerkenswerter Fortschritt. Die Schwierigkeit liegt aber bis heute in der praktischen Umsetzung dieser Konvention auf lokaler und nationaler Ebene. Insbesondere müßten neue technische und institutionelle Vorkehrungen getroffen werden, um die latent vorhandene Bereitschaft zur Umgehung von Transportkontrollen zu verringern und eine für Mensch und Umwelt möglichst risikofreie Behandlung weiterhin anfallender Abfälle zu gewährleisten.

Der grenzüberschreitende Transport gefährlicher Abfälle und deren Behandlung ist ein ungelöstes Umweltproblem, das effektive internationale Politik erfordert.

Der grenzüberschreitende Transport gefährlicher Abfälle und deren Behandlung bleiben, so scheint es, auch für die nähere Zukunft ein nicht gelöstes Umweltproblem, das effektive internationale Politik erfordert.

Konzepte für eine erfolgreiche internationale Umweltpolitik

Bei der Formulierung der jüngsten internationalen Umweltabkommen haben drei Themen eine zentrale Rolle gespielt: Effizienz, Gerechtigkeit und die Entscheidungsfindung unter Unsicherheit. Was die Umsetzung solcher Rahmenabkommen durch entsprechende Protokolle angeht, haben neben traditionellen rechtlichen Vorschriften und Sanktionen drei ökonomische Anreiz-Instrumente besondere Aufmerksamkeit erfahren:

- die Einführung internationaler Abgaben,
- die gemeinsame Umsetzung von Maßnahmen,
- international handelbare Emissionszertifikate.

Internationale Emissionsabgaben

Das wichtigste Argument zugunsten einer *internationalen Emissionsabgabe* ist die Reduzierung der betreffenden Schadstoffemissionen zu insgesamt geringsten Kosten. Eine derartige Steuer bzw. Sonderabgabe wird rational handelnde Emissionsverursacher mit niedrigen Grenzvermeidungskosten zur Emissionsreduzierung veranlassen, während solche mit hohen Grenzvermeidungskosten es passender finden werden, die Abgabe zu zahlen.

Generell gesagt: Abgaben nutzen den Marktmechanismus zur bestmöglichen Anpassung an das gegebene Umweltproblem, während direkte staatliche Regulierung im Einzelfall extrem teuer sein kann. Tietenberg hat bereits 1990 in einer vergleichenden Studie über die USA festgestellt, daß das Kostenverhältnis von staatlicher Regulierung zu Umweltsteuern im Durchschnitt bei etwa 4:1 liegt.[3]

Das wichtigste Argument, das gegen eine internationale Abgabenlösung vorgebracht werden kann, ist nicht ökonomischer, sondern organisatorisch-institutioneller Art: Das zur Initiierung einer merklichen globalen Emissionsminderung erforderliche Abgabenvolumen wäre so groß (in der Literatur finden sich, was das Klimaproblem angeht, Schätzungen von mehreren hundert Milliarden Dollar), daß eine zentrale Mittelverwaltung nicht akzeptabel, selbst eine akzeptable dezentrale Mittelverteilung nur schwierig zu organisieren sein dürfte. Es gibt allerdings auch ein ökologisches Argument, das gegen eine internationale Abgabenlösung vorgebracht werden kann: In Fällen mit rasch ansteigenden Grenzschäden (wie beim Ozonloch oder beim Artenschwund) symbolisieren Abgaben einen ökonomischen Kompromiß, den das betroffene System nicht mehr annimmt. Dann sind Mengenbegrenzungen die einzig sinnvolle Lösung.

In Fällen mit rasch ansteigenden Grenzschäden sind Mengenbegrenzungen die einzig sinnvolle Lösung.

Während Effizienz und Gerechtigkeit zentrale Kriterien der in Kraft getretenen Klimarahmenkonvention, der Biodiversitäts- und auch der Seerechts-Konvention darstellen, finden sich in diesen Verträgen erstaunlicherweise keine konkreten Bestimmungen zugunsten einer anzustrebenden internationalen Abgabenlösung. Anders ist dies bezüglich der beiden anderen genannten Instrumentarien, die explizit oder implizit vorgesehen sind oder vorbereitet werden.

Joint Implementation

Im Hinblick auf die Wahl und Ausgestaltung des Instrumentariums internationaler Umweltpolitik ist vor allem Artikel 3, Absatz 3 der Klimakonvention relevant, der die Vertragsstaaten auffordert, die zu treffenden Maßnahmen kosteneffektiv durchzuführen. Diese Effizienzklausel hat in Anbetracht der ökologischen und ökonomischen Rahmenbedingungen einer jeden internationalen Umweltpolitik besondere Bedeutung:

Ökologisch gesehen ist es bei global wirksamen Emissionen (z. B. Kohlendioxid) völlig unerheblich, an welchem Ort der Welt Emissionsminderungen vorgenommen werden; sollen deren Kosten aber möglichst gering sein, so muß den global stark variierenden Grenzkosten der Emissionsminderung, d. h. dem ökonomischen Argument Rechnung getragen werden. Vor diesem Hintergrund hat das Instrument *»Joint implementation«* (gemeinsame Umsetzung) Eingang in die Klimarahmenkonvention gefunden. Auf der 1. Vertragsstaatenkonferenz zu dieser Konvention in Berlin 1995 (»Berliner Mandat«) wurde eine Pilotphase zu seiner Erprobung beschlossen, auf der 3. Vertragsstaatenkonferenz in Kyoto 1997 wurde es erneut bekräftigt.

Bei global wirksamen Emissionen ist es ökologisch gesehen völlig unerheblich, an welchem Ort der Welt sie gemindert werden.

»Joint implementation« kann als Vorstufe der Mengenpolitik mit handelbaren Zertifikaten verstanden werden: Ein Land (ein Industriezweig, ein Unternehmen) kann seine Reduzierungsverpflichtung durch eine Kombination aus nationalen (internen) und internationalen (externen) Reduzierungen erbringen. Wurde dieses Instrument zuvor so interpretiert, daß ein Annex-I-Staat der Klimarahmenkonvention (d. h.: Industrieländer und Transformationsländer) sein Emissionsziel nicht nur durch mengenmäßige Reduktionen im eigenen Land, sondern auch durch Investitionen in Vermeidungsaktivitäten in einem anderen Annex-I-Land erfüllen kann, so brachte das »Berliner Mandat« eine erste Erweiterung, nach der – auf freiwilliger Basis – auch Nicht-Annex-I-Staaten (Entwicklungsländer) in das Verfahren einbezogen werden können. Damit ist »Joint implementation« zu einem potentiell wichtigen Instrument im Nord-Süd-Kontext geworden.

Deutschland hat auf der 1. Vertragsstaatenkonferenz die Erklärung bekräftigt und sogar verstärkt, »... bis zum Jahre 2005 seinen CO_2-Ausstoß gegenüber 1990 um 25 Prozent zu senken« (Rede des Bundeskanzlers am 5. April 1995). Inzwischen ist absehbar, daß dieses Versprechen im Inland nicht eingehalten werden kann. Mit Hilfe eines Osteuropa, Südeuropa und die Entwicklungsländer einbeziehenden Joint-implementation-Programms wäre dies hingegen leicht möglich. Es empfiehlt sich daher, das Instrument »Joint implementation« anwendungsreif zu machen, vorzugsweise in Abstimmung mit den Ländern der Europäischen Union, auch und besonders deshalb, weil auf diese Weise erhebliche Mittel aus der Privatwirtschaft für den globalen Klimaschutz aktiviert werden könnten.

International handelbare Emissionszertifikate

Aus den laufenden Verhandlungen zur Klima- wie zur Biodiversitätspolitik müssen sich verbindliche globale Emissionsmindenrungsverpflichtungen ergeben. Was die Klimaproblematik betrifft, geht das Intergovernmental Panel on Climate Change (IPCC) beispielsweise davon aus, daß zur Erreichung des Ziels der Klimarahmenkonvention bis zum Jahr 2050 eine Reduzierung der globalen CO_2-Emissionen um rund 50 Prozent gegenüber 1987 erreicht werden muß, in den Industrieländern um 80 Prozent. Auf der 3. Vertragsstaatenkonferenz in Kyoto 1997 ist es zu einer ersten, wenn auch bescheidenen Festlegung konkreter Ziele der zukünftigen Klimapolitik gekommen. Nun steht die Wahl des geeigneten Instrumentariums an – und damit auch die Ausgestaltung eines Systems *international handelbarer Emissionszertifikate.*

Das Zertifikatsystem bewirkt bei den Teilnehmern einen allgemeinen Anreiz zur Emissionsreduzierung.

Dabei geht es darum, im Umfang der vereinbarten zulässigen globalen Emissionsmengen handelbare Zertifikate (Lizenzen) an die teilnehmenden Vertragsparteien auszugeben, auf der Basis eines ebenfalls zu vereinbarenden Zuteilungsverfahrens. Ist die daraus folgende Erstzuteilung unzureichend, würde eine Partei (ein Land, ein Industriezweig, ein Unternehmen) zusätzliche Zertifikate durch Handel erwerben müssen. Folglich entsteht für die Teilnehmer des Systems ein allgemeiner Anreiz zur Emissionsreduzierung, entweder um die Zahlungen für den Kauf zusätzlicher Zertifikate zu minimieren oder um die Erlöse aus Verkauf oder Leasing von überzähligen Zertifikaten zu maximieren. Wenn die Erstzuteilung an Entwicklungsländer dort zu überzähligen Zertifikaten führt (was angesichts der niedrigen Pro-Kopf-Emissionen zu vermuten ist), entsteht ein mächtiger Mechanismus für einen Ressourcentransfer:

Die Entwicklungsländer könnten die überzähligen Zertifikate an Industrieländer verkaufen oder leasen gegen Finanzmittel oder Technologien; ein Markt entstünde, wo bisher kein Markt existiert.

Der wesentliche Unterschied zwischen einem internationalen Zertifikate-System und einer Abgabenlösung besteht darin, daß Emissionszertifikate das Emissionsminderungsziel mengenmäßig genau treffen; die finanziellen Aufwendungen folgen aus den Kosten, die mit der Erreichung dieses Ziels verbunden sind. Ein weiterer Unterschied liegt darin, daß eine Abgabe unbedingt monetäre Transfers beinhaltet, während Zertifikate auch gegen andere als monetäre Gratifikationen gehandelt werden könnten, z. B. gegen Patente. Allgemein erweitert ein System handelbarer Emissionszertifikate also die Optionen für Verhandlungen zwischen Nord und Süd – und könnte gerade deshalb in Zukunft politischen Anklang finden.

Was konkret als nächstes tun?

Eine Vereinbarung über Instrumentarien internationaler Umweltpolitik muß unterschiedlichen Kriterien genügen, insbesondere denen der Effizienz, der Gerechtigkeit und der Entscheidungsfindung unter Unsicherheit. Je nach Gewichtung dieser drei Kriterien verschiebt sich die politische Empfehlung zugunsten eines der vorgestellten Instrumentarien bzw. einer bestimmten Kombination derselben.

Eine Vereinbarung über Instrumentarien internationaler Umweltpolitik muß vor allem drei Kriterien genügen.

Angesichts der Verfaßtheit des internationalen politischen Systems und der sich abzeichnenden Struktur und Funktionsweise der globalen Umweltregime spricht vieles für marktgemäße Mengenlösungen, insbesondere für »joint implementation« in der Initialphase und für handelbare Emissionszertifikate in der Kulminationsphase eines Regimes. Dies schließt indes ordnungsrechtliche und steuerliche Lösungen nicht aus, und dies nicht nur, weil die Umsetzung dieser ökonomischen Instrumente auch schwierige Überwachungsprobleme aufwirft. Insbesondere wenn Fondslösungen wie die Global Environment Facility (GEF) in Zukunft weiter vorangetrieben werden sollten, wird eine gewisse Steuerfinanzierung erforderlich werden, da sonst die Autonomie der konventionellen multilateralen Entwicklungshilfe negativ tangiert würde. Hierbei kommen dann aber auch andere Abgaben und Bemessungsgrundlagen (erneut) in den Blick, beispielsweise eine Steuer auf Waffenexporte[4], auf Ferntourismus[5], auf internationalen Handel[6] oder auf internationale Finanztransaktionen[7].

Die weitere Institutionalisierung globaler Umweltpolitik

Unter Institutionen versteht man auf Dauer gestellte, miteinander verknüpfte Regeln und Praktiken, die Verhalten vorschreiben, Aktivitäten eingrenzen und Erwartungen formen.[8] Sie können die Form von bürokratischen Organisationen, von allgemeinen Regelmechanismen (die nicht notwendigerweise organisatorisch untermauert sind) oder von ausgehandelten Konventionen annehmen. Institutionen globaler Umweltpolitik bestehen, schon wegen des Fehlens hierarchischer Steuerungsinstanzen (»Welt-Regierung«), vorrangig in der Form horizontaler, nationalstaatlicher Selbstkoordination, wobei sowohl mit Instrumenten direkter Steuerung (Typ a) als auch solchen indirekter Steuerung (Typ b) operiert wird.

Eine globale Sicht der Umweltproblematik entstand bereits zu Beginn der 70er Jahre. So waren die ersten Berichte an den Club of Rome durchweg am Modell der »Einen Welt« orientiert. »In Defense of Earth« lautete der Titel eines von Lynton K. Caldwell publizierten Werkes, in dem schon 1972 eine globale Institutionalisierung des Umweltschutzes eingefordert wurde. Für die praktische Umweltpolitik hatte diese anfängliche globale Ausrichtung der wissenschaftlichen Umweltdiskussion jedoch nur geringe Konsequenzen. Zwar kam es zur Vereinbarung einer Reihe internationaler Umweltabkommen, insbesondere zum Artenschutz und zum Meeresschutz; auch wurde 1973 das Umweltprogramm der Vereinten Nationen (UNEP) eingerichtet, und andere internationale Organisationen legten Umweltschutzkonzepte vor. Die praktische Umweltpolitik war jedoch weiterhin durch eine weitgehende Beschränkung auf nationale oder grenznahe Umweltprobleme gekennzeichnet.

Die praktische Umweltpolitik war in den 70er Jahren durch eine weitgehende Beschränkung auf nationale oder grenznahe Umweltprobleme gekennzeichnet.

Erst Mitte der 80er Jahre kam es zu einer neuerlichen Internationalisierung. Markante Wegzeichen dieser Phase der Umweltpolitik waren die Formulierung des »Montrealer Protokoll zum Schutz der Ozonschicht« 1987, der Bericht der Weltkommission für Umwelt und Entwicklung – »Our Common Future« 1987 – und die Wiederaufnahme der Diskussion über die Notwendigkeit des glo-

Wichtige Schritte auf dem Weg zu einer globalen Umweltpolitik	Tab. 7
• UN-Konferenz über Umwelt und Entwicklung in Stockholm 1972	
• Marpol-Abkommen 1973, 1978, 1983 (Verhütung der Meeresverschmutzung)	
• UN-Seerechtskonferenz 1973 bis 1982 (1994)	
• Wiener Konvention zum Schutz der Ozonschicht 1985, mit Montrealer Protokoll 1987 und anschließenden Verschärfungen: – London 1990, – Kopenhagen 1992.	
• UN-Konferenz über Umwelt und Entwicklung in Rio de Janeiro 1992 mit zwei globalen Konventionen: – Klimakonvention 1994, – Konvention über biologische Vielfalt 1993, sowie der Agenda 21 1992.	

balen Klimaschutzes. Erster Höhepunkt dieser Entwicklung war die UN-Konferenz in Rio de Janeiro 1992 (»Erdgipfel«), in deren Verlauf die Rahmenübereinkommen über Klima und Biodiversität, die Rio-Deklaration, die Prinzipien zur Nutzung von Wäldern und die Agenda 21 unterzeichnet wurden.

Was mögliche Innovationsansätze der Umweltpolitik angeht, so schränken die gegebenen Rahmenbedingungen internationaler Politik diese Möglichkeiten in mehrfacher Weise ein: Nach dem Grundprinzip nationalstaatlicher Souveränität ist Umweltpolitik im Einzelfall an die Zustimmung nationalstaatlicher Repräsentanten gebunden. Der internationale Entscheidungsprozeß vollzieht sich dementsprechend traditionell in Verhandlungen. Internationale Umweltpolitik setzt also die freiwillige Zustimmung zur Entwicklung problembezogener Regelmechanismen voraus. Der wichtigste Hebel liegt deshalb in der Einflußnahme auf die innerstaatliche Willensbildung. Andererseits gibt es zahlreiche Belege dafür, daß die internationale Vereinbarung bestimmter Standards die Kräfteverhältnisse in der innerstaatlichen Diskussion zugunsten der Umweltschutz-Interessen verschieben kann.

Internationale Vereinbarungen können Umweltschutz-Interessen in der innerstaatlichen Diskussion stärken.

Aufgrund der Wechselbeziehungen zwischen einzelnen Problembereichen entsteht ein besonderer sachlicher Koordinationsbedarf. So kann z. B. die angebotsorientierte Vergabepolitik der Multilateralen Entwicklungsbanken im Energie- und Transportsektor die Bemühungen um eine nachfrageorientierte Klimapolitik konterkarieren. Dieser Koordinationsbedarf ist mit der erfolgten Zunahme internationaler Umweltabkommen erheblich gewachsen.

Im Zuge der Internationalisierung der Umweltpolitik seit Mitte der 80er Jahre sind jedoch verschiedene institutionelle Innovationen eingeleitet worden. Sie beziehen sich zum einen im Sinne des Ausbaus direkter Steuerung auf die Einrichtung von Institutionen für einen geregelten Finanz- und Technologietransfer, zum anderen im Sinne einer indirekten Steuerung auf Änderungen in der Verfahrens-, Ressourcen- und Organisationssteuerung.

Finanz- und Technologietransfers

Wenn die Industrieländer nicht zahlen, sind die Entwicklungsländer frei von ihren Verpflichtungen.

Zum Zwecke des Finanz- und Technologietransfers sind verschiedene Fonds eingerichtet worden, die den Entwicklungsländern Anreize zur Übernahme und zur Erfüllung internationaler Umweltschutzverpflichtungen geben sollen. So knüpfen beispielsweise Artikel 5, Absatz 4 des Montrealer Protokolls und Artikel 4, Absatz 7 der Klimarahmenkonvention die Umweltschutzverpflichtung der Entwicklungsländer explizit und rechtlich bindend an eine Transferleistung der Industrieländer: Wenn diese nicht zahlen, werden die Entwicklungsländer von ihren Verpflichtungen frei.

Diese Vereinbarungen stehen zugleich für zwei unterschiedliche Herangehensweisen an die zu leistenden Transferzahlungen: Der 1990 im Rahmen des Montrealer Protokolls eingerichtete Multilaterale Fond ist einzig für Transferleistungen zum Schutz der Ozonschicht angelegt; er stellt somit eine problemfeldspezifische Form der Organisation von Ausgleichszahlungen dar. Die ebenfalls 1990 eingerichtete und 1994 weitreichend reformierte Global Environment Facility (GEF) ist dagegen eine zentrale, problemfeldübergreifende Institution für Transferzahlungen im globalen Umweltschutz, die bisher für vier Problembereiche zuständig ist: die stratosphärische Ozonschicht, das Klima, die internationalen Gewässer und die biologische Vielfalt.

Zweckgebundene ökonomische Anreize zur Realisierung von Umweltschutzmaßnahmen wurden allerdings nicht nur über solche Fonds organisiert. Seit der zweiten Hälfte der 80er Jahre haben auch »debt-for-nature swaps« an Bedeutung gewonnen, um Umweltschutzprojekte in Entwicklungsländern zu finanzieren. Seit 1987 sind mehr als 20 solcher Transfers mit einem Gesamtvolumen von weit über 100 Millionen US-Dollar realisiert worden.

Hier zeigt sich auch die zunehmende Bedeutung und segensreiche Wirkung nicht-staatlicher Akteure für die internationale Umweltpolitik. Insbesondere Umweltverbände und Gemeinden spielen bei der Entscheidungsfindung und bei der Umsetzung von Maßnahmen eine große Rolle (wie das Klimabündnis zahlreicher deutscher Gemeinden zeigt). In Anerkennung dieser Entwicklung sind weder die Formulierung noch die Umsetzung und Evaluation internationaler Umweltpolitik heute länger als Domänen rein zwischenstaatlicher Politik anzusehen. Dementsprechend setzen Kapitel 27 und 38 der Agenda 21 das Ziel, Umweltverbände, Industrieorganisationen und Gemeinden in alle Phasen der Politikformulierung und Politikumsetzung einzubinden.

Internationale Umweltpolitik ist heute keine reine zwischenstaatliche Domäne mehr.

Verfahrens-, Ressourcen- und Organisationssteuerung

Darüber hinaus ist ein Wandel der traditionellen direkten Steuerung in der internationalen Umweltpolitik im Gange. Im Zeichen des Leitbildes der nachhaltigen Entwicklung werden neue Formen indirekter Steuerung thematisiert. Eine zentrale Rolle spielt hierbei das »capacity building«. Gemeint ist damit in erster Linie der Aufbau personeller Kapazitäten und administrativer Strukturen in den Entwicklungsländern, umfassender jedoch der Ausbau des personellen, wissenschaftlichen, technologischen, organisatorischen und finanziellen Potentials eines Landes – und damit auch eines Industrielandes.

Auch bei den Verfahren der Entscheidungsfindung, des Interessenausgleichs sowie der Umsetzung von Handlungsprogrammen ist es in den letzten Jahren zu institutionellen Innovationen gekommen. Insbesondere ist eine funktionale Ausdifferenzierung der Kommunikation zu beobachten. Zunehmend wird nicht nur über wissenschaftliche Fragen, sondern auch über technisch-ökonomische und finanzielle Fragen separat vom eigentlichen politischen Verhandlungsprozeß in Ausschüssen beraten, wodurch die politischen Verhandlungen arbeitsmäßig entlastet und politisch nicht strittige Sachverhalte schneller geklärt werden können.

Was die Verfahren der Entscheidungsfindung und -umsetzung angeht, ist unter anderem die Möglichkeit der für alle Teilnehmer bindenden Mehrheitsentscheidung eingeführt worden. So ist beim »Montrealer Protokoll« eine Entscheidung zur Verschärfung der Kontrolle über die geregelten Substanzen, die mit einer Zwei-Drit-

Die Gesamtheit der hauptsächlichen Geberländer und die Gesamtheit der Entwicklungsländer haben jeweils ein Veto-Recht.

tel-Mehrheit angenommen worden ist, ohne die Notwendigkeit der nationalen Ratifizierung unmittelbar für alle Mitglieder bindend. In der GEF wurde das Verfahren der doppelt gewichteten Mehrheit eingeführt: In diesem Fall ist für eine Entscheidung des paritätisch aus Entwicklungs- und Industrieländern besetzten Leitungsgremiums eine 60prozentige Mehrheit der Stimmen notwendig, die zugleich 60 Prozent der Beiträge repräsentieren. Damit erhalten sowohl die hauptsächlichen Geberländer als auch die Gesamtheit der Entwicklungsländer eine Veto-Position, während einzelne Länder kollektive Entscheidungen nicht blockieren können.[9]

Jenseits dieser zwischenstaatlichen Institutionenbildung haben sich im Rio-Folgeprozeß auch verschiedene Neuerungen in der Organisation des nicht-staatlichen Bereichs ergeben, beispielsweise die Einrichtung des Business Council for Sustainable Development aus Vertretern von Unternehmen, die sich im Umweltschutz besonders engagieren, die Bildung des Planet Earth Council aus ökologisch sensiblen Persönlichkeiten und des European Business Council for a Sustainable Energy Future, Repräsentanten von Unternehmen, die für die Förderung erneuerbarer Energieträger eintreten.

Neben diesen praktischen Innovationserfolgen kursieren in der aktuellen Diskussion verschiedene Vorschläge für weitergehende Reformen, die im folgenden skizziert werden sollen.

Grundsätzliche Umgestaltung der Institutionen

Im Vorfeld der UN-Konferenz in Rio hatten Vorschläge zu einer grundsätzlichen Umgestaltung des internationalen Institutionensystems Hochkonjunktur. So war auch die Überlegung angestellt worden, dem Umweltprogramm der Vereinten Nationen (UNEP) den Status einer Sonderorganisation zu geben oder aus dem Umweltprogramm und dem Entwicklungsprogramm der Vereinten Nationen (UNDP) zusammen eine solche Sonderorganisation zu bilden. Auch wurde die Einrichtung eines Global Environment Council (Weltrat für Umweltfragen) gefordert, der ein dem UN-Sicherheitsrat vergleichbares Gewicht haben sollte.

Ein ähnlicher Vorschlag betrifft die Errichtung einer globalen Umweltbehörde (Global Environmental Organisation, kurz: GEO), die – nach dem Vorbild des GATT als der wichtigsten Institution zur Regulierung des Welthandels – als Forum zur Formulierung und Umsetzung globaler Umweltpolitik gedacht ist.[10] GEO soll dabei nicht nur die bestehenden problemfeldspezifischen internationalen Umweltabkommen einbinden, sondern auch die zentrale Institution des Finanz- und Technologietransfers zur Unterstützung einer nachhaltigen Entwicklung in der Dritten Welt werden.

Nachhaltige Entwicklung ist per se ein generationsübergreifendes Unterfangen. Vor diesem Hintergrund sind im umweltpolitischen Diskurs eine Reihe von Vorschlägen entwickelt bzw. reaktiviert worden: »Ökologischer Generationenvertrag«[11], »Planetary legacy« und »Common patrimony«[12], »Ökologische Rechte künftiger Generationen«[13], »Zweite Kammer neben dem Parlament«[14], »Generationen-Kammer«[15] sind zwar höchst unterschiedliche Konzepte, haben aber ein verbindendes, gemeinsames Anliegen: daß angesichts der anhaltenden Trends des Ressourcenverbrauchs und der Umweltbelastung unbedingt institutionelle Vorkehrungen für die Thematisierung und Gewährleistung generationsübergreifender Gerechtigkeit zu treffen sind.

Um generationsübergreifende Gerechtigkeit zu gewährleisten, sind institutionelle Vorkehrungen zu treffen.

Es besteht jedoch noch erheblicher Handlungs- wie Forschungsbedarf, solche Rechte und Pflichten gegenüber künftigen Generationen zu definieren und festzuschreiben. Die allgemeine politische Konsequenz daraus wäre, eine jede Politik daraufhin zu überprüfen, ob und inwieweit sie mit den Prinzipien der generationsübergreifenden Gerechtigkeit in Einklang ist.

Änderungen innerhalb der Institutionen

Bezüglich der Kommunikations- und Entscheidungsprozesse auf internationaler Ebene ist häufig die Schwerfälligkeit des vorherrschenden Konsensverfahrens beklagt worden. Demgegenüber wurde auf die positiven Wirkungen von Mehrheitsentscheidungen aufmerksam gemacht, wie sie neuerdings im Rahmen der GEF möglich sind. Auch ist eine Übernahme von bindenden Mehrheitsentscheidungen nach dem Modell des »Montrealer Protokolls« in andere Bereiche der globalen Umweltpolitik diskussionswürdig. Zur Erleichterung und Beschleunigung internationaler Entscheidungen ist die Bedeutung von konsensfördernden Argumentationsprozessen hervorzuheben, die ein gemeinsames Lernen und die gemeinsame Suche nach Problemlösungen der Kooperationspartner erlauben.

Eine Querschnittsdimension institutioneller Innovation bildet die Integration des Leitbildes der nachhaltigen Entwicklung in die Aktivitäten aller internationalen Organisationen. Ein Schwerpunkt der diesbezüglichen Diskussion ist die Forderung nach einer ökologischen Reform des GATT-Vertrages bzw. der Welthandelsorganisation WTO. Hierbei geht es insbesondere, aber nicht ausschließlich um die Gefahr, daß strengere Umweltstandards eines Landes durch die Verlagerung »schmutziger« Produktion in Länder mit weniger strengen Auflagen und anschließenden Re-Import konterkariert werden können (sog. Umwelt-Dumping). Die Vorschläge zur Reform des GATT (bzw. der WTO) konzentrieren sich dementsprechend auf die Einbeziehung bestimmter Prinzipien, die das Setzen von ökologischen Mindeststandards als Voraussetzung des Imports von Produkten erleichtern.[16]

Ein Problem der angemessenen Berücksichtigung globaler Umweltprobleme besteht auch hinsichtlich der Funktionsweise der multilateralen und bilateralen Entwicklungshilfe. Beispielsweise kann die Projektförderung seitens multilateraler Entwicklungsbanken den Zielen des Umweltschutzes zuwiderlaufen und so die Umsetzung internationaler Umweltabkommen erschweren. Dementsprechend haben Umweltverbände den Vorschlag unterbreitet, daß die Exekutivorgane der Klima-, der Biodiversitäts- und der Wüsten-Konvention den bilateralen und multilateralen Entwicklungshilfeorganisationen Vorgaben für die Verwendung ihrer Mittel machen sollten.

An die Stelle der G 7-Länder soll die *Gruppe der E 8* treten.

Einen wichtigen Vorschlag zur Änderung des internationalen Institutionensystems hat das Worldwatch Institute in seinem »State of the World Report 1997« unterbreitet, an die Stelle der wirtschaftspolitisch begründeten Gruppe der sieben führenden Industrienationen G 7 eine entwicklungs- und umweltpolitisch begründbare Gruppe *E 8* treten zu lassen, der »Eight Environmental Heavyweights«. Es sind vier Industrieländer und vier Entwicklungsländer, die zusammen 56 Prozent der Weltbevölkerung stellen, 59 Prozent der Weltproduktion und 58 Prozent der globalen CO_2-Emissionen erzeugen und über 53 Prozent der Waldgebiete der Welt verfügen.

Die *Gruppe der E 8* – so die These des Worldwatch Instituts – wird die Zukunft unseres Planeten noch mehr bestimmen als die G 7-Länder. Die politischen Systeme der genannten acht Staaten sind zwar höchst unterschiedlich, doch was ihren Einfluß auf die

Acht umweltpolitische Schwergewichte Tab. 8

Land	Anteil an Weltbevölkerung 1996	Anteil an Weltsozialprodukt 1994	Anteil an Welt-C-Emissionen 1995	Anteil an globaler Waldfläche 1990	Anteil an Blütenpflanzenarten 1990[1]
	Angaben in Prozent				
USA	5	26	23	6	8
Rußland	3	2	7	21	9
Japan	2	17	5	0,7	2
Deutschland	1	8	4	0,3	1
China	21	2	13	4	12
Indien	17	1	4	2	6
Indonesien	4	0,7	1	3	8
Brasilien	3	2	1	16	22
E8 gesamt	**56**	**59**	**58**	**53**	**–**

1 Basiert auf einer Gesamtzahl von 250.000 bekannten Arten. Der Gesamtprozentsatz konnte wegen Überschneidung von Arten in einzelnen Ländern nicht errechnet werden.

Quelle: Worldwatch Institute Report 1997, S. 19.

globalen Ressourcenbestände und die globale Umweltbelastung angeht, sind sie einmalig – acht umweltpolitische Schwergewichte also. Es sei an der Zeit, daß die E 8 mehr Verantwortung für die Durchsetzung bestehender und das Zustandekommen neuer Umweltvereinbarungen übernehmen, daß sie zum Katalysator des Handelns werden:

Im Kampf um eine zukunftsfähige Welt sind die Schicksale von Reich und Arm, Nord und Süd unauflösbar miteinander verknüpft.

»Eine der größten Herausforderungen hierbei wird darin bestehen, sich auf die gemeinsamen Interessen aller Länder zu konzentrieren, anstatt nationalen Interessen Vorrang einzuräumen. Denn im Kampf um eine zukunftsfähige Welt sind die Schicksale von Reich und Arm, Nord und Süd unauflösbar miteinander verknüpft«.[17]

Ergänzung der Institutionen

Ausgehend von den Erfahrungen mit der öffentlichen Leistungsüberprüfung nationalen Verhaltens seitens der Internationalen Arbeitsorganisation ist die Übertragung dieses Verfahrens (Sozialstandards) auf Umweltthemen (Umweltstandards) angeregt worden. Die Ausstellung entsprechender Umwelt-Audits für einzelne Staaten ist dem betriebswirtschaftlichen Vorgehen entlehnt, das sich in Deutschland jüngst erstaunlich schnell durchgesetzt hat.

Mit der Verordnung (EWG) Nr. 1836/93 vom 29. Juni 1993 (Öko-Audit- oder EMAS-Verordnung) wurde in der Europäischen Union ein einheitlicher Rahmen für das betriebliche Umweltmanagement und die Überprüfung umweltrelevanter Leistungen und Auswirkungen geschaffen. In ähnlicher Weise wie beim betrieblichen Umwelt-Audit läßt sich eine Überprüfung der Umweltpolitik, -programme und -managementsysteme von Staaten und internationalen Organisationen begründen. Eine Vorstufe dieses Vorschlages kann man in den Berichten der OECD über die Umweltpolitik ihrer Mitgliedsstaaten sehen, die seit Beginn der 90er Jahre nach einem einheitlichen Muster erstellt werden. Die Transparenz des Verhaltens der Akteure wird also auch auf internationaler Ebene zum Thema. Da hier aber keine legitimierte Politikinstanz die Einhaltung von Verpflichtungen durchsetzen kann, gilt es, das Erkennen von nicht normgerechtem Verhalten allgemein, d. h. vor einer breiten Öffentlichkeit sicherzustellen.

Ein internationaler Umwelt-Gerichtshof könnte das bestehende Institutionensystem wirkungsvoll ergänzen.

Auch bei dem Vorschlag zur Einrichtung eines internationalen Umwelt-Gerichtshofes geht es um die Ergänzung des bestehenden Institutionensystems. Durch einen solchen Gerichtshof könnten zum einen die Rahmenbedingungen für die Austragung von umweltrelevanten Konflikten verbessert werden, zum anderen würde so ein zusätzliches Instrument zur Sanktionierung von Umweltschädigern geschaffen. Anders als beim Umwelt-Audit, das auf positive Anreize zum umweltkonformen Verhalten abzielt, beruht hier die erhoffte Wirkung auf einer Verstärkung der negativen Anreize gegen umweltschädigendes Verhalten.

Zu mehreren der obengenannten Vorschläge ergeben sich ergänzende Möglichkeiten der Flexibilisierung internationaler Umweltverhandlungen:

- Im Zeichen der zunehmenden gegenseitigen Abhängigkeit von Ökonomie und Ökologie wächst die Zahl möglicher Kompensations- bzw. Paketlösungen. Wie im Falle der »debt-for-sustainable-development swaps« können Lösungsansätze dann in einem größeren inhaltlichen Bezugsrahmen realisiert werden.
- Die Ausdifferenzierung umweltbezogener Diskurse kann gleichzeitig auch eine Flexibilisierung von Verhandlungsprozessen ermöglichen, da hierdurch Verteilungskonflikte an Bedeutung verlieren. Auch und gerade bei internationalen Verhandlungen sollte also die Ausbildung von Fachöffentlichkeiten gefördert werden.

- Großformatige Konferenzen zur Initiierung langjähriger Verhandlungen können sehr wohl sinnvoll sein, insoweit als hierdurch eine ruhigere, integrative Willensbildung möglich wird. Hieraus ergibt sich eine Konzeption internationaler Verhandlungsprozesse in der zeitlichen Abfolge von Großkonferenzen und kontinuierlichen Detailverhandlungen – eine Konzeption, wie sie im Falle der Ozon-, der Klima- und der Biodiversitätspolitik bereits verfolgt wird.

Ausblick in die Zukunft

Mit der weiteren Institutionalisierung internationaler Umweltpolitik werden Ideen und Konzepte wieder aktuell, die im deutschsprachigen Raum, wenn auch unter anderer Begrifflichkeit, schon früh diskutiert worden sind. Die »global governance«-Diskussion kann von dem Konzept der Ordnungspolitik profitieren. Andere zentrale Ideen wie Partizipation, Generationen-Vertrag, Treuhänderschaft sind ebenfalls potentiell mächtig. Hieraus ergeben sich gewisse Lehren, die bei der Fortentwicklung der internationalen Umweltpolitik beachtet werden sollten.

Ältere Ideen und Konzepte werden im Zuge der Institutionalisierung internationaler Umweltpolitik wieder aktuell.

Unabhängig davon, ob es gelingt, solche Ideen und Konzepte zu (re-)aktivieren, gilt es, wichtige nationale Voraussetzungen einer effektiven internationalen Umweltpolitik zu beachten, wie vor allem:

- die verstärkte politische Wahrnehmung globaler Umweltprobleme und ihrer Entstehungsbedingungen,
- ausreichende (d. h. größere) Kapazitäten zur Analyse und Bearbeitung globaler Umweltprobleme und deren Lösungsbedingungen,
- die Steigerung der Kompetenz und des Engagements nationaler Repräsentanten in internationalen Gremien mit direktem und indirektem Umweltbezug (wie UNEP, GEF, WTO usw.).

Von großem politischem Gewicht dürfte aber auch die Frage der Glaubwürdigkeit nationaler Reforminitiativen sein, im Sinne der Konsistenz der Ansätze zur Innovation internationaler Umweltpolitik mit anderen Vorhaben auf nationaler Ebene. Wichtig erscheint nicht nur die Verträglichkeit entsprechender Initiativen mit anderen Aktivitäten der Außenpolitik, beispielsweise der notwendigen

Lokale Agenda-Initiativen sind für den Erfolg der Agenda 21 unabdingbar.

ökologischen Reform des GATT/WTO-Regimes. Auch neue Instrumente zum Umweltschutz – wie Umweltabgaben, »joint implementation« und Emissionszertifikate – können international wohl nur dann überzeugend propagiert werden, wenn in der nationalen Umweltpolitik entsprechend vorgegangen wird. Und was die Agenda 21 betrifft, so ist die Ingangsetzung vieler lokaler Agenda-Initiativen eine *conditio sine qua non* des Erfolgs dieses Politikansatzes.

Anmerkungen

1 WBGU 1993.
2 Benedick 1998. Biermann 1998.
3 Tietenberg 1994.
4 Brandt-Bericht 1980.
5 Mishan 1970.
6 Brundtland-Bericht 1987.
7 Independent Working Group on the Future of the United Nations 1995.
8 Haas 1993.
9 WBGU 1994.
10 Esty 1994.
11 Brown-Weiss 1993, S. 31-38.
12 Brown-Weiss 1989.
13 Cousteau Society 1991.
14 von Hayek 1969.
15 von Lersner 1994.
16 Helm 1995.
17 Worldwatch Institute 1997.

Das 21. Jahrhundert

Martin Jänicke

Politik im 21. Jahrhundert wird in vieler Hinsicht strategischer angelegt sein als in den vergangenen Jahrzehnten. Im Zeichen eines hohen Problemdrucks und knapper Kassen werden die Verwaltungen des Nationalstaates ihr Personal und ihre Finanzen mehr denn je durch die Lösung relevanter Probleme legitimieren müssen. Langfristige Zielvorgaben, ihre effektive und effiziente Erfüllung werden dabei eine größere Rolle spielen. Politik unterliegt von dieser Warte aus einem massiven Modernisierungsdruck.

Die Umweltpolitik unterliegt einem massiven Modernisierungsdruck.

Dies gilt in besonderem Maße in der Umweltpolitik. Der Übergang zu strategischen Politikansätzen ist hier bereits in vielen Ländern erkennbar. In fortgeschrittenen Ländern sind Ansätze wie die Einführung einer kooperativen Umweltplanung auf breiter Basis, die ökologische Finanzreform, die Förderung von Umweltinnovationen, die Anwendung neuer Erkenntnisse einer Reform des öffentlichen Sektors bereits anzutreffen. An die Stelle eines Umweltdiskurses, der primär auf spektakuläre Mißstände reagiert und manisch nach der instrumentellen Wunderwaffe des Umweltschutzes sucht, tritt die Erkenntnis, daß die Problemlage grundsätzlicher gesehen und der Lösungsansatz umfassender konzipiert werden muß.

Für die Verhältnisse der Bundesrepublik Deutschland sollen nun im Lichte internationaler Erfahrungen einige Grundlinien eines solch strategischen Ansatzes nachhaltiger Entwickung skizziert werden.

Strategische Leitlinien für Deutschland

Eine Strategie ökologisch nachhaltiger Entwicklung für Deutschland sollte drei Leitlinien verfolgen:

- Die spezifischen Umweltprobleme eines entwickelten Industrielandes lösen.
  Das betrifft vor allem die Probleme einer langfristigen Akkumulation von Belastungen an bereits kritischen Grenzen: Flächenverbrauch, Boden- und Grundwasserbelastungen, Klimabelastungen, Artenschwund etc.
- Die Innovationspotentiale eines entwickelten Industrielandes nutzen.
  Das betrifft die ökologische Modernisierung und deren Rolle im internationalen Innovationswettbewerb. Es geht aber auch um die Rolle der Industrieländer bei der Entwicklung global verträglicher Modelle des Wirtschaftens.
- Die Umweltfrage produktiv mit anderen Problemfeldern verbinden.
  Das betrifft Chancen einer Verbindung der Umweltpolitik mit den Problemen der Massenarbeitslosigkeit, der Wettbewerbs- und Innovationsschwäche, der öffentlichen Verschuldung, aber auch der Leistungsdefizite des öffentlichen Sektors (»Staatsversagen«).

Entwarnungseffekte eines überholten Paradigmas

Was ist neu am Ziel nachhaltiger Umweltentwicklung? Und was bedeutet ökologisch nachhaltige Entwicklung für Deutschland? Das zu lösende Problem läßt sich auf unterschiedliche Weise umschreiben:

- als intergenerative Gerechtigkeit bei den verfügbaren Umweltgütern,
- als Summe der langfristig zu lösenden, heute ungelösten Umweltprobleme oder
- als Summe der langfristig akkumulierten Umweltbelastungen.

Umweltprobleme entstehen durch Umweltbelastungen auf hohem Niveau.

In einem hochentwickelten Land wie Deutschland entstehen langfristige Umweltprobleme vor allem durch die Anhäufung von Umweltbelastungen auf hohem Niveau. Kritisch sind also die im Zeitverlauf entstandenen »Bestandsgrößen« an Umweltbelastungen im Boden, Grundwasser, in den Flußsedimenten oder in der Lufthülle der Erde. Sie steigen weiter an, selbst wenn die jährlichen »Flußgrößen« der Schadstoffemissionen oder Abfälle sinken.

Reiche Länder wie die Bundesrepublik sind zugleich alte Industrieländer; Umweltbelastungen haben sich hier also über viele Jahrzehnte angehäuft. Die jährliche Belastungszufuhr nimmt zwar als Folge von Umweltpolitik oft ab, die Kurve angehäufter Belastungen steigt dennoch weiter an, nur langsamer. Wie im Falle des Waldsterbens werden dabei oft bereits kritische Grenzen erreicht. Potentiell führt dies zu einem Zustand, bei dem die Sanierung der angehäuften Umweltbelastungen die Wirtschaftskraft auch von reichen Ländern übersteigt. Mit 190.000 Altlastenverdachtsflächen ist dieser Zustand in Deutschland bereits erreicht.

Bei kurzfristiger Perspektive ergibt sich für die reichen Industrieländer ein paradoxer Entwarnungseffekt: Die jährlichen Emissionsmengen an Luftschadstoffen wie Schwefeldioxid, Staub oder Kohlenmonoxid, an organischen oder toxischen Gewässerbelastungen oder an ausgebrachten Düngemitteln sind zurückgegangen. Die entsprechenden Erfolgskurven stehen in jedem Umweltbericht und verleiten mitunter selbst Fachleute zu dem Urteil, daß die wichtigsten Probleme inzwischen »im Griff« seien. In Ländern wie den USA, Japan, aber auch Deutschland trägt dieser Entwarnungseffekt dazu bei, den Stellenwert des Umweltschutzes zu untergraben – ein sich selbst zerstörender Erfolg. Dabei wurden nachhaltige ökologische Problemlösungen bisher bei den kritischen Bestandsgrößen langfristiger Umweltbelastung kaum irgendwo erzielt. Hier muß die Umweltpolitik im Grunde neu beginnen.

Dabei geht es um ein verändertes Paradigma: Die bisherige Umweltpolitik war vor allem bei der Lösung deutlich sichtbarer und öffentlichkeitswirksamer Umweltprobleme erfolgreich. Sie entsprechen einem »Risikoparadigma«, bei dem die Gesundheitsrisiken besonders hoch angesiedelt sind. Die heute weitgehend ungelösten Probleme entsprechen hingegen eher einem Paradigma der »schleichenden Degeneration« der Umweltverhältnisse. Zu ihnen zählen Flächenverluste, die erst langfristig und in der Summe bedrohlich sind, Boden- und Grundwasserbelastungen, Artenverluste und natürlich Klimaveränderungen. Hier fehlt die unmittelbare individuelle Erfahrbarkeit und damit die politisierbare Betroffenheit als Triebkraft staatlicher Umweltpolitik.

Ein neuer, strategischer Ansatz langfristiger Umweltpolitik kann helfen.

Diesem Wandel in der Problemstruktur kann nur ein neuer, strategischer Ansatz langfristiger Umweltpolitik gerecht werden, bei dem nicht zuletzt wissenschaftliche Antizipation die (noch) fehlende Erfahrung ersetzt. Die Schwierigkeiten eines solchen Ansatzes werden durch die Tatsache verringert, daß das Industriesystem

– zumal im Wettbewerb – unter einem gewaltigen Modernisierungsdruck steht, der zu einem erheblichen Teil in den Dienst der Umweltfrage gestellt werden kann.

Ökologische Modernisierung

Während weniger entwickelte Länder mit ihren Standardprodukten auf dem Weltmarkt vor allem einem Preiswettbewerb unterliegen, besteht die Chance hochentwickelter Industrieländer in einem Qualitäts- und Innovationswettbewerb, bei dem neue, noch konkurrenzlose Produkte zunächst einmal auch teurer sein können. Hier spielen umwelttechnische Innovationen eine besondere Rolle. Unsicherheit über zukünftige Märkte ist hier kaum zu spüren, denn bei wachsender Weltbevölkerung, steigender globaler Güterproduktion und sinkender Aufnahmekapazität der Erde für Emissionen und Abfälle ist eine zunehmende Nachfrage nach Umweltinnovationen bei Verfahren und Produkten zu erwarten. Die Prognose ist hier ungleich einfacher als Voraussagen über sich wandelnde Konsumpräferenzen in anderen Bereichen.

Die Umweltfrage ist der Motor der ökonomischen Modernisierung.

Entwickelte Länder verfügen über die notwendigen Qualifikationen und Forschungskapazitäten, um systematisch technologische Umweltverbesserungen hervorzubringen. Dabei ist die Umweltfrage längst zu einem Motor der ökonomischen Modernisierung geworden. In der Literatur werden zunehmend auch Wettbewerbsvorteile in einer aktiven, allerdings flexiblen und innovationsfreundlichen Umweltpolitik gesehen. So stellen die Innovationsforscher Porter und van der Linde fest:

> »Wie eine Industrie auf Umweltprobleme reagiert, kann tatsächlich ein maßgeblicher Indikator ihrer Wettbewerbsfähigkeit insgesamt sein. ... Erfolgreiche Umweltschützer, regulierende Behörden und Unternehmen werden ... auf die wirtschaftliche Logik setzen, die Umweltschutz, Ressourcenproduktivität, Innovation und Wettbewerbsfähigkeit miteinander verbindet.«[1]

Und der Umweltpolitik-Experte Wallace kommt zu dem Ergebnis: »Umweltpolitische Regulierungen können die Wettbewerbsfähigkeit eines Landes fördern. ... Strenge Standards stimulieren industrielle Innovation.«[2] Ähnliche Aussagen treffen heute aber auch Regierungen. So heißt es im jüngsten schwedischen Umweltbericht: »Umweltpolitik trägt zur Modernisierung der schwedischen

Unternehmen bei. Umweltverbesserungen sind ein wichtiger Wettbewerbsfaktor geworden.«[3] Auch das koreanische Umweltministerium betont eindeutig: »Korea wird Umweltschutzmaßnahmen verschärfen, um die Umweltqualität und die Wettbewerbsfähigkeit der koreanischen Unternehmen zu verbessern.«[4]

Der Begriff der »ökologischen Modernisierung« wurde Anfang der 80er Jahre mit der Absicht eingeführt, den aus Rationalisierungszwängen und Wettbewerbsdruck gespeisten Modernisierungszwang entwickelter kapitalistischer Industriegesellschaften auf umweltgerechte technische Neuerungen auszurichten.[5] Modernisierung ist eine systematische Optimierung und Kapazitätsverbesserung auf der Basis technischer und sozialer Neuerungen. Sie ist ein Systemzwang, dessen unbestreitbare Problematik am ehesten durch eine veränderte Funktionsbestimmung einzudämmen ist. Ökologische Modernisierung bedeutet eine solche Neuausrichtung. Sie betrifft die Innovation und Diffusion ökologisch besser angepaßter Verfahren und Produkte. In aller Regel bietet sie Win-win-Lösungen, vor allem in Form von Kostensenkungen und Erfolgen auf neuen Märkten.

Ökologische Modernisierung bietet Win-win-Lösungen.

Ökologische Modernisierung betrifft:
- Materialintensität (Ressourceneffizienz),
- Energieintensität (Energieeffizienz),
- Flächenintensität (effiziente Bodennutzung),
- Wasserintensität (effiziente Wassernutzung),
- Transportintensität (effiziente Logistik) und
- Risikointensität (Anlagen, Stoffe, Produkte).

Implizit betrifft sie damit auch Abfall- und Emissionsintensität. Ökologische Modernisierung hat ihre Grenzen dort, wo eine unmittelbare Gefahrenabwehr zu leisten ist und technische Standardlösungen und Win-win-Lösungen nicht zu erwarten sind. Vor allem die Wirkungen langfristigen Wachstums machen weitergehende Lösungen nötig. Hier wird es um eine veränderte Nachfrage, um Änderungen des Lebensstils und strukturelle Lösungen aller Art gehen. Im Nahbereich ist das technische Potential zur Umweltentlastung aber so umfassend, daß umweltpolitische Strategien mit diesem Ansatz beginnen und darauf aufbauend die Akzeptanz für weitergehende Ansätze suchen sollten.

Jenseits der Modernisierung: Ökologischer Strukturwandel

Daß die eindrucksvollen Potentiale technologischer Innovationen für eine langfristige Umweltstabilisierung nicht ausreichen, liegt nicht nur daran, daß sie nicht allen Umweltproblemen angemessen sind. Entscheidend ist, daß die ökologische Modernisierung und Effizienzverbesserung regelmäßig an industriestrukturelle Grenzen stößt. Es geht hier um eine Problematik, die man das »Hase-und-Igel-Syndrom der ökologischen Modernisierung« nennen könnte: Wenn Industrien Energie sparen, den Materialverbrauch verringern oder weniger umweltintensive Materialien verwenden, ergibt dies Einbußen für Zulieferer. Andererseits gelingt es solchen Industrien meist, neue Märkte zu erschließen. Ökologische Modernisierung findet also im Widerstand der Modernisierungsverlierer ihre Schranken. So findet die Stromwirtschaft immer wieder neue Einsatzmöglichkeiten von Strom, die vorgängige Einsparbemühungen neutralisieren (beispielsweise durch Stand-by-Verbräuche). Ähnlich wurden die erfolgreichen Umweltschutz-Kampagnen gegen Chlorverwendungen mitunter durch die Expansion des Chloreinsatzes an anderer Stelle kompensiert. Solange eine umweltintensive Branche gegen den ökologisch gewollten Rückgang ihrer Produktion angeht, muß mit einer n-förmigen Entwicklung (Anstieg-Rückgang-Wiederanstieg) gerechnet werden. Eine solche Reaktion ist nur zu verständlich, solange eine solche Industrie keine andere Perspektive besitzt und der Wandel nicht wirtschafts- und sozialverträglich abläuft. Genau hier hätte ökologische Industriepolitik anzusetzen. Sie hätte für soziale Abfederungen, Umschulungen und Umstellungshilfen vor Ort zu sorgen. Vorrangige Kandidaten einer solchen Strukturpolitik wären Industriezweige, die gleichermaßen ökologisch wie ökonomisch krisenhaft sind. Dies gilt beispielsweise für den Bergbau und verschiedene Grundstoffindustrien.

Es geht darum, parallel zur ökologischen Modernisierung den damit verbundenen Strukturwandel sozial abzufedern.

Es geht also darum, parallel zur ökologischen Modernisierung den damit verbundenen Strukturwandel sozial abzufedern und innovative Investitionen gerade in den betroffenen Gebieten zu begünstigen. Statt alte Anlagen zu erneuern, können Unternehmen diversifizieren, also in neue, ökologisch angepaßtere Produktionen investieren. Kapitalbewegungen von alten zu neuen Produktionsfeldern sind etwas ganz Normales. Probleme ergeben sich aber für die Beschäftigten. Hier bietet sich an, bisherige Erhaltungssubventionen als Mittel für den gezielten Wandel umzulenken. Deutschland hat mit hohem Subventionsaufwand viel zu lange zu viele ökonomisch und ökologisch nicht zukunftsfähige, aber lobbystarke Industrien künstlich stabilisiert. Die staatlichen Erhaltungssubventionen machten laut DIW in den alten Bundesländern 1996 ein Drittel aller Fördermaßnahmen aus; sie sind heute viel höher als noch in den 70er Jahren. Ökologische Industriepolitik sollte mit gleichem Aufwand den unvermeidlichen Wandel rechtzeitig herbeiführen.

Umweltinnovation als Strategie

Spätestens hier zeigt sich: Die komplexe Aufgabe ökologisch nachhaltiger Entwicklung ist durch einen herkömmlichen, auf Einzelmaßnahmen setzenden, »instrumentellen« Ansatz von Umweltpolitik nicht zu bewältigen. Benötigt wird ein umfassender, integrierter, strategischer Ansatz. Dies soll für die gezielte, zielgruppenspezifische Innovationsförderung und die langfristige Umweltplanung verdeutlicht werden.

Für eine nachhaltige Entwicklung muß ein umfassender, integrierter, strategischer Ansatz her!

Innovationen können nicht das Ergebnis staatlicher Feinsteuerung sein. Sie entstehen unter komplexen Bedingungen. Und sie entstehen typischerweise gerade im Vorfeld staatlicher Maßnahmen; Umweltinnovatoren antizipieren diese. Umweltpolitik hat sich bisher weitgehend darauf beschränkt, bereits bekannte Techniken zu fördern und zu ihrer Diffusion beizutragen. Zur Förderung von Innovationen bedarf es hingegen:

- klarer mittel- und langfristiger Zielvorgaben, wie sie insbesondere durch moderne Umweltplanung entstehen;
- staatlicher Rahmenbedingungen, insbesondere durch die veränderten Preissignale einer ökologischen Finanzreform;
- einer größeren Flexibilität der Maßnahmen, durch die diese Ziele zu erreichen sind;
- einer engen Kommunikation staatlicher Stellen mit der Zielgruppe über negative Umwelteinwirkungen und über vorhandene Optionen;
- einer angemessenen, für neue Themen offenen Forschungsinfrastruktur.

Eine aktive, kritische Öffentlichkeit hat sich darüber hinaus überall als unerläßliche Innovationsbedingung erwiesen. Umweltpolitik als Innovationsförderung bedeutet, daß staatliche Stellen bereits im Vorfeld regulativer Maßnahmen in der umweltbelastenden Verursacherbranche aktiv werden und Tuchfühlung mit potentiellen Neuerern aufnehmen. Im Kern geht es um eine Strategie, die die ökologische Motivation und frühzeitige Information verbessert und vor allem das Investitionsrisiko potentieller Innovatoren verringert. Erst im zweiten Schritt geht es um die Förderung der Diffusion ökologisch angepaßter Technik. Zu lange hat Umweltpolitik sich darauf beschränkt, lediglich zur Ausbreitung längst bekannter Techniken beizutragen. Eine Strategie der ökologischen Modernisierung wird die Vorschrift als letztes Mittel ansehen. Je glaubhafter staatliche Auflagen und Sanktionen angedroht werden, desto wirksamer sind die »weicheren« Mittel.

Nationale Umweltplanung

Für eine innovative Umweltpolitik bietet die langfristige Umweltplanung gute Voraussetzungen. Strategische Zielvorgaben verringern die hohen Risiken entsprechender Innovationsprozesse und bieten den Neuerern besser kalkulierbare Investitionsbedingungen. Ist z. B. ein Gefahrstoff in angegebener Frist vom Markt zu nehmen, so hat der potentielle Anbieter eines Substituts mehr Sicherheit über die Rentabilität seiner Forschungs- und Investitionsplanungen. Nachhaltige Umweltplanung kann aber auch Innovationsmotive schaffen, gerade dann, wenn sie mit einem breiten Diskurs über konkrete Problemlagen und konsensualer Zielbildung verbunden ist. In der Regel ist eine solche moderne Umweltplanung mit Netzwerkbildungen verbunden, die auch den für Innovationen so wichtigen Informationsaustausch begünstigen.

Informationsaustausch ist Voraussetzung für innovative Umweltplanung.

Es geht also um einen bestimmten Typus von Planung, wie er in der Agenda 21 beschrieben wird: Nicht um bürokratische Vorgaben einer zentralen Befehlswirtschaft, sondern um indikative Planung, um konsensuale Zielbildung auf breiter Basis, um die Beteiligung von Verursacherbereichen an der Problemlösung sowie um Verbindlichkeit, die über Berichtspflichten hergestellt wird.

Planung, als organisierte und kontrollierte Umsetzung von Zielen im Zeitverlauf, ist eine Realität moderner Industriegesellschaften. In der Umweltpolitik ist sie ein relativ neues Phänomen. Den ersten »Nationalen Umweltplan« führten 1989 die Niederlande ein. Mit der UNCED-Konferenz in Rio kam es zu einer raschen Ausbreitung dieses neuen strategischen Ansatzes. Inzwischen verfügen mehr als 80 Prozent aller Industrieländer über die eine oder andere Variante nationaler Umweltplanung bzw. einer förmlichen staatlichen Strategie nachhaltiger Entwicklung. 1996 wurden bereits über 60 spezielle Umweltaktionspläne in der Welt registriert.[6]

Für diesen Boom in nationaler Umweltplanung gibt es politische und wirtschaftliche Gründe. Zunächst einmal existiert ein gewisser Bezug zur Verbreitung des Management-Ansatzes in der Politik. Herkömmliche Umweltpolitik (und Politik überhaupt) wurde vor allem über allgemeine Regeln vermittelt. Die dabei angewandten Instrumente (Standards, Abgaben, Subventionen etc.) wurden im Grunde wichtiger genommen als die Ziele. Nicht sie wurden konkret fixiert, sondern das Instrumentarium. Moderne Umweltpolitik ist präziser in der Zielformulierung, im Instrumentarium dagegen flexibler. Sie steuert weniger über allgemeine Regeln und mehr über konkrete Organisationsleistungen. Erfahrungen des betrieblichen Managements spielen dabei eine zunehmende Rolle. Interessanterweise ist auch in der Umweltpolitik immer häufiger vom »Umweltmanagement« die Rede. Das neue niederländische Grundlagengesetz von 1993 heißt bezeichnenderweise »Umweltmanagement-Gesetz«.

Umweltpolitik ist »Umweltmanagement«.

Zugespitzt formuliert ließe sich sagen: Herkömmliche Staatstätigkeit konnte ihr Personal und ihre Finanzen abstrakt durch »den Gesetzgeber« oder auch die bloße Existenz von Problemen rechtfertigen, ganz gleich, ob sie gelöst wurden oder nicht. Moderne Staatstätigkeit muß sich stärker über die erfolgreiche Verwirklichung konkreter, befristeter Zielvorgaben legitimieren. Reformbestrebungen des *public management* zielen jedenfalls in diese Richtung. Der Umweltschutz ist nicht der einzige Bereich, der von diesem Reformziel betroffen ist, aber hier sind die Änderungen im internationalen Vergleich besonders anschaulich. Die zunehmende Verbreitung von Umweltplanung gerade in hochentwickelten Industrieländern ist sichtbarer Ausdruck hiervon. Bezeichnenderweise war die Einführung von Umweltplanung in einigen Ländern (etwa Holland und Neuseeland) mit Verwaltungsvereinfachungen verbunden. Strategische Umweltplanung besitzt aber auch ganz konkrete umweltpolitische Vorteile: Bereits die bloße Zusammenfassung schon bestehender Zielvorgaben – aus internationalen Abkommen wie in den vielen Teilbereichen der Umweltpolitik – ist ein Gewinn für die beteiligten Akteure.

Umweltplanung macht die Umweltpolitik besser kalkulierbar.

Umweltplanung macht die Umweltpolitik besser kalkulierbar. Sie bedeutet eine Institutionalisierung des gesellschaftlichen Diskurses über die ökologische Zukunftsfähigkeit wirtschaftlicher Entwicklungen. Mit ihren Berichtspflichten garantiert sie auch die Erfolgskontrolle von Maßnahmen auf Dauer. Sie ist zugleich die institutionelle Form, die dem Schwierigkeitsgrad der bisher ungelösten Umweltprobleme angemessen ist. Sie trägt der Tatsache Rechnung, daß es zu ihrer Lösung einer größeren gesellschaftlichen Anstrengung bedarf. Gerade die Probleme der schleichenden Degeneration, die nicht mehr auf der Basis unmittelbarer Betroffenheit politisierbar sind, bedürfen einer neuen institutionellen Form der Sicherung von Zukunftsfähigkeit. Die Einbeziehung einer breiten Basis von Akteuren in diesen Prozeß der Zielbildung, der Zielverwirklichung und der Erfolgskontrolle ist über diesen Mechanismus am ehesten zu gewährleisten. Die bisherigen Erfahrungen in den Niederlanden oder in skandinavischen Ländern sprechen für diesen strategischen Ansatz.

Es gibt aber auch wirtschaftliche Gründe für diesen planerischen Ansatz von Umweltpolitik. Schließlich ist Planung für Management von Wirtschaftsunternehmen eine Selbstverständlichkeit. Gerade deshalb sind Unternehmen sehr wohl daran interessiert, Planungssicherheit auch von seiten der Umweltpolitik zu haben. Eine langfristig kalkulierbare Strategie des Staates ist ihnen lieber als ein hektischer Interventionismus, der mit jeder Schlagzeile und jedem Regierungswechsel eine neue Richtung nimmt. Entscheidend ist, daß dabei betriebliche Abläufe und Innovationsprozesse erleichtert und nicht erschwert werden. Die Einbeziehung von Zielgruppen an der umweltpolitischen Zielbildung ist hierzu eine Möglichkeit.

Insbesondere geht es um eine Internalisierung der Umwelt-Verantwortung in die Verursacherbereiche, die die zuständigen öffentlichen Verwaltungen einschließt. Eine realistische Umweltstrategie wird ihre Augen nicht davor verschließen, daß Maßnahmen in der Vergangenheit immer wieder an wichtigen Hemmnisbereichen gescheitert sind. Nach einer Expertenbefragung in 20 Ländern sind der Energiesektor, der Straßenverkehr, der Bausektor und die Landwirtschaft besonders hartnäckige Hemmnisbereiche.[7] Ihnen ist gemeinsam, daß sie mit der Gesamtwirtschaft stark verflochten sind, eine zahlenmäßig starke Verursacherbasis aufweisen und zugleich wichtige Politikfelder des Staates darstellen. Ihre Staatsnähe ist also keineswegs ein ökologischer Vorteil. Und deshalb kann der Staat auch nicht der einzige Akteur nachhaltiger Umweltpolitik sein.

Hier geht es um einen institutionalisierten Umweltdiskurs, der diese Bereiche systematisch sowohl mit den von ihnen verursachten Problemen konfrontiert als auch eigenständige Problemlösungen einfordert. Ein solcher, auf breiter Basis verfolgter strategischer Ansatz der Umweltpolitik erfordert hohe Professionalität. Eine Zielbildung, die gleichermaßen problemgerecht wie breit akzeptiert ist, ist auch eine Managementleistung – runde Tische sind zur Konsensbildung wichtig, aber zu dieser Leistung allein nicht in der Lage. Man vergleiche nur die hochentwickelte Planungs- und Managementkapazität des Energie-, Verkehrs- oder Bausektors mit der Art, wie langfristige Umweltprobleme in Deutschland angegangen werden!

Runde Tische allein reichen nicht aus.

Umweltinnovationen durch Pionierländer

Innovationen und speziell Umweltinnovationen sind nicht nur eine Angelegenheit von Pionierunternehmen, sie werden ganz wesentlich auch durch Pionierländer vorangetrieben. Dabei waren technische Innovationen immer eng mit politisch-sozialen Innovationen verbunden. Deshalb ist es kaum realistisch, Umweltinnovationen in einem Land zu erwarten, dessen Regierung sich umweltpolitische Zurückhaltung auferlegt. Pionierländer des Umweltschutzes waren Anfang 1970 die USA und Schweden, in den 70er Jahren dann Japan. Mit dem Eintritt der Grünen in den Bundestag spielte in den 80er Jahren auch die Bundesrepublik diese Rolle. Bezeichnenderweise übernahm sie in dieser Zeit von Japan auch die Rolle als Weltmarktführer im Bereich der Umwelttechnik (bis 1992).

Im internationalen Vergleich hat sich gezeigt, daß Länder durch nationale umweltpolitische Alleingänge immer wieder erfolgreich versuchen, die Politikentwicklung auf der europäischen und internationalen Ebene ihren Interessen gemäß voranzutreiben. Bei diesem »regulativen Wettbewerb« schaffen Vorreiterländer umweltorientierte Pilot-Märkte erst im eigenen Lande und versuchen diese dann international zu erweitern. Kalifornien als Pilot-Markt für abgasarme PKW oder Dänemark als Pilot-Markt für stromsparende Kühlschränke sind hierfür Beispiele.

Pionierleistungen: ökologische Steuerreform, langfristige Umweltplanung und umfassende Modernisierungsstrategien

Die neueste und bisher weitestgehende Pionierleistung nationaler Umweltpolitik ist die gleichzeitige Einführung der ökologischen Steuerreform und der langfristigen Umweltplanung, kombiniert mit einer umfassenden Modernisierungsstrategie. Vorreiterländer sind hier die Niederlande und die skandinavischen Länder, insbesondere Dänemark und Schweden. Diese Länder sind in den Weltmarkt hochgradig integriert. Sie stehen für eine Reformpolitik, die Umwelt, Arbeitsmarkt, aber auch den öffentlichen Sektor insgesamt betreffen.

Insbesondere die Niederlande gelten heute ebenso als Modellfall der Wirtschafts- und Arbeitsmarktpolitik wie der Umweltpolitik und der Reform des öffentlichen Sektors. Der nationale Umweltplan der Niederlande enthält über 200 meist quantitative Einzelziele, die im Zusammengehen mit der Industrie umgesetzt werden. Bis 1995 wurden bei diesen Zielen wesentliche Verbesserungen erreicht, auch wenn sie, vor allem im Verkehrssektor, nicht alle erfüllt wurden (viele wurden allerdings übererfüllt). Holland hatte nach einem starken Anstieg bereits 1993 (in einer Zeit wirtschaftlicher Rezession!) in der EU die umfangreichsten Umweltsteuern vor Dänemark; 1996 erfolgte der erste Schritt einer umfassenden, den Faktor Arbeit entlastenden ökologischen Steuerreform. Der 1997 eingebrachte dritte Umweltplan sieht mittelfristig ein weiteres Paket grüner Steuern vor. Der Anteil integrierter Umwelttechnik im Vergleich zur herkömmlichen End-of-the-pipe-Technik stieg nach 1989 deutlich an. Als Teil einer allgemeinen Verwaltungsreform bewirkte die kooperative Umweltplanung unter anderem auch eine Vereinfachung von Genehmigungsverfahren. Die Arbeitslosigkeit nahm seit 1993 um etwa ein Drittel ab, und dies gewiß nicht konträr zur eingeschlagenen Umweltstrategie.

Dänemark hat eine lange Tradition erfolgreicher sektoraler Umweltplanung, die seit 1988, verstärkt seit 1993, zu einer integrierten Langzeitplanung ausgebaut wird. Angestrebt wird eine generelle Verringerung des Ressourcenverbrauchs. Der neue Plan Energy 21 (1996) sieht bis zum Jahr 2030 unter anderem eine Verringerung des Energieverbrauchs um 15 Prozent, die Verringerung der CO_2-Emissionen im Verkehrssektor um 25 Prozent und die Steigerung des Anteils der erneuerbaren Energien auf ein Drittel vor. 1993, mitten in der Rezession, wurde eine umfassende ökologische Steuerreform eingeführt, die bis 1998 etwa fünf Prozent der Steuern vom Faktor Arbeit zum Umweltverbrauch umschichtet. 1996 wurde die bestehende CO_2-Steuer auch auf die Industrie ausgeweitet. Wie in Holland und anderen Ländern werden aber energieintensive Produktionen weitgehend geschont; ebenfalls wie in Holland können Unternehmen eine Entlastung auch durch freiwillige Energiesparmaßnahmen erhalten. Es gilt der Grundsatz der Aufkommensneutralität. Die Steuern fließen dem besteuerten Sektor (z. B. als verringerte Sozialabgaben oder Investitionszulage für Sparmaßnahmen) wieder zu. Insgesamt hat diese Politik wirtschaftlich keineswegs geschadet: Seit 1993 hat die Arbeitslosigkeit auch in Dänemark etwa um die Hälfte abgenommen. Der Export ist nicht zuletzt bei neuen Energietechniken erfolgreich (65 Prozent Weltmarktanteil bei Windkraftanlagen). 1998 wird ein steuerlicher Haushaltsüberschuß erreicht. Der Anteil an Kraft-Wärme-Kopplung ist in Dänemark (mit 25 Prozent) besonders hoch, derjenige der erneuerbaren Energien hat stark zugenommen. Die Nachfrage nach sparsamen Haushaltsgeräten ist seit 1994 drastisch gestiegen.

Progressive Umweltpolitik schadet der Wirtschaft nicht!

Schweden hat seit 1988 ein System planerischer Zielvorgaben im Umweltbereich entwickelt, das schrittweise auf weit über 100 konkrete Zielvorgaben ausgebaut wurde. Unlängst wurden 18 neue Ziele formuliert, darunter ein verschärftes CO_2-Reduktionsziel. Von 67 im Jahre 1997 überprüften Planungsvorgaben wurden 46 erreicht (oder werden absehbar erreicht). Für 1998 ist eine umfassende nationale Umweltstrategie angekündigt. Die »Eco-Cycle Commission« der Regierung hat 1997 vorgeschlagen, den Rohstoffeinsatz in 25 bis 50 Jahren um 90 Prozent zu senken. Dazu soll unter anderem die Lebensdauer der Produkte systematisch erhöht werden. Wie in Holland und Dänemark ist diese Planung mit einer – auch exportorientierten – massiven Technologieförderung verbunden. Bereits 1991 wurde eine radikale ökologische Steuerreform durchgeführt. Während der Rezession 1993 wurde die Industrie von diesen Steuern – auf Kosten von Haushalten, Verkehr und Kleinverbrauch – erheblich entlastet, ohne daß die Einkommenssteuern erneut anstiegen. Aber auch hier sollen die Umweltabgaben angehoben werden, der Anstieg der CO_2-Steuer soll generell über der Inflationsrate liegen. Für energieintensive Unternehmen wird es weiterhin Entlastungsmöglichkeiten geben. Ähnlich wie Dänemark ist Schweden auf dem Wege zu einem ausgeglichenen Staatshaushalt. Die Arbeitslosigkeit ist seit 1993 leicht zurückgegangen. Die Umweltpolitik wird ausdrücklich als Beitrag zur Verbesserung der Wettbewerbsfähigkeit bezeichnet.

Die angeführten Fälle umweltpolitischer Vorreiter sollen – bei allem Vorbehalt im Detail – deutlich machen, welche weitergehenden Schritte einer integrierten Umweltpolitik bereits praktisch erprobt wurden. Sie bieten Anschauungsmaterial dafür, wie ein strategischer Ansatz nachhaltiger Umweltpolitik aussehen könnte. Sie zeigen aber auch, wie sehr eine Vernachlässigung der Ökologie aus Angst vor dem Weltmarkt tatsächlichen Entwicklungen widerspricht.

Globalisierung von Umweltpolitik

Die aktuelle Debatte über die Probleme der Globalisierung der Gütermärkte verliert einiges an Neuigkeitswert, wenn man sich die 150 Jahre alten Aussagen von Marx und Engels zum Thema »Weltmarkt« in Erinnerung ruft:

> »Die große Industrie hat den Weltmarkt hergestellt. ... Die uralten nationalen Industrien sind vernichtet worden und werden noch täglich vernichtet. Sie werden verdrängt durch neue Industrien, ... die nicht mehr einheimische Rohstoffe verarbeiten und deren Fabrikate ... in allen Weltteilen zugleich verbraucht werden. ... An die Stelle der alten lokalen und nationalen ... Abgeschlossenheit tritt ein allseitiger Verkehr, eine allseitige Abhängigkeit der Nationen voneinander.«[8]

Auch die Dynamik der Kapitalmärkte ist bereits in der Weltwirtschaftskrise Ende der 20er Jahre weltweit spürbar geworden. Wirklich neu aber ist die Globalisierung von Umweltpolitik.[9] Innerhalb von zehn Jahren ist – unabhängig von den internationalen Umweltabkommen – weltweit ein weitgehend ähnliches Muster an umweltpolitischen Institutionen und Gesetzen entstanden. Mit der zunehmenden Integration der Märkte hat – nicht zuletzt in den Schwellenländern – auch die Konvergenz der Umweltpolitik zugenommen. Dies liegt nicht nur an der zunehmenden Bedeutung internationaler Organisationen, Institutionen und Abkommen im Umweltbereich. Ebenso wichtig ist die »horizontale« Diffusion von Pionierregelungen im Zeichen eines regulativen Wettbewerbs. Die Standards der OECD-Länder breiten sich zum Teil auch in Nicht-

Integration der Märkte – Konvergenz der Umweltpolitik

OECD-Ländern aus. Multinationale Konzerne wenden meist die Standards ihrer Heimatländer an, auch weil sie eine zunehmende Konvergenz der Umweltpolitik antizipieren. Deutlich unter dem OECD-Standard zu bleiben, kann heute auch ein ökonomisches Risiko sein. Selbst in wenig entwickelten Ländern wie Bangladesch werden nach einer Studie der Weltbank industrielle Neuanlagen erstaunlich oft mit einer Standardtechnik des Umweltschutzes errichtet, obwohl die bestehenden Umweltgesetze nur schwach vollzogen werden.[10] Die globale Umweltpolitik steckt noch in den Anfängen. Aber sie ist als Tendenz unübersehbar. Ihre strategische Entwicklung ist eine Aufgabe des 21. Jahrhunderts.[11]

Die strategische Entwicklung der globalen Umweltpolitik – eine Aufgabe des 21. Jahrhunderts.

Mit der Agenda 21 ist eine Entwicklung hin zur umweltpolitischen Steuerung des Weltmarktes eingeleitet worden. Ökologische Nachhaltigkeit als politische Strategie erhält damit eine entscheidende internationale Dimension. Insbesondere die Entwicklung eines internationalen Systems langfristiger Umweltziele verleiht Pionierländern wie Pionierunternehmen bessere Rahmenbedingungen und macht Zukunftsmärkte für umweltgerechtere Anlagen und Produkte besser kalkulierbar.

In der Tat bringt die ökonomische Globalisierung die Löhne und Finanzsysteme der reichen Länder unter starken Nivellierungsdruck nach unten. Erstaunlicherweise gilt dies aber nicht in gleicher Weise für den Umweltschutz. Das hat vor allem damit zu tun, daß dieser bereits eng mit dem technischen Fortschritt verkoppelt ist und Umweltbelange immer wieder – wenn auch keineswegs durchgängig – ein Aspekt von Wettbewerbsfähigkeit geworden sind. Zumindest bei den Gütermärkten sind es eher die hoch regulierten Märkte als die ökologischen Dumpingzonen, die das Tempo des globalen Umweltschutzes bestimmen. Und bei den Produktionsstandorten geht die internationale Angleichung der Verhältnisse so rasch vonstatten, daß gesicherte Verschmutzungszonen als Ausweichgebiet für die »dirty industries« eher ab- als zunehmen.

Dies ist nicht die frohe Botschaft einer Lösung der Umweltprobleme durch Globalisierung – in zentralen Problemfeldern war der Umweltschutz bisher selbst in den reichen Industrieländern nicht erfolgreich, und die ökonomische Globalisierung hat die Umweltprobleme natürlich erhöht. Es geht eher darum, daß ein strategischer Ansatz von Umweltpolitik die globale Ebene in besonderem Maße betrifft. Und zwar deshalb, weil hier Ressourcen erschlossen werden können, die der nationalstaatlichen Umweltpolitik zusätz-

Alles hängt davon ab, ob die Menschheit ihr Überleben sichern will.

liche Kapazität verschaffen. Nicht nur, daß nationale Vorreiter im Lichte global vereinbarter Umweltziele eine bessere Position erlangen, auch die Nachzügler werden mit globalen Einflußnahmen – der Politik, der Medien, der Umweltverbände – konfrontiert, die ihr Umweltverhalten stärker als früher bestimmen. Ob daraus eine nachhaltige Entwicklung für das 21. Jahrhundert wird, hängt von der Zielstrebigkeit ab, mit der die Menschheit ihr langfristiges Überleben zu sichern bereit ist.

Anmerkungen

1 Porter/van der Linde 1995.
2 Wallace 1995.
3 Ministry of Environment (Sweden) 1996.
4 Ministry of Environment (Korea) 1995.
5 Jänicke 1984.
6 Lampietti 1995.
7 Jänicke/Weidner 1997.
8 Marx/Engels 1966, S. 29f.
9 Jänicke/Weidner 1997.
10 Hettige u. a. 1996.
11 Simonis 1996.

Der Mensch

Paul Velsinger, Roger Lienenkamp

Die meisten globalen Umweltveränderungen, die derzeit die Menschheit mit Besorgnis erfüllen, sind direkte oder indirekte Folgen ihres eigenen Handelns. Der Mensch

- verbraucht nicht-erneuerbare Ressourcen wie Bodenschätze und fossile Brennstoffe,
- nutzt oder übernutzt erneuerbare Ressourcen wie Land, Wasser und Luft zur Nahrungsmittelerzeugung oder als alternative Energiequelle,
- emittiert Abgase und Abwärme als Nebenprodukte vielfältiger Produktions-, Verarbeitungs- und Verbrauchsprozesse und
- erzeugt erhebliche Mengen an Abfällen, die sich sowohl aus der Herstellung als auch dem Verbrauch von Gütern ergeben.

Die Rio-Deklaration stellt den Menschen ins Zentrum aller Belange für eine nachhaltige Entwicklung.

Trotz der zahlreichen umweltschädigenden Wirkungen menschlichen Handelns stellt der erste Grundsatz der Rio-Deklaration den Menschen in das Zentrum aller Belange für eine nachhaltige Entwicklung. Diese Festlegung wird vielfach als anthropozentrische Sichtweise kritisiert.[1] Dabei wird jedoch übersehen, daß nicht nur umweltpolitische Aspekte Gegenstand der Rio-Konferenz waren, sondern gleichermaßen über die drängenden globalen Entwicklungsprobleme im umweltpolitischen Kontext verhandelt wurde.

Mit der Konferenz war insbesondere die Absicht verbunden, Umwelt und menschliche Entwicklung, die auf die Nutzung und den Verbrauch natürlicher Ressourcen angewiesen ist, als zwei voneinander abhängige Variablen einer globalen nachhaltigen Entwicklung zu begreifen. Dieses Grundverständnis kommt in der Agenda 21 zum Ausdruck, die den Menschen zwar als zentralen Akteur globaler Entwicklungen ansieht, aber auch seine Abhängigkeit von der Umwelt und die Rückkopplungen globaler Umweltveränderungen auf seine Handlungsfähigkeit berücksichtigt.

Wie bei jedem Handeln lassen sich auch beim umweltbezogenen Handeln beabsichtigte und unbeabsichtigte Effekte unterscheiden. So wird beispielsweise gegenüber der vernünftigen Absicht der Ertragssteigerung durch den Einsatz von Pestiziden die Dezimierung und schließlich die Ausrottung bestimmter Arten als unbeabsichtigte Neben- oder Spätfolge angesehen. Auch die jetzt als potentiell bedrohlich erkannten globalen Umweltveränderungen sind teilweise unbeabsichtigte Effekte menschlichen Handelns, die deutlich erkennen lassen, daß kurzfristige Bedürfnisbefriedigung oftmals mit schwerwiegenden langfristigen Folgeerscheinungen verbunden ist. Neben diesen unbeabsichtigten Umweltveränderungen treten zunehmend aber auch solche in Erscheinung, die durch fahrlässiges oder bewußt schädigendes menschliches Handeln verursacht werden. Der Mensch ist zugleich Verursacher, Betroffener und potentieller Bewältiger globaler Umweltveränderungen.

Der Mensch ist zugleich Verursacher, Betroffener und potentieller Bewältiger globaler Umweltveränderungen.

Handlungszwänge versus Nachhaltigkeit

Die angeführten Umweltschädigungen in Umfang, Intensität oder Geschwindigkeit zu vermindern bzw. in eine zukunftsfähige Entwicklung zu überführen, impliziert eine Veränderung menschlichen Handelns. Diese wiederum hängt maßgeblich von den Alternativen ab, umweltschädigendes Verhalten zu vermeiden. In dieser Hinsicht deutet die Agenda 21 an, daß nicht für alle Menschen dieselben Voraussetzungen gelten, um an einer zukunftsfähigen Entwicklung konstruktiv mitwirken zu können. So bestehen zum einen Unterschiede zwischen Entwicklungs- und Industrieländern. Zum anderen stehen innerhalb einer Gesellschaft besonders relevante und tatkräftige Akteure (Behörden, NGOs, Wissenschaft und Technik) solchen Gesellschaftsgruppen gegenüber, die in besonderem Maße von globalen Umweltveränderungen betroffen sind (Kinder, Jugendliche, Frauen) und daher ihr gestalterisches Potential für eine nachhaltige Entwicklung kaum entfalten können.

Viele menschliche Aktivitäten, die im Zusammenhang mit Landnutzung, Erschließung von Bodenschätzen, Rohstoff- und Energieverbrauch, industriellem Wirtschaften oder Mobilität stehen, können dabei als unmittelbare Ursachen globaler Umweltveränderungen angesehen werden. Diesen liegen als treibende Kräfte unterschiedliche politische und ökonomische Strukturen, technologische Entwicklungen, individuelle Wahrnehmungen sowie regional unterschiedliche Bevölkerungsentwicklungen und -verteilungen zugrunde. Von der Vielzahl dieser Triebkräfte sollen im Rahmen dieses Beitrages die zuletzt genannten Bevölkerungsdeterminanten näher untersucht werden.

Bevölkerungswachstum, Armut und globale Umweltveränderungen

Zur Mitte des Jahres 1998 zählte die Weltbevölkerung 5,92 Milliarden Menschen.[2] Obwohl die Wachstumsrate mittlerweile auf 1,38 Prozent gesunken ist und auch weiterhin sinken wird (s. Tabelle), vermehrt sich die Zahl der Menschen im jährlichen Durchschnitt um mehr als 78 Millionen. Die Weltbevölkerung wächst also jährlich um die Bevölkerungszahl Deutschlands. Prognosen der Vereinten Nationen zufolge wird der jährliche Zuwachs wahrscheinlich bis zum Jahr 2010 auf diesem Niveau verbleiben.[3]

Die Weltbevölkerung wächst jährlich um die Bevölkerungszahl Deutschlands.

Jährliche Bevölkerungsentwicklung bis 2100 in Prozent

Jahr	Welt	Entwicklungsländer	Industrieländer
1990	+1,76	+2,08	+0,59
2010	+1,38	+1,64	+0,22
2030	+0,83	+0,95	+0,12
2050	+0,32	+0,39	-0,11
2070	-0,07	-0,07	-0,06
2100	-0,45	-0,53	+0,04

Quelle: IIASA, 1995.

Dauerte die Verdopplung der Weltbevölkerung von einer auf zwei Milliarden Menschen noch 123 Jahre, so folgen die nächsten Milliarden in immer kürzeren Zeitabständen von 33, 14 und schließlich 13 Jahren.[4] Am Ende des 20. Jahrhunderts wird die Weltbevölkerung die Sechs-Milliarden-Grenze überschreiten. Das Wachstum wird nahezu vollständig auf Asien, Afrika und Lateinamerika und zu mehr als der Hälfte davon wiederum auf Südasien und Afrika entfallen, wo sich viele der ärmsten Länder der Welt befinden. Die Kombination aus Armut und schnellem Bevölkerungswachstum gerade in den Entwicklungsländern hat zusätzlichen Druck auf die dortige Umwelt ausgelöst. Zu den Regionen, in denen Bevölkerungsdruck, Armut und Umweltzerstörung oft zusammenwirken, gehören beispielsweise die Tropenwälder, bewaldete Hochländer, trockene Gebiete und Küstenzonen mit Fischereiwirtschaft. Immer mehr Menschen sind gezwungen, die natürlichen Ressourcen schneller auszubeuten, als diese sich regenerieren können. Mindestens 70.000 Quadratkilometer Ackerland werden jedes Jahr wegen schlechter Bodenqualität aufgegeben, und weitere 200.000 Quadratkilometer büßen ihre landwirtschaftliche Produktivität praktisch restlos ein.[5] Schätzungsweise 45 Millionen Quadratkilometer oder ein Drittel der Erdoberfläche sind von Desertifikation bedroht.

In vielen Ländern übertrifft der Bevölkerungszuwachs die Steigerungsmöglichkeiten der Nahrungsmittelproduktion. Die notwendige Ausweitung bezieht immer mehr Anbauflächen mit geringerer Ertragskraft (Produktivität) ein und beeinträchtigt somit die Umwelt bzw. den Prozeß einer nachhaltigen Entwicklung.

Verstädterung, Wanderungen und globale Umweltveränderungen

In einer schon weitgehend städtisch geprägten Welt ist das Wachstum der Städte vermutlich der größte Einzelfaktor, der die Weltentwicklung in der ersten Hälfte des 21. Jahrhunderts beeinflussen wird. Heute leben bereits 2,6 Milliarden Menschen in Städten, davon 1,7 Milliarden in den Entwicklungsländern. Die Stadtbevölkerung wächst schneller als die Weltbevölkerung insgesamt, und schon in zehn Jahren wird über die Hälfte der Menschen in Städten leben. Die Zunahme der Stadtbevölkerung wird sich zum größten Teil in den Entwicklungsländern vollziehen. Bis zum Jahr 2015 werden mehr als drei Viertel der Stadtbewohner in Entwicklungsregionen beheimatet sein und bis 2025 fast vier Fünftel. Ein großer Teil dieses Wachstums wird in den ärmsten Ländern der Welt zu verzeichnen sein. Viele der neuen Stadtbewohner, insbesondere Frauen und Kinder, werden zu den ärmsten Menschen der Welt gehören.[6]

In zehn Jahren wird über die Hälfte der Menschen in Städten leben.

Da die notwendige Infrastruktur fehlt, sind Städte in Entwicklungsländern, die fünfmal so schnell wachsen wie die urbanen Strukturen der industrialisierten Welt, oftmals nicht in der Lage, öffentliche Einrichtungen und Dienstleistungen zur Verfügung zu stellen, die ihre schnell steigende Einwohnerzahl dringend benötigt.[7] Das Zusammentreffen von Bevölkerungsdruck und Armut mit unzureichender Infrastruktur und mangelnden Dienstleistungen in den Städten hat somit einen der gravierendsten Problemkomplexe der Gegenwart geschaffen, der durch spezifische Krankheits-, Abfall-, Abwasser-, Versiegelungs-, Gewalt-, Korruptionserscheinungen und lokalklimatische Belastungen (Smog, Wärmeinseln) gekennzeichnet ist. Derzeit sind jedoch keine Anzeichen in Sicht, die für eine Umkehrung des Verstädterungstrends sprächen. Im Gegenteil bestimmen Abwanderungen vom Land in die städtischen Zentren nach wie vor die Entwicklung, so daß sich bei fortschreitend schlechteren Lebensbedingungen dort der internationale Wanderungsdruck zwangsläufig erhöhen wird und dementsprechend auch die industrialisierte Welt mit dem Problem der räumlichen Bevölkerungskonzentration in den unterentwickelten Ländern konfrontiert wird.

Der demographische Druck, der zur grenzüberschreitenden Migration beiträgt, verstärkt sich aller Voraussicht nach weiterhin. Rund eine Million Menschen verlassen schon jetzt jährlich ihre Heimat, um in ein anderes Land zu gehen. Die grenzüberschreitende Migration ist im Augenblick statistisch zwar weniger gewichtig als die Landflucht, dennoch zieht auch sie weitreichende soziale und wirtschaftliche Folgen nach sich.

Rund eine Million Menschen verlassen jährlich ihre Heimat, um in ein anderes Land zu gehen.

Übernutzung der Umweltmedien und Schädigung der Biosphäre

Eine direkte Verbindung besteht jeweils zwischen wachsenden Bevölkerungen und dem Städtewachstum, zwischen der steigenden Nachfrage nach Wasser und der Abwasserhygiene, zwischen Energie- und Landreserven sowie zwischen der zunehmenden Luftverschmutzung und der ebenso zunehmenden Bedrohung der natürlichen Ökosysteme bzw. der Lebensräume vieler Tier- und Pflanzenarten. Dem auf diese Weise entstehenden Druck sind sowohl die Industrie- als auch die Entwicklungsländer ausgesetzt.[8]

Zwischen den meisten Mensch-Umwelt-Beziehungen bestehen komplexe Wechselwirkungen. Von besonderer Bedeutung sind in dieser Hinsicht solche Interaktionen, die einzelne umweltbezogene Handlungen des Menschen zu Teufelskreisen verketten. So führt der aus dem Bevölkerungswachstum resultierende erhöhte Produktionszwang über die vermehrte Nutzung der Naturressourcen zur Degradation von Böden, Ökosystemen und Landschaften und verschlechtert damit die Rahmenbedingungen der Agrarproduktion immer weiter. Unabhängig davon, ob die für menschliches Verhalten relevanten Determinanten als Zwang wirksam werden oder sich aus individuellen bzw. gesellschaftlichen Interessen ergeben, kann menschliches Handeln zu schwerwiegenden Schädigungen der Umwelt führen. Die Operationalisierung des Leitbildes einer nachhaltigen Entwicklung wird daher zunächst an den Verhaltensdeterminanten ansetzen müssen, um die »Teufelskreise nicht nachhaltiger Mensch-Umwelt-Interaktionen« dauerhaft zu unterbinden.

Voraussetzungen für nachhaltige Verhaltensformen

Die Agenda 21 verlangt eine allgemeine Stärkung des Umweltbewußtseins.

In den meisten internationalen Erklärungen und Konventionen zur Bewältigung globaler Umweltveränderungen wird eine allgemeine Stärkung des Umweltbewußtseins gefordert. Die Agenda 21 beispielsweise verlangt in ihrer Präambel ganz allgemein und in mehreren Kapiteln ganz konkret eine Förderung individueller und kollektiver Verhaltensweisen, die geeignet sind, den Prozeß einer nachhaltigen Entwicklung zu sichern. Die ehrgeizige Aufgabe einer umfassenden Vermeidung umweltschädigenden Verhaltens sowie der Förderung umweltgerechter Verhaltensweisen kann aber nur dann mit Aussicht auf Erfolg angegangen werden, wenn die Bürger eines Staates und der Staatengemeinschaft insgesamt den Fragen des Umweltschutzes hohe Priorität zumessen. Das wird jedoch durch folgende Tatbestände erschwert:

- Für viele Umweltzustände und -veränderungen hat der Mensch keine Sinnesorgane. Das Ozonloch sieht, hört und riecht man nicht.
- Nicht erfahrbar sind auch Veränderungen, die so minimal sind, daß sie unterhalb der Schwelle des eben merklichen Unterschieds liegen wie beispielsweise ein mittlerer Temperaturanstieg von einem halben Grad über mehrere Jahrzehnte. Auch Veränderungen, bei denen die zeitliche Distanz zwischen Umwelteingriff und Auftreten der Effekte sehr groß ist, sind schwer identifizierbar.

- Zum Problem der zeitlichen Distanz kommt das der räumlichen Distanz zwischen Verursachern und Betroffenen von Umweltveränderungen hinzu, wenn beispielsweise im industrialisierten Norden Raubbau an der Natur betrieben wird und Menschen in den Entwicklungsländern unter den Konsequenzen dieser Umwelteingriffe zu leiden haben.[9]
- Nicht nur in Deutschland sind darüber hinaus vor allem regionale Unterschiede im Umweltbewußtsein festzustellen, die eine auf gesellschaftlicher Übereinstimmung basierende Umwelt- und Entwicklungspolitik erschweren. Bei den Westdeutschen stehen das Ozonloch und die Luftverschmutzung im Vordergrund; die Ostdeutschen hingegen fürchten vorrangig Abfallprobleme.[10]

Es wächst somit die Einsicht, daß zunehmend Maßnahmen der Umweltbildung ergriffen werden müssen, um ein annähernd einheitliches Bewußtsein für Mensch-Umwelt-Interaktionen zu schaffen. Auf dieser Grundlage gilt es, den Menschen als Teil der Gesellschaft für die Bewältigung nachhaltiger Entwicklungsprozesse zu befähigen.

Verhaltensänderung durch Umweltbildung

Globale Umweltveränderungen müssen als komplexe Prozesse verstanden werden.

Handlungsfähigkeit und Handlungsbereitschaft zu erzeugen, bedeutet zunächst, globale Umweltveränderungen als komplexe Prozesse verstehen zu lernen. Weder in den Naturwissenschaften noch in den Gesellschaftswissenschaften sind sie aus der Perspektive und auf den theoretischen und methodischen Grundlagen nur einer einzigen Disziplin zu analysieren. Der Appell, in vernetzten Systemen zu denken, richtet sich aber nicht nur an die Wissenschaft. Auch alle Akteure auf staatlicher oder privater Ebene müssen lernen, Wechsel-, Neben- oder Spätwirkungen der umweltbezogenen Handlungen von vornherein ins Kalkül zu ziehen.

Die Agenda 21 verfolgt in diesem Zusammenhang eine Neuausrichtung der Bildung auf eine nachhaltige Entwicklung und weist der Umweltbildung einen wichtigen Stellenwert in der Diskussion um die inhaltliche Ausfüllung eines Konzeptes der nachhaltigen Entwicklung zu. Sowohl auf nationaler als auch auf internationaler Ebene ist ein erhebliches Defizit an Maßnahmen der Umweltbildung zu beklagen. Eine kritische Bestandsaufnahme der staatlichen Umweltbildungsaktivitäten in Deutschland findet sich im Gutachten des Rates von Sachverständigen für Umweltfragen aus dem Jahr 1994. In Deutschland setzen sich danach zwar die seit langem für die Umweltbildung geforderten didaktischen Kriterien im schulischen Bereich durch: Lehrerinnen und Lehrer sind in zunehmendem Maße bereit, grundlegende Standards angemessener Umweltbildung zu akzeptieren und umzusetzen. Das Grundproblem der Umweltbildung hierzulande ist jedoch nach wie vor, daß sie Kinder dazu bewegen möchte, gerade solche Einstellungen zu übernehmen, die in krassem Gegensatz zu dem stehen, was ihnen von der modernen Konsumgesellschaft vorgelebt wird.[11]

Die moderne Konsumgesellschaft steht im krassen Gegensatz zu den Einstellungen, die durch Umweltbildung vermittelt werden sollen.

Zumindest im Bereich der schulischen Bildung werden bestimmte gesellschaftliche Strukturen wie ein institutionalisiertes Bildungssystem sowie soziokulturelle Strukturen, die Bildungsziele begründen, vorausgesetzt. Mit einem solchen eurozentrischen Bildungsverständnis können Erziehungsprozesse – insbesondere in den Entwicklungsländern – aber nur schwer analysiert werden. Umweltbildung in den Entwicklungsländern hat nur dann eine Chance, wenn sie in eine ökologisch orientierte Grundbildung integriert wird, die zudem allen Kindern zugänglich sein muß. Diese Voraussetzung wird sich unter den treibenden Kräften eines anhaltenden Bevölkerungswachstums allerdings nicht erfüllen lassen. Es müssen demnach vor allen Dingen auch Maßnahmen zur Eindämmung des raschen Bevölkerungswachstums ergriffen und institutionalisiert werden, wie sie z. B. im Aktionsprogramm der UN-Konferenz für Bevölkerung und Entwicklung 1994 gefordert werden.

Nachhaltige Stabilisierung der Bevölkerungsentwicklung

Das Aktionsprogramm trägt der entscheidenden Bedeutung Rechnung, die eine baldige Stabilisierung des Bevölkerungswachstums für eine nachhaltige Entwicklung hat. Dabei geht es von der Annahme aus, daß eine solche Stabilisierung allein durch die Beachtung der individuellen Bedürfnisse der Menschen sowie eine umfassende und gleichberechtigte Beteiligung der Frauen am Entwicklungsprozeß erreicht werden kann.[12] Inhaltlich erweitert das Aktionsprogramm seinen Blickwinkel auf einen umfassenden Ansatz, der Familienplanung in die reproduktive Gesundheit integriert.

Mehr als 95 Prozent der Bevölkerung der Entwicklungsländer leben in Staaten, die Familienplanungsprogramme direkt unterstützen. Durch die Konzentration einiger Programme auf die Reduzierung der Fertilität hat sich jedoch deren ursprünglicher Charakter verändert und die Qualität der angebotenen Dienste hat nachgelassen. Die Erfahrung lehrt, daß nicht nur Familienplanungskonzepte am wirkungsvollsten sind, wenn sie Teil breitangelegter Programme mit ähnlicher Zielsetzung sind oder eng mit diesen kooperieren.

Umsetzung einer nachhaltigen Entwicklung

Für den globalen Wandel relevantes Verhalten wird auf verschiedenen Ebenen der Gesellschaft praktiziert – vom Individuum über die Familie, den Betrieb und die Kommune bis hin zu nationalen und internationalen Organisationen. Individuen und Gruppen handeln dabei immer in räumlich wie zeitlich konkreten, lokalen Kontexten und werden von diesen beeinflußt. Dies gilt für die Verursachung von Problemen des globalen Wandels genauso wie für deren Bewältigung. Deshalb sind lokale und regionale Initiativen für die Verwirklichung einer nachhaltigen Entwicklung unabdingbar.

Die Agenda 21 betont die Bedeutung einzelner gesellschaftlicher Gruppen für eine nachhaltige Entwicklung. Sie fordert die Städte und Gemeinden dazu auf, mit ihren Bürgern in einen Dialog einzutreten, um einen Konsens über die Aufstellung einer spezifischen »Lokalen Agenda 21« herbeizuführen (Kapitel 28). Hierdurch gewinnt das Schlagwort »Global denken und lokal handeln« Konturen.[13]

In den meisten Städten und Gemeinden Deutschlands existieren ökologische, soziale und nord-süd-politische Initiativen und Bündnisse, die ihre Erfahrung und Kompetenz in den Lokale-Agenda-21-Prozeß einbringen. Viele dieser Initiativen haben sich bereits vor der Rio-Konferenz zusammengeschlossen, etwa unter der Ägide von »Towns & Development«, einem internationalen Netzwerk kommunaler Regierungen und NGOs. Die Lokale Agenda 21 bietet den Bürgern zahllose Möglichkeiten, aktiv zu werden. Die Schwerpunkte hängen dabei von der sozialen und ökologischen Situation vor Ort ab. Beispielhaft seien folgende Ansatzpunkte angeführt:

Die Lokale Agenda 21 bietet den Bürgern zahllose Möglichkeiten, aktiv zu werden.

- die Vorstellung und Beratung der Agenda 21, der Charta von Berlin und der Charta von Aalborg in den Kommunalparlamenten,
- die Unterstützung kleiner Erzeuger-Verbraucher-Kreisläufe (z. B. durch Verwendung ökologisch angebauter landwirtschaftlicher Produkte aus der Region in öffentlichen Großküchen),
- die Einbeziehung von Unternehmen des öffentlichen Personennahverkehrs und Unterstützung von Car-Sharing unter anderem durch die Bereitstellung öffentlicher Flächen,
- die Überprüfung und Diskussion der Verkehrskonzeption, der Wassernutzung und der Abfallregelung in Hinsicht auf ihre lokale und globale Verträglichkeit sowie
- die Durchführung von Umwelt- und Entwicklungstagen zu bestimmten Themenschwerpunkten wie Handel und Migration.[14]

Verschiedene Umfragen zum Stand der Umsetzung der Lokalen Agenda 21 zeigen, daß seit dem zweiten Halbjahr 1996 ein wahres Gründungsfieber ausgebrochen ist.[15] Sie zeigen aber auch, daß es teilweise problematisch ist, neue Ansätze und innovative Ideen in vorhandene Strukturen zu implementieren. Insofern muß die Aufstellung einer Lokalen Agenda 21 als Lernprozeß für alle Beteiligten gesehen werden, in dessen Verlauf auch die bestehenden Strukturen den neuen Erfordernissen angepaßt werden müssen.[16] Angesichts der drängenden Umwelt- und Entwicklungsprobleme dieser Erde müssen Lernprozesse und nachhaltiges Handeln ineinandergreifen. Für das Verhältnis von Mensch und nachhaltiger Entwicklung bedeutet dies, einen Weg des »learning by doing« zu gehen.

Lernprozesse und nachhaltiges Handeln müssen ineinandergreifen.

Anmerkungen

1 Gettkant 1993.
2 UNFPA 1998.
3 UNFPA 1995.
4 UNFPA 1996.
5 SEF 1993.
6 UNFPA 1996.
7 Sadik 1993.
8 UNFPA 1994.

9 Pawlik 1991.
10 IPOS 1993.
11 SRU 1994.
12 UNFPA 1995.
13 FUE 1996.
15 De Haan 1996.
16 Stark 1997.

Menschliche Grundbedürfnisse

Günter Altner

Das Recht auf körperliche Unversehrtheit, auf hinreichende Ernährung, auf Freiheit und die Menschenrechte insgesamt stehen zur Diskussion.

Die Perspektive der menschlichen Grundbedürfnisse *(basic needs)* ist eine integrale Perspektive, bei der Aspekte von Technik-, Infrastruktur- und Stadtentwicklung ebenso Berücksichtigung finden müssen wie die fundamentalen Qualitäten Arbeit, Umwelt, soziale Kommunikation, Wirtschaft und politische Ordnung. Bei den Grundbedürfnissen geht es um Bedürfnisse der Individuen in den Gesellschaften der Erde unter der Voraussetzung aktueller Entwicklungen und Umbrüche. Die Frage nach den *basic needs* hat im Horizont entwicklungspolitischer und ökologischer Probleme seit den 60er Jahren immer wieder neue Variationen erfahren. Dabei stehen nicht zuletzt das Recht auf körperliche Unversehrtheit, auf hinreichende Ernährung, auf Freiheit und insgesamt die Menschenrechte zur Diskussion, wie sie unter anderem in der Verfassung der Bundesrepublik Deutschland verankert sind.

Wir leben jedoch in einer Welt, in der im Kontext weitgreifender Krisenentwicklungen allein 150 Millionen Menschen aus Umweltgründen auf der Flucht sind. Sehr zu Recht schreibt Egon Becker:

> »Die Menschen in der Dritten Welt machen ihre Erfahrungen, während sie die Gefährdungen wahrnehmen, auf Bedrohungen reagieren, während sie ihr tägliches Leben und Überleben zu sichern versuchen. ... Die Differenzen zwischen ethnischen Gruppen innerhalb sozialer Hierarchien, zwischen den Generationen und Geschlechtern sind darin repräsentiert und legen den jeweiligen Modus fest, über den sich Erlebnisse in Erfahrungen transformieren – bei Indern anders als bei Mexikanern, bei Reichen anders als bei Armen, bei Bauern anders als bei Handwerkern, bei Männern anders als bei Frauen, bei Alten anders als bei Jungen.«[1]

Das Thema der Grundbedürfnisse entzieht sich nicht zuletzt deshalb einer generellen Behandlung, weil damit über die konkreten Nöte der Menschen vor Ort unter Berücksichtigung ihres jeweiligen Standes von Wirtschaft, Kultur und Umwelt hinweggesehen würde.

Und bei Kennzeichnung dessen, was in den einzelnen Ländern als Grundbedürfnis angesehen wird, gehen die Erwartungen weit auseinander. Es wäre gänzlich verfehlt, eine von europäischen Erfahrungen ausgehende Gesamtperspektive zu entwickeln und sie anderen Kulturen und Gesellschaften als Programm – wenn auch variiert – einfach »aufstülpen« zu wollen. Das wäre die übliche eurozentristische Bevormundung, ganz abgesehen davon, daß es in den westlichen Industriestaaten innergesellschaftlich so tiefgreifende soziale Verwerfungen gibt, daß nicht die Rede davon sein kann, daß hier die Grundbedürfnisse hinreichend und angemessen gewährleistet seien.

Auch in den westlichen Industriestaaten kann von einer Gewährleistung der Grundbedürfnisse nicht die Rede sein.

Um eine angemessene Gesamtdarstellung zu bewerkstelligen, erscheinen zwei Annäherungen geboten. Auf der einen Seite ginge es darum, die gegenwärtigen Entwicklungen und die damit in Zusammenhang stehenden Zwänge zu kennzeichnen, die heute zum Überfluß der einen auf Kosten der anderen führen. Zum anderen käme es darauf an, Ausgleichsmodelle im Sinne einer umfassenden Nachhaltigkeit zu diskutieren, die es möglich machen, die Grundbedürfnisse in allen Teilen der Welt zu garantieren.

Zur Grundversorgung gehört primär das, was durch das irdische Ökosystem als Fundament menschlicher Existenz in der Gestalt biosphärischer Stoffwechselleistungen der menschlichen Gesellschaft zur Verfügung steht: Der Hauptrohstoff der Biomasseproduktion ist der Kohlenstoff. Bisher wurden durch die Biosphäre rund 5×10^{19} Tonnen Kohlenstoff umgesetzt. Das ist das 800.000fache des Kohlenstoffgehalts der Biosphäre und das 600fache des gesamten Kohlenstoffgehalts der Erdkruste. Dies bedeutet, daß der gesamte Kohlenstoff unseres Körpers, unserer Nahrung, des Kohlendioxids der Luft und des Karbongesteins in Kalksteinen im statistischen Mittel schon rund 600mal Rohstoff, Biomasse und Abfall im Produktionsprozeß des Lebens war. Und nirgends haben sich gefährlicher Giftmüll und lebensfeindliche Deponien von Abfällen gebildet.

Zum Atmen verbrauchte das Leben bisher rund 10^{20} Tonnen Sauerstoff. Dies bedeutet, daß der gesamte Sauerstoff der Atmosphäre einschließlich des Sauerstoffs in den Ozeanen bisher schon rund 60mal von der »Fabrik des Lebens« benutzt, in Biomasse eingebaut und wieder ausgeatmet und erneuert wurde.

Fundamental für das menschliche Leben ist auch das Wasser. Die Biosphäre verwendete bisher rund 10^{23} Tonnen als Lösungs- und

Produktionsmittel in Lebewesen. Die gesamte Wassermenge auf der Erde beträgt 1,7 x 10^{18} Tonnen (97 Prozent davon befinden sich in Meeren und Ozeanen). Dies bedeutet, daß das gesamte Wasser unseres Planeten bisher schon rund 50.000mal von Lebewesen aufgenommen und wieder ausgeschieden wurde, ohne seine natürliche Qualität zu verlieren.

Eine solche Gesamtsicht ist insofern eine wenig hilfreiche Abstraktion, als in den zurückliegenden Jahrzehnten durch den technisch-industriellen Fortschritt eben in diesen fundamentalen Umweltmedien schwerwiegende Störungen bewirkt wurden, was sich nicht zuletzt in den aktuellen Bilanzen niederschlägt: Jeden Tag verhungern 100.000 Menschen, sterben 100 Tier- und Pflanzenarten aus, werden 86 Millionen Tonnen Erdreich abgeschwemmt, werden 55.000 Hektar Tropenwald abgeholzt, werden 100 Millionen Tonnen Treibhausgase in die Luft geblasen, dehnen sich die Wüsten um 20.000 Hektar aus ....[2]

Basisbewegungen in Entwicklungsländern beanspruchen menschliche Würde, kulturelle Identität und demokratische Partizipation als Grundbedürfnisse.

Unter dem Druck solcher Zerstörungen wurde das Konzept Grundbedürfnisse in vielen Entwicklungsländern von Basisbewegungen aufgegriffen, mit dem Anspruch von menschlicher Würde, kultureller Identität und demokratischer Partizipation verbunden und in den Ruf nach Agrarreformen, Menschenrechten und Demokratisierung umgesetzt. Das Programm blieb sehr bald im Widerstand nationaler Eliten, internationaler Entwicklungsagenturen und der Exportindustrie der reichen Länder hängen. Zutreffend bemerkte Gerald Braun dazu: »Trotz konzeptioneller Neuerungen ist der Grundbedürfnisansatz bislang noch immer Messung ohne Theorie. Der basic-need-Ansatz blendet die internationale Dimension der Unterentwicklung, ungleiche Austauschverhältnisse, Auslandsverschuldung, EG-Agrar-Protektionismus aus.«[3]

Die Voraussetzung für eine wirkliche Neuorientierung steht und fällt mit der Erkenntnis, daß wir uns – menschheitlich – mit dem gängigen Wachstumsmodell in einer tiefen Strukturkrise befinden und den bisherigen Weg nicht fortsetzen können. Rolf Kreibich hat die Aufgabe, vor die sich Wissenschaft und Technologie gestellt sehen müssen, so umschrieben:

»Einerseits müssen wir die Entfaltung von Wissenschaft und Technik forcieren, weil ein Leben und Überleben unserer Zivilisation ohne diese innovative Denk- und Handlungsmethode schlichtweg nicht vorstellbar und unsere Existenz und Weiterentwicklung über Generationen in vielfältiger Weise mit der Nutzung von Wissenschaft und Technik vorprogrammiert ist.

Andererseits stehen wir vor der Notwendigkeit ihrer unbedingten Beherrschung, weil alle Erkenntnisse und bekannten Wahrscheinlichkeiten negativer sozialer und ökologischer Folgewirkungen der wirtschaftlichen und militärischen Techniknutzung dafür sprechen, daß wir uns ohne Umsteuerung in die Katastrophe manövrieren.«[4]

Blickt man auf die Diskussionen des letzten Jahrhunderts zurück, so kann man sagen, daß diese Herausforderung zumindest in Ansätzen angenommen worden ist. Die Auseinandersetzung um die Wachstumsgrenzen und speziell um die Belastungsgrenzen von Natur- und Sozialsystemen hat dazu geführt, daß Kriterien für sozial- und naturverträgliche Technologien und darauf basierende Produktionsverfahren erprobt wurden, angeleitet durch die Perspektive der Nachhaltigkeit, die durch den Brundtland-Bericht wieder ins Bewußtsein der Verantwortlichen gerufen wurde. In diesem Rahmen ist auch das alte Programm der Grundbedürfnisse neu zu deklinieren.

Es gibt zahlreiche Indizien dafür, daß sich die Perspektiven der Nachhaltigkeit im Denken problembewußter Gruppen (Öko-Initiativen, Dritte-Welt-Gruppen, Wissenschaftsinitiativen, Nichtregierungsorganisationen/NGOs etc.), aber auch in der nationalen wie internationalen Politik – hier zumindest verbal – durchzusetzen beginnen. Mit dem Erdgipfel von 1992 in Rio de Janeiro war ein Anfang gemacht, der sich über mehr oder weniger erfolgreiche internationale Konferenzen (z.B. Klimakonferenz in Berlin 1994, in Genf 1996, in Tokio 1997) bis heute fortsetzt. Ebenso stellt die internationale Biodiversitäts-Konvention von 1992/93 einen markanten Schritt in dieser Richtung dar.

Es darf nicht übersehen werden, daß das Konzept der Nachhaltigkeit keine direkte Lösungsperspektive beinhaltet. Es problematisiert die ungehemmte und immer schneller laufende Ausbeutung der irdischen Natur auf Kosten kommender Generationen und heute benachteiligter Entwicklungsländer. Das Konzept der Nachhaltigkeit verpflichtet ferner das Mensch-Natur-Ausbeutungsgefälle auf symbiotische Koproduktion. Es ist mit Recht vom Standpunkt radikalökologischer Kritik darauf hingewiesen worden, daß das Prinzip der Nachhaltigkeit seit der Konferenz von Rio 1992 zwar bewußtseinsfördernd gewirkt habe, in der Realität aber die bestehenden wirtschaftlichen Verhältnisse weitgehend unverändert gelassen habe. Bemängelt wird dabei vor allem, daß die konkrete Umsetzung der in Rio aufgestellten Leitlinien nicht ausreichend

Das Konzept der Nachhaltigkeit verpflichtet das Mensch-Natur-Ausbeutungsgefälle auf symbiotische Koproduktion.

sichergestellt sei. Außerdem gingen die Forderungen der Agenda 21 nicht weit genug, was letztlich nur dazu führe, die Programme der NGOs zu entradikalisieren.[5]

Die Lokale Agenda hat intensive Konsultationsprozesse zwischen Bürgern, Initiativgruppen und Kommunalverwaltungen ausgelöst.

Die hier beklagten Defizite lassen sich am Ablauf der Weltklima-Konferenzen (Berlin, Genf, Tokio) sehr deutlich aufzeigen. Aber auch die Tatsache, daß das vielgepriesene Biodiversitätsabkommen bis heute ohne genaue Ausführungsbestimmungen blieb, spricht eine deutliche Sprache. Letztlich ist nur das Kapitel 28 der Agenda 21 ein Ausnahmefall geblieben. Gemäß den dort gegebenen Empfehlungen ist es in vielen Städten der Welt zu intensiven Konsultationsprozessen zwischen Bürgern, Initiativgruppen und Kommunalverwaltungen gekommen. Und es wurde auch ein internationaler Austausch zwischen den Städten eingeleitet. Dies macht die »Lokale Agenda« um so mehr zu einem wichtigen Mittel, um Diskussionsprozesse anzustoßen, die unter dem Druck von bestimmten Interessen gemeinhin unterbleiben oder umgebogen werden. Die inzwischen an vielen Orten in Gang gekommenen Diskussionen geben ein konkretes Beispiel dafür, wie über die Stillung von Grundbedürfnissen lokal und regional Erkenntnisse und Fortschritte erreicht werden können. Aus der Fülle der Aspekte seien hier nur die wichtigsten Programmpunkte hervorgehoben: Umwelt, Energie und Abfall; Verwaltungsorganisation; Stadtentwicklung; Stadtplanung; Verkehrsplanung; Partizipationsprojekte; internationaler Austausch und Kooperation mit Städten der Dritten Welt; Kinder- und Jugendarbeit; Öffentlichkeitsarbeit; Gesundheitsvorsorge; sparsamer Umgang mit Ressourcen.

Wie leicht sich der Aspekt der Grundbedürfnisse unter Wirtschafts- und Kapitalinteressen beugen läßt, wird an der Frage der Weltenergieversorgung deutlich. Der Weltenergierat hat 1995 in seiner Erklärung von Tokio von zwei Herausforderungen gesprochen:

»Die erste Herausforderung besteht darin, jetzt mit Nachdruck und Entschlossenheit auf das Elend von zwei Milliarden Menschen in Niedriglohn-Entwicklungsländern sowohl in den Städten als auch auf dem Land zu reagieren, die weder Elektrizität noch sonst einen entsprechenden Zugang zu anderer kommerzieller Energie haben. Folglich haben sie keine realistische Aussicht, den Teufelskreis der Armut zu durchbrechen und erste Schritte zu einer positiven Entwicklung, höherem Lebensstandard und zur Beseitigung schwerwiegender Umweltschäden zu tun. Die zweite Herausforderung besteht darin, einen Weg zu einer nachhaltigen Entwicklung zu finden. Wenn man diesen Weg beschreitet, muß man erstens die Unabwendbarkeit des Bevölkerungswachstums (von heute 5,8 Milliarden auf wahrscheinlich zehn Milliarden bis 2050) erkennen sowie das unbedingte Erfordernis einer wirtschaftlichen Entwicklung, die allen Menschen eine annehmbare Lebensqualität gewährt, und sich zweitens klar und deutlich mit den Auswirkungen der wirtschaftlichen Entwicklung auf unsere Umwelt auseinandersetzen.«[6]

Die Bemühungen um die Weltenergieversorgung stehen heute vor zwei großen Aufgaben. Es geht einmal um die Versorgungssicherheit nicht zuletzt der Menschen in den Niedriglohn-Entwicklungsländern. Und es geht andererseits um die Entschärfung der Klimakrise. Die Enquête-Kommission »Schutz der Erdatmosphäre« hat dazu unter besonderer Berücksichtigung des CO_2-Problems ein differenziertes Konzept für Reduktionsziele beim CO_2-Ausstoß vorgeschlagen.

Versorgungssicherheit und die Entschärfung der Klimakrise sind die zentralen Aufgaben.

Mit diesem Konzept kommt die Frage nach den Grundbedürfnissen noch einmal in einer sehr vielschichtigen Weise zum Vorschein. Man kann das Problem in drei Punkten zusammenfassen:

- Den Schwellen- und Entwicklungsländern ist bei der Energieversorgung und damit auch beim CO_2-Ausstoß ein Nachholbedarf zuzugestehen. Aber was bedeutet in diesem Zusammenhang Befriedigung der Grundbedürfnisse? Ist hier die Angleichung an westliche Konsumstandards gemeint? Oder sind Grundbedürfnisse unter der Voraussetzung des Nachhaltigkeitsprinzips für alle Energieverbraucher in der Welt neu (mehr Effizienz und mehr Suffizienz) zu definieren? Nicht nur die Höhe, auch die Qualität der Bedürfnisse steht zur Diskussion.
- Bei den Veranschlagungen zur Weltenergieversorgung wird von einem Anwachsen der Weltbevölkerung auf zehn Milliarden Menschen bis zum Jahr 2050 ausgegangen. Diese Zahl stellt eine Herausforderung für eine umsichtige und konsequente internationale Bevölkerungspolitik dar. Auf jeden Fall wäre die Frage nach den Grundbedürfnissen unangemessen beantwortet, wenn der Einsatz von Technik zur Versorgung mit Energie unter Ausklammerung der Verpflichtung zur Bevölkerungskontrolle diskutiert würde.
- Energieversorgung und Klimastabilität hängen in Zukunft vom Einsatz rationeller Energienutzung und erneuerbarer Energien ab. An dieser Stelle sind industrielle und wirtschaftliche Interessen über den Kopf der zu Versorgenden hinweg mit im Spiel.

Dementsprechend gehen die Schätzungen des zukünftigen Weltenergieverbrauches weit auseinander. Sie reichen von 5,6 Milliarden Tonnen SKE bis zu 38 Milliarden Tonnen SKE. Und je nach Standpunkt wird die Kernenergie als Menschheitsretter eingeführt.

Die Frage der Grundbedürfnisse ist für die Gestaltung der zukünftigen Industriepolitik fundamental.

Die Frage der Definition der Grundbedürfnisse ist also für die Gestaltung der zukünftigen Industriepolitik fundamental. Ohne entsprechende Formen der Mitbestimmung durch die betroffenen Bevölkerungen kann diese Frage nicht entschieden werden, ungeachtet der zusätzlichen Notwendigkeit einer internationalen Abstimmung. Das gilt für alle Nutzungs- und Verbrauchsbereiche. Damit ist noch einmal die Bedeutung von Vor-Ort-Erfahrungen, regionalen und internationalen Initiativen und von NGO-Aktivitäten unterstrichen. Es wäre aberwitzig, darauf zu hoffen, daß sich die Initiativen zur Gewährleistung von Grundbedürfnissen vor Ort in den Entwicklungs- und Schwellenländern eines Tages mit den Netzwerken in den Industriestaaten zu einer neuen weltumgreifenden Kultur verbinden würden. Das kann schon deshalb nicht erwartet werden, weil bei der gegenwärtigen Tendenz zur Globalisierung der Marktwirtschaft das westliche Modell der kurzfristigen Gewinnkumulierung Schule machen wird. Das dürfte die hier geschilderten Versuche in die Subkultur abdrängen, es sei denn, es gelänge, die unter dem Vorzeichen der Nachhaltigkeit diskutierte ökologische und soziale Verträglichkeit zur Rahmenbedingung für den Weltmarkt zu machen. Ernst Ulrich von Weizsäcker hat die Mindesterwartungen genannt, die an eine solche Entwicklungsstrategie geknüpft werden müßten:

»1. Globale demokratische Politikgestaltung
2. Internationalisierung von Sozial- und Umweltpolitik
3. Regulierung der internationalen Finanzmärkte
4. Verbesserung der nationalen Wettbewerbsfähigkeit
5. Sicherung weltmarktunabhängiger Lebensbereiche
6. Abbau von schädlichen Subventionen und Marktverzerrungen
7. Aufklärung und Ermutigung«[7]

Insofern sei die aufgestellte These noch einmal nachdrücklich betont: Die weltweite Gewährleistung von Grundbedürfnissen in der ökologischen Krise steht und fällt mit einer internationalen Politik der Verständigung über die Kriterien der Nachhaltigkeit als Voraussetzung gemeinsamen Handelns zwischen den Staaten und Kulturen.

Anmerkungen

1 Becker 1991, S. 20.
2 Vgl. dazu Altner 1997, S. 254.
3 Braun 1991, S. 15.
4 Kreibich 1996, S. 31.
5 Institut für Ökologie 1998, S. 16, 20.
6 Zit. Arbeitskreis Evangelischer Unternehmer 1997, S. 42f.
7 Thierse/v. Weizsäcker 1997.

Gesundheit

Susanne Moebus, Rainer Fehr

»Gesundheit ist ein grundsätzliches Menschenrecht und wesentlich für die gesellschaftliche und wirtschaftliche Entwicklung.«
Jakarta-Erklärung zur Gesundheitsförderung im 21. Jahrhundert (1997)

In den hochentwickelten Ländern ist seit Anfang des Jahrhunderts die mittlere Lebensdauer um 30 Jahre gestiegen.

Im Laufe des 20. Jahrhunderts haben sozioökonomische und technologische Entwicklungen tiefgreifende und beeindruckende Veränderungen der menschlichen Gesundheit bewirkt. Im Kampf gegen Krankheit, Seuchen und Tod wurden enorme Erfolge erzielt, die sich günstig auf Lebenserwartung und Lebensqualität ausgewirkt haben. In den hochentwickelten Ländern ist im Vergleich zum Anfang des Jahrhunderts der Anstieg der mittleren Lebensdauer um 30 Jahre – vor allem bedingt durch den dramatischen Rückgang der Säuglingssterblichkeit – eine der bemerkenswertesten Entwicklungen. Daneben führt der hohe technisch-medizinische Entwicklungsstand zu Leidensminderung und vermittelt ein nicht zu unterschätzendes Gefühl von Behandlungssicherheit.

Jedoch haben nicht alle Menschen von diesen Entwicklungen profitiert, vor allem nicht jene in den Entwicklungsländern. Offenkundig ist auch, daß viele Gesundheitsprobleme noch fortbestehen und neue hinzukommen. In den entwickelten Industriegesellschaften hat eine Verlagerung des Krankheitsgeschehens von den akuten, epidemischen Infektionskrankheiten zu den chronisch-degenerativen Krankheiten stattgefunden, die vielen Menschen zu schaffen machen. Chronische Erkrankungen haben in der Regel viele Ursachen, sind unheilbar und häufig invalidisierend. Immer deutlicher wird, daß die bislang so erfolgreiche naturwissenschaftlich-technisch ausgerichtete Medizin hier an ihre Grenzen stößt. Neue Gesundheitsgefahren und -schädigungen lassen sich mit den bisherigen Wahrnehmungsmustern nicht mehr ausreichend erfassen und auch mit den bisherigen Therapieschemata nicht mehr bewältigen. Zunehmend rücken Ansätze in den Mittelpunkt, die die sozialen Lebensumstände ebenso wie die natürliche und die von Menschenhand gestaltete Umwelt einbeziehen.

Die Notwendigkeit, Gesundheitsbelange mit Umweltbedingungen und Entwicklungsmöglichkeiten integrativ zu verknüpfen, wurde auf internationaler Bühne erstmalig 1972 auf der Konferenz der Vereinten Nationen über die Umwelt des Menschen in Stockholm anerkannt. Seither kamen eine Reihe weltweit vereinbarter Programme, Resolutionen und Konventionen auf den Weg, die Zielvorgaben entwerfen und Strategien beschreiben, um den Herausforderungen einer nachhaltigen Entwicklung zu begegnen. Zunehmend hat sich dabei die Auffassung durchgesetzt, daß die menschliche Gesundheit ein vieldimensionales, dynamisches und in seiner Gesamtheit kaum greifbares Geschehen ist, das mit der Triade von Ökonomie, Ökologie und Sozialem verwoben ist.

Alle Menschen haben das Recht auf ein gesundes und produktives Leben im Einklang mit der Natur.

In der Diskussion um Nachhaltigkeit wurde Gesundheit folgerichtig als ein zentrales Anliegen erkannt. Im Grundsatz 1 der Rio-Deklaration wird allen Menschen das Recht auf ein gesundes und produktives Leben im Einklang mit der Natur zugesprochen. Gesundheit ist daher ein Kernbestandteil der Agenda 21. Sie wird an vielen Stellen thematisiert, vor allem in Kapitel 6. Hier wird die enge Verknüpfung von Gesundheit, Umweltbedingungen und Entwicklungsmöglichkeiten hervorgehoben, die eine zukunftsfähige Entwicklung und eine gesunde Bevölkerung wechselseitig bedingen. Fazit: Entwicklungsdefizite, aber auch viele Entwicklungsmaßnahmen erzeugen oder verschärfen Gesundheitsprobleme.

Auf der internationalen Bühne sind die Vorgaben der Agenda 21 zu Gesundheitsthemen eng mit den Zielen der Weltgesundheitsorganisation WHO verbunden. Als Reaktion auf die Agenda 21 verabschiedete die WHO 1993 das Programm »Global Strategy for Health and Environment« als einen Arbeitsrahmen, um die in der Agenda 21 vereinbarten Ziele zu erfüllen. Dabei wurden Grundsätze und Strategien berücksichtigt, die bereits von internationalen und nationalen Konferenzen zu dieser Thematik festgeschrieben waren, z. B. die Europäische Charta Umwelt und Gesundheit sowie die Ottawa-Charta zur Gesundheitsförderung. Für die Expo 2000 betreut die WHO als externe Projektleitung den Themenbereich Gesundheit.

Auf der europäischen Ebene wurde in Helsinki 1994 von den

europäischen Umwelt- und GesundheitsministerInnen der Aktionsplan »Umwelt und Gesundheit« beschlossen, der ausdrücklich an die Rio-Konferenz und die Agenda 21 anknüpft. Hier haben sich die beteiligten Länder verpflichtet, nationale Aktionspläne mit Strategien zur Umsetzung der umwelt- und gesundheitspolitischen Ziele zu erstellen.

In Deutschland kommt die Diskussion über die Bedeutung der Agenda 21 für Gesundheitsforschung und Gesundheitsschutz bisher nur zögerlich in Gang. Aktivitäten im anlaufenden Umsetzungsprozeß der Agenda 21 – in erster Linie auf lokaler Ebene – konzentrieren sich auf die Bereiche Verkehr, Klima, Energie und Entwicklungszusammenarbeit. Gesundheitsaspekte werden von den Agenda-Akteuren bislang selten ausdrücklich thematisiert und haben kaum Eingang in praktisches Handeln gefunden. Von seiten der Gesundheitsberufe steht eine systematische Aufarbeitung und inhaltliche Diskussion über Möglichkeiten und Umsetzung der Agenda 21 noch aus. Ob der gemeinsame Aktionsplan »Umwelt und Gesundheit« der Bundesministerien für Gesundheit und für Umwelt hier eine grundlegende Änderung bringt, ist derzeit noch nicht abzusehen.

Gesundheitsaspekte werden von Agenda-Akteuren bislang selten ausdrücklich thematisiert.

Von Anbeginn war klar, daß eine Umsetzung der Agenda 21 die vereinte Anstrengung unterschiedlicher Disziplinen und Berufsgruppen verlangt, ferner eine Infrastruktur mit spezifischen Werkzeugen und Ressourcen, etwa für das Management wichtiger Umwelt- und Gesundheitsinformationen. Außer Frage stand auch die Notwendigkeit, neue Formen internationaler Zusammenarbeit zu entwickeln und dabei die vielfältigen bestehenden Ansätze möglichst gut zu nutzen.

Um die Chancen des Agenda-Prozesses für gesundheitsförderliche Umwelten zu verdeutlichen, ist es nützlich, sich über wesentliche Aspekte der Gesundheit und ihre Handlungsfelder Orientierung zu verschaffen. Das geschieht im folgenden aus der Public-Health-Perspektive heraus. Public Health zielt auf eine umfassend verstandene Gesundheit, die über eine individualmedizinische Betrachtungsweise hinausgeht. Sie versteht sich als ein interdisziplinäres Gebiet, das sich mit dem Lebensstil und sozialen Umfeld ganzer Bevölkerungsgruppen befaßt, deren Gesundheitsbedürfnisse analysiert und Gesundheitsverwaltung und -politik durch Planung und Programmevaluation unterstützt.[1]

Gesundheit als dynamisches Phänomen

Gesundheit wird verschieden empfunden und gelebt, gleich einer subjektiven Erfahrung, deren Beschaffenheit intuitiv bekannt ist, jedoch niemals erschöpfend beschrieben, geschweige denn, gemessen werden kann. Der Philosoph Hans-Georg Gadamer hat sie als ein im Verborgenen liegendes Phänomen beschrieben, das sich am ehesten durch ein Gefühl von Wohlbefinden, Begeisterung oder Freude zeigt sowie aktives Handeln und Erkenntnisoffenheit hervorbringt.[2] Gesundheit ist vorstellbar als das Bestreben des Organismus, einen Gleichgewichtszustand zu erhalten, kurz: als die Rhythmik des Lebens. Durch die fortwährende Auseinandersetzung des Individuums mit seinen physischen, sozialen und psychischen Umwelten ist dies ein ausgesprochen dynamisches Geschehen, das auf verschiedenen, aber zusammenhängenden Ebenen Wirkung zeigt: auf der individuellen, sozialen und ökologischen Ebene. Förderung und Gefährdung von Gesundheit sind daher als komplexe Prozesse zu verstehen, die auf allen Ebenen der Gesellschaft und in unterschiedlichen Kontexten ablaufen und einer ganzheitlichen Betrachtung bedürfen.

Gesundheit ist das Bestreben des Organismus, einen Gleichgewichtszustand zu erhalten, kurz: die Rhythmik des Lebens.

Ein solches Verständnis löst Gesundheit nicht nur von der engen Orientierung an Krankheit, sondern auch aus der medizinisch-professionellen Einengung. Sie wird damit nicht zum vorrangigen Lebensziel erhoben, sondern ist Bestandteil alltäglichen Handelns und Lebens und gemeinsame politische Aufgabe. Insofern erhält Gesundheit – anknüpfend an die Agenda 21 – einen Bezug auf das Handeln in Eigenverantwortung. Hiermit verbindet sich die Forderung an das Gemeinwesen zur Herstellung und Sicherung eben solcher Lebensbedingungen, die ein gesundheitsgerechtes, solidarisches Handeln ermöglichen. Aus dieser Sichtweise heraus hat die bereits vor 50 Jahren aufgestellte Gesundheitsdefinition der WHO, nach der Gesundheit einen Zustand völligen körperlichen, geistigen und sozialen Wohlbefindens beschreibt, ihre Aktualität durchaus bewahrt, auch wenn sich ein so weit verstandener und mehrdimensionaler Gesundheitsbegriff immer wieder einer scharfen Operationalisierung entzieht.

An dieser Stelle hilft der Gedanke an gesundheitsförderliche Lebenswelten. Dieses Konzept, das von der WHO in Fortentwicklung ihrer häufig kritisierten Gesundheitsdefinition entwickelt wurde, umfaßt die alltäglichen Lebensumstände der Menschen in

Gemeinde, Wohnumfeld, Arbeitswelt und Freizeit. Solche gesundheitsförderlichen Lebenswelten sind eine Voraussetzung für Gesundheit, und Gesundheit ist eine Voraussetzung für eine zukunftsfähige, solidarische Gesellschaft.

Gesundheit und Umwelt

Gesundheit bestimmt sich dadurch, wie Menschen leben, lieben, arbeiten, lernen und spielen.

In dem kühnen Versuch, das breite Spektrum von Einflußfaktoren zu skizzieren, benennt die Ottawa-Charta als Vorbedingungen für Gesundheit: Frieden, Wohnunterkunft, Bildung, Nahrung, Einkommen, stabiles Ökosystem, zukunftsfähige Ressourcen sowie Gleichberechtigung und soziale Gerechtigkeit. Noch weiter greift die Formulierung der WHO, wonach Gesundheit sich dadurch bestimmt, wie Menschen leben, lieben, arbeiten, lernen und im Spiel ihre Zeit verbringen. Über spezifische Risiken hinausgehend ist hier vor allem auch an gesundheitserhaltende und gesundheitsförderliche Einflüsse gedacht, deren Existenz kaum bestritten wird, die sich aber nur schwer präzise fassen lassen.

Für praktische Zwecke gliedert man die vielfältigen Einflüsse auf Gesundheit und Krankheit häufig in folgende Gruppen:

- genetische Faktoren, die zumindest in der Vergangenheit als weitgehend unbeeinflußbar anzusehen waren;
- persönliches Verhalten;
- »Lebensverhältnisse«, die sowohl die physische als auch die soziale Umwelt einschließen;
- medizinisches Versorgungssystem.

Diese Einteilung liegt z. B. den 38 Gesundheitszielen im international vereinbarten WHO-Programm »Gesundheit für alle« zugrunde. Dabei umfaßt jede dieser Determinanten in sich sehr unterschiedliche Faktoren, und die Grenzen zwischen den einzelnen Bereichen sind fließend. Insbesondere greifen physische und soziale Umweltfaktoren sowie persönliches Verhalten oft in engster Weise ineinander, wie das Beispiel von Verletzungen zeigt. Hier reicht das Spektrum ursächlicher Faktoren von einer vorsätzlichen Gewaltanwendung über fahrlässige Inkaufnahme, z. B. durch rücksichtsloses Fahrverhalten, bis hin zu »menschlichem Versagen«, wobei alle diese Faktoren ihrerseits nach Erklärungen in der sozialen oder auch physischen Umwelt verlangen.

Die Rolle von Umweltfaktoren für die menschliche Gesundheit ist unumstritten. Die Umweltgebundenheit menschlichen Lebens zeigt sich deutlich, wenn RaumfahrerInnen ihre sehr sorgfältig austarierte Anpassung an die Umwelt mit auf die Reise nehmen. Schon der Aufenthalt im Hochgebirge verlangt eine physiologische Anpassung der Sauerstoffbindungskapazität, wie sie beispielsweise bei den Andenbewohnern nachzuweisen ist. Das »Biosphere 2«-Experiment unternahm schließlich den Versuch, ein abgeschlossenes System mit Pflanzen, Tieren und Menschen über längere Zeit im Gleichgewicht zu halten. Entgegen der erklärten Absicht mußte dort jedoch regelnd eingegriffen werden, um die Gesundheit der menschlichen Probanden nicht zu gefährden.

Die Umweltmedien Luft, Wasser und Boden sind die physischen Lebensgrundlagen des Menschen. In gewissen Grenzen werden Veränderungen durch die Anpassungsfähigkeit des Organismus abgepuffert; bei Überschreitung solcher Grenzen kann der Organismus jedoch – unter Umständen ganz plötzlich – dekompensieren. Gute Kenntnis haben wir über »einfache« Determinanten wie Sauerstoff, Wasser, Nahrung, Vitamine, essentielle Spurenelemente, Jod u.ä., wobei sie alle in der »richtigen« Menge vorliegen müssen.

Im Vergleich zu physikalischen und chemischen Faktoren stellen uns Krankheitserreger durch ihre Fähigkeit zur Resistenzentwicklung, das Auftreten »neuer« oder zumindest neu entdeckter Erreger, ihre unter Umständen explosive Vermehrung und ihr oftmals komplexes Wechselspiel zwischen verschiedenen Wirten vor immer neue Herausforderungen. Welche Gesundheitsrisiken durch Krankheitserreger in Verbindung mit Trinkwasser und anderen Lebensmitteln entstehen können, ist wohlbekannt. Entsprechend hoch ist der Stellenwert einer qualitätsgarantierten Trinkwasserversorgung und Abwasserbehandlung.

Neben der physischen Umwelt spielen auch soziale Faktoren eine große Rolle für Gesundheit und Wohlbefinden. Dabei ist wiederum ein weites Spektrum heranzuziehen, das im Positiven von ökonomischem Wohlstand über Bildungschancen bis hin zu sozialer Unterstützung reicht. Spiegelbildlich sind Armut, Analphabetentum und Isolation als Risikofaktoren anzusehen. Möglicherweise entscheidend wichtig, aber schwieriger zu fassen, sind Faktoren wie Selbstkonzept, Verfügbarkeit von Entscheidungsspielräumen oder Kohärenzgefühl.

Neben der physischen Umwelt spielen auch soziale Faktoren eine große Rolle für Gesundheit und Wohlbefinden.

Mit gesellschaftlichen Trends und Präferenzen engstens verwoben ist der persönliche Lebensstil einschließlich dem »Risikoverhalten«, wie es sich unter anderem in der Ernährung, im Rauchen, im Umgang mit Alkohol und anderen Rauschmitteln, im Straßenverkehr und Sexualverhalten zeigen kann. Auch hier fehlt es noch an einem umfassenden Verständnis darüber, wie soziale Umgebung und persönliche Verhaltensentscheidung ineinandergreifen. Schon auf der gesellschaftlichen Ebene liegen die Dinge nicht so einfach wie oft dargestellt. Zwar steht die Rolle des Rauchens als Risikofaktor für Gesundheit außer Frage, doch bringt diese Epidemie einigen Beteiligten solche wirtschaftlichen Vorteile, daß jeder Versuch stärkerer Regelung auf großen Widerstand stößt. Hinzu kommt, daß offenkundig für die meisten Menschen nicht allein gesundheitliche Aspekte verhaltensbestimmend sind. Ein durchweg »gesundheitspositives« Verhalten anzunehmen scheint unrealistisch, selbst dann, wenn eine »optimale« soziale Umwelt vorläge.

Gesundheitliche Aspekte sind für die meisten Menschen nicht allein verhaltensbestimmend.

Zunehmende Aufmerksamkeit erlangen derzeit die globalen Umweltveränderungen und ihre Auswirkungen auf die menschliche Gesundheit. Es wird deutlich, daß wir mit atmosphärischen Veränderungen zu rechnen haben, die sich in Hitzewellen, Wirbelstürmen, Überflutungen, erhöhter UV-Einstrahlung und Grundwasserverknappung zeigen werden. Soweit erkennbar, ist dadurch mit einem vermehrten Auftreten von übertragbaren Krankheiten, bestimmten Formen von Krebs, Mangelernährung und anderen Gesundheitsstörungen zu rechnen. Voraussichtlich sind arme Bevölkerungen wie in Bangladesh oder Schwarzafrika von diesen katastrophalen Klimaereignissen viel stärker betroffen als die Bewohner der reichen Länder. Mit einem klimabedingten Zuwachs beispielsweise von Malaria, Schlafkrankheit und Schistosomiasis ist zu rechnen, ebenso von Cholera und Salmonelleninfektionen. Auch ist zu vermuten, daß die Zahl der Umweltflüchtlinge bei einer Klimaänderung dramatisch zunimmt.[3]

Auf welche Weise genetische Faktoren, persönliches Verhalten, physische und soziale Umwelt sowie das Gesundheitsversorgungssystem ineinandergreifen, ist bisher nur unzureichend untersucht worden. Auch über die relative Bedeutung dieser verschiedenen Faktoren wurde bisher kein Einverständnis erzielt. Sir Richard Doll, der Anfang der 80er Jahre zusammen mit seinem Kollegen Peto die Rolle von Umweltfaktoren für die Krebsentstehung als gering eingestuft hatte, kam kürzlich zu dem Schluß, anthropogene Veränderungen der Biosphäre könnten auch die Lebensgrundlagen der Spezies Mensch in Frage stellen.[4] Nach einer jüngsten Schätzung dürfte weltweit fast ein Viertel der gesamten gegenwärtigen Krankheitslast auf physische Umweltfaktoren zurückzuführen sein.[5]

Ein durchgängiges Gesamtbild von Gesundheitszustand und Krankheitsgeschehen sowie deren weltweit bestimmende Faktoren ist erst langsam im Entstehen begriffen. Die WHO weist auf einen Wandel der Gesundheitsrisiken hin. Danach umfaßt das »traditionelle« Spektrum zumeist eindeutige, klar erkennbare Gefahren durch unzureichende Versorgung mit Trinkwasser und Nahrungsmitteln, mangelhafte Abwasserbehandlung und Behausungsmängel. »Moderne« Risiken betreffen vor allem Luftverschmutzung, Chemikalienexposition und Verkehrsunfälle. Bei fortschreitender wirtschaftlicher Entwicklung werden im typischen Falle die »traditionellen« Risiken überwunden, und »moderne« Risiken treten teilweise an ihre Stelle. Im ungünstigsten Falle, etwa für Slum-Bewohner in Metropolen von Entwicklungsländern, können sich beide Arten von Risiken überlagern.[6]

Nachhaltige Gesundheitsversorgungssysteme

Gesundheit ist ein persönliches Gut, allerdings nicht nur in individueller, sondern auch in kollektiver Verantwortung.

Gesundheit ist ein persönliches Gut, allerdings nicht nur in individueller, sondern auch in kollektiver Verantwortung. Liegt die Wiederherstellung der individuellen Gesundheit vor allem in den Händen der kurativen Medizin, ist die Gesundheit der Bevölkerung insgesamt in erster Linie Gegenstand öffentlicher Gesundheitseinrichtungen. Leistungsfähigkeit, Handlungsgrundlage und -kompetenzen solcher Einrichtungen haben somit erheblichen Einfluß auf die gesundheitliche Lage der Bevölkerung.

Die medizinischen Versorgungssysteme stehen weltweit – wenn auch aus völlig unterschiedlichen Gründen – vor sehr großen Herausforderungen. Für die weniger entwickelten Länder geht es vor allem darum, Anforderungen im Bereich der primären Gesundheitsversorgung durch den Auf- und Ausbau einer Infrastruktur für die gesundheitliche Basisversorgung zu erfüllen. Um dabei dem Nachhaltigkeitskonzept zu entsprechen, sollte hier die Entwicklung primärer Gesundheitsdienste angestrebt werden, die effizient, gemeindeorientiert und sozial ausgewogen sind und zudem die gesundheitlichen Grundbedürfnisse im Hinblick auf sauberes Wasser, hygienisch unbedenkliche Nahrungsmittel und Sanitärversorgung erfüllen (Agenda 21, Kapitel 6). Dies gilt nicht nur für unterversorgte Landgebiete, sondern verstärkt auch für die ungünstigen Lebensbedingungen in den Städten und städtischen Randgebieten. Deren rapides Wachstum übersteigt bislang die Fähigkeit der Gesellschaft, die Bedürfnisse der Menschen angemessen zu decken. Bei allen Überlegungen sollte größtes Interesse auf den Schutz besonders anfälliger Bevölkerungsgruppen – Kinder, Jugendliche, alte Menschen, Behinderte und marginalisierte Gruppen – gelegt werden.

Die Probleme der hochentwickelten Industrieländer sind nicht weniger schwierig. Angesichts des demographischen Wandels, der damit einhergehenden Veränderung des Krankheitspanoramas und der anhaltenden Entwicklung neuer, kostenintensiver medizinischer Technologien werden die Grenzen des konventionell organisierten Gesundheitssystems, das sich weitgehend auf ein biomedizinisches Wissenschaftsverständnis stützt, zunehmend erkennbar. Die derzeitige Entwicklung des Medizinsystems wirkt paradox: Das System vermehrt auf der einen Seite die Kenntnisse über Gefahren und Risiken, gleichzeitig untergräbt es vorbeugende Gesundheitsmaßnahmen, weil auch bei eingetretenen Störungen oder Krankheiten immer noch geholfen werden kann. Hier liegt die Begründung dafür, weshalb zwar außerordentliche Erfolge in Diagnostik und Therapie erzielt wurden, vermeidbare Krankheiten aber nach wie vor viel zu häufig auftreten und sowohl menschliches Leiden als auch hohe Kosten verursachen.

Allen gesundheitlichen Versorgungssystemen gemeinsam sind die bislang noch fehlenden Konzepte und notwendigen Vernetzungsstrukturen zur vorbeugenden Einflußnahme bei der Bewältigung umweltbedingter Gesundheitsrisiken und Gefährdungen. Auch wenn die gesundheitliche Bewertung der anthropogen bedingten Umweltveränderungen im einzelnen noch umstritten ist, so wird doch zunehmend akzeptiert, daß die Prävention schädlicher Umweltauswirkungen auf die menschliche Gesundheit Teil einer dauerhaften Entwicklung sein muß. Im europäischen Aktionsplan »Umwelt und Gesundheit« wurde basierend auf den Vorgaben der Agenda 21 ein Rahmen für gesundheitsrelevante Umweltmaßnahmen in Europa vorgegeben. Für das Handlungsfeld »umweltbezogener Gesundheitsschutz« berücksichtigt der Aktionsplan zum einen die völlig unterschiedlichen wirtschaftlichen, sozialen und kulturellen Gegebenheiten der einzelnen Länder, läßt

Der europäische Aktionsplan »Umwelt und Gesundheit« basiert auf den Vorgaben der Agenda 21.

also genügend Spielraum für Priorisierung und Gestaltung auf nationaler und lokaler Ebene. Zum anderen bietet er jedoch nicht nur Orientierungshilfen, sondern auch dezidierte Leitlinien und zahlreiche Vorschläge für eine effektive Umsetzung der Planungsvorgaben, beispielsweise für die Entwicklung von Managementinstrumenten, Berücksichtigung spezifischer umweltbedingter Gesundheitsgefahren, Lebens- und Arbeitsumwelt sowie Wirtschaftssektoren. Es wird besonders hingewiesen auf die Gesundheits- und Umweltprobleme in städtischen Gebieten, auf die Folgewirkungen des Straßenverkehrs und der Luftverschmutzung, die Risiken durch veraltete Kernkraftwerke, die zunehmende Häufigkeit bestimmter Infektionskrankheiten sowie die Folgen fortbestehender kriegerischer Auseinandersetzungen.

Wenn Überlegungen angestellt werden, inwieweit medizinische Versorgungssysteme zukunftsfähig ausgerichtet sind bzw. wie sie gestaltet werden müßten, um den in der Agenda 21 geforderten Prinzipien zu genügen, dann sollte berücksichtigt werden, daß jedes System der Gesundheitsvorsorge und -förderung ein Produkt seiner Geschichte ist und nur innerhalb eines ganz bestimmten kulturellen Zusammenhanges existiert. So wie dieser Zusammenhang sich ständig ändert, so ändert sich auch das System, das stetig an neue Situationen angepaßt wird und durch neue wirtschaftliche, philosophische und kulturelle Einflüsse modifiziert wird. Daher können medizinische Systeme eines jeden Kulturkreises nur begrenzt als Modell für andere Gesellschaften genutzt werden. Der Einblick in das Gesundheitsverständnis anderer Kulturen kann allerdings helfen, die eigene Perspektive zu erweitern.

Nach den Vorstellungen der WHO ist für ein nachhaltiges Gesundheitssystem von entscheidender Bedeutung, die persönliche Verantwortung des einzelnen zu akzeptieren und gleichzeitig anzuerkennen, daß die individuelle Gesundheit durch gesellschaftliche Aktivitäten und politische Maßnahmen unterstützt werden muß. Ein zukünftiges Gesundheitssystem sollte sowohl schnell und flexibel auf anstehende Änderungen (wie demographische und ökonomische Veränderungen, epidemiologische Wandlungen des Krankheitsmusters in der Bevölkerung, Fortschritte in Wissenschaft und Technik) als auch auf die gesundheitlichen und sozialen Bedürfnisse der Menschen während ihrer gesamten Lebensspanne reagieren können. Es muß vor allem ein sozialsensitiv ausgerichtetes System sein, das spirituelle und soziokulturelle Bedürfnisse

Individuelle Gesundheit muß durch gesellschaftliche Aktivitäten und politische Maßnahmen unterstützt werden.

Auch Hilfe bei der Linderung von Schmerzen muß gefördert und ein friedliches, würdevolles Sterben ermöglicht werden.

unterschiedlicher Gruppen berücksichtigt und Unterschiede im Verständnis von Gesundheit, Krankheit und Heilung akzeptiert. Eine Allianz von Mitgefühl und Versorgungseffektivität ist anzustreben. Nicht nur auf Lebensverlängerung und Gesundheitsverbesserung ist abzuzielen, sondern die Hilfe bei der Linderung von Schmerzen muß ebenso gefördert wie ein friedliches, würdevolles Sterben wieder ermöglicht werden.[7]

Für die Entwicklungslinien einer zukünftigen Medizin kann in diesem Zusammenhang die Einbindung einer ganzheitlichen, naturheilkundlichen Medizin in das vorherrschende Medizinsystem einen Fortschritt in der Bewältigung chronischer Krankheiten bedeuten. Während der naturwissenschaftliche Ansatz der Medizin pathogenetisch orientiert ist, Krankheitssymptome infolgedessen als Funktionsdefizite interpretiert werden, werden diese in einer salutogenetisch ausgerichteten Ganzheitsmedizin als aktive Funktionsäußerung des Organismus gedeutet, die gelingend oder mißlingend auf Selbstheilung zielen. Der ganzheitsmedizinische Ansatz entspricht in wesentlichen Punkten dem geforderten Nachhaltigkeitsprinzip. Denn ganzheitliche Therapieverfahren zielen in der Regel auf eine aktive Beteiligung und Nutzung der natürlichen Fähigkeiten zur Regulation und Anpassung und verwenden in der Therapie bevorzugt Naturfaktoren wie Wärme, Kälte, Wasser, Erde, Licht und Pflanzen. Sie erheben den Anspruch, Menschen in ihrer Ganzheit zu sehen und sie in ihrer Eigenverantwortlichkeit zu stärken.

Die Vorteile der Schulmedizin liegen ganz offensichtlich im Dämpfen überstarker Regelungsausschläge, betreffen somit in erster Linie akute Schmerzzustände, akute Herz- und Kreislauferkrankungen oder Verletzungen. Hingegen scheinen länger bestehende, aber schwache Regelungsausschläge, die mit der Zeit zu chronischen Erkrankungen, Abwehrschwäche etc. führen können, aussichtsreiche Ansatzpunkte ganzheitlich orientierter medizinischer Verfahren zu sein. Vorzüge, Kosten und mögliche Nachteile der verschiedenen Ansätze sollten vergleichend untersucht und transparenter gemacht werden, um nach und nach ein integriertes und zukunftsfähiges Versorgungssystem entstehen zu lassen.

Die Ottawa-Charta zur Gesundheitsförderung

Neben dem Konzept der nachhaltigen Entwicklung entstand auf der Grundlage eines sozial-ökologischen Gesundheitsbegriffs das Modell der Gesundheitsförderung. Dieser Praxisansatz der WHO versucht, größere soziale Gerechtigkeit im gesundheitlichen Status der Bevölkerung zu erreichen. Seinen Durchbruch erlangte dieser Ansatz in der Ottawa-Charta, die mittlerweile als Basisdokument für die Gesundheitsförderung gilt. Darauf folgende internationale Konferenzen haben die Relevanz von Schlüsselstrategien zur Gesundheitsförderung herausgearbeitet, einschließlich der Jakarta-Erklärung zur Gesundheitsförderung im 21. Jahrhundert.[8]

In der Ottawa-Charta wird Gesundheitsförderung als wesentlicher Bestandteil von Gesundheitsentwicklung begriffen. Gesundheitsförderung will eine gesundheitsgerechte Gestaltung der sozialen und natürlichen Umwelt erreichen und zugleich jedem einzelnen Menschen die notwendigen Kompetenzen vermitteln, um seine persönliche Gesundheit zu verbessern. Gesundheit wird als eine von mehreren Voraussetzungen für eine optimale Lebensqualität gewertet. Strategien der Gesundheitsförderung können Lebensweisen ebenso entwickeln und verändern wie die sozialen, ökonomischen und ökologischen Bedingungen beeinflussen, die auf den Gesundheitszustand der Bevölkerung einwirken. Als wesentlich für den Erfolg von Gesundheitsförderungsprogrammen wurden fünf sich wechselseitig ergänzende Strategien formuliert:

- die Einrichtung einer gesundheitsförderlichen Gesamtpolitik;
- die Schaffung gesundheitsförderlicher Lebenswelten;
- die Unterstützung gesundheitsbezogener Gemeinschaftsaktionen;
- die Entwicklung persönlicher Kompetenzen;
- die Neuorientierung der Gesundheitsdienste.

Gesundheitsförderung ist auf die Zusammenarbeit verschiedenster Institutionen und Handlungsträger angewiesen.

Gesundheitsförderung stellt ein Handlungsfeld dar, daß auf die Zusammenarbeit verschiedenster Institutionen und Handlungsträger angewiesen ist. Ein tragendes Prinzip ist die Forderung nach Partizipation. Menschen müssen im Mittelpunkt der Aktivitäten von Gesundheitsförderung und ihren Entscheidungsprozessen stehen, um sie wirksam werden zu lassen. Im Kern geht es darum, Menschen die Verankerung in sozialen Netzwerken zur Kommunikation und Hilfeleistung zu erleichtern bzw. zu ermöglichen und sie in den Stand zu versetzen, ihre Gesundheit als ihr eigenes Interesse zu erkennen und zu verfolgen. Eine sozial eingebundene und interessenbezogene Sichtweise von Gesundheitsgefahren scheint nicht nur einen unspezifischen Schutzfaktor gegen Gesundheitsbelastungen darzustellen, sondern auch die Identifizierung von fördernden und hemmenden Bedingungen eines gesunden Lebens anzuregen sowie die individuelle und kollektive Handlungsfähigkeit zur Beeinflussung dieser Bedingungen zu vergrößern. Gesundheitsförderung setzt bei Gruppen in meist auch regionalem Zusammenhang an, die durch gemeinsame Interessen definiert sind. Diesem Ansatz werden positive Wirkungen auf Lebensqualität, Selbstbewußtsein, Handlungsfähigkeit sowie Belastungs- und Erkrankungsbewältigung zugesprochen.[9]

Ist Gesundheitsförderung die neue »Zauberstrategie« zum Erhalt und zur Verbesserung der menschlichen Gesundheit, so, wie bisher oft die naturwissenschaftlich begründeten Diagnose- und Therapieverfahren angesehen wurden? Zumindest kann sie als Versuch verstanden werden, sich auf eine ganzheitliche Sichtweise zurückzubesinnen, um spezialisiertes Wissen in ein Gesamtkonzept zu integrieren und neue Kooperationen und Netzwerke zu entwickeln. In diesem Sinne könnte die Einbindung von Gesundheitsförderung in gesellschaftliche Prozesse zur Gestaltung einer nachhaltigen Entwicklung beitragen. Wie weit Anspruch und Wirklichkeit allerdings noch voneinander entfernt liegen, zeigt sich daran, daß die Akteure des Agenda-Prozesses und Befürworter von Gesundheitsförderung bislang noch wenig zusammengefunden haben.

Die Einbindung von Gesundheitsförderung in gesellschaftliche Prozesse kann zur Gestaltung einer nachhaltigen Entwicklung beitragen.

Anmerkungen

1 Hurrelmann 1993.
2 Gadamer 1994.
3 McMichael u. a. 1997.
4 Doll 1992.
5 Murray 1996.
6 WHO 1997a.
7 WHO 1997b.
8 Kickbusch 1997.
9 Rosenbrock 1993.

Ernährung

Joachim von Braun

Zu Beginn des 21. Jahrhunderts kann die Menschheit auf eine Epoche beispielloser Fortschritte bei der Produktion und Verteilung von Lebensmitteln für eine stetig wachsende Weltbevölkerung zurückblicken. Nicht nur durch die Entwicklung im Ernährungssektor selbst, die zu effizienten, sicheren Methoden der Nahrungsmittelproduktion, -verarbeitung und -verteilung beitrug, sondern auch durch Verbesserungen in Gesundheit und Hygiene hat sich das durchschnittliche Lebensalter in den Industrieländern auf über 70 Jahre erhöht. Trotz dieser Fortschritte können sich Millionen von Menschen immer noch nicht ausreichend ernähren. Zudem wird ein drastischer Anstieg der Weltbevölkerung hauptsächlich in den Entwicklungsländern prognostiziert.

Ernährung steht nur scheinbar am Endpunkt der zunehmend komplexen und international vernetzten Lebensmittelkette, die von der Nutzung der natürlichen Ressourcen, neuen Technologien der Produktion und Verarbeitung sowie unterschiedlichen Konsumverhaltensweisen bestimmt wird. Die Frage der Nachhaltigkeit stellt sich für alle Glieder dieser Kette. Ernährung ist allerdings in der gesamten Menschheitsgeschichte auch ein kultureller Prozeß gewesen, der stetem Wandel unterliegt. Ein nachhaltiges System der Ernährung, das auch die Bedürfnisse kommender Generationen berücksichtigt, muß vor allem seine Ressourcengrundlage pfleglich behandeln.

Ein nachhaltiges System der Ernährung muß vor allem seine Ressourcengrundlage pfleglich behandeln.

Ausmaß der Ernährungsprobleme

Bei globaler Betrachtung ist die Ernährung der Menschheit trotz beachtlicher Verbesserung in vielen Regionen nach wie vor ein riesiges Problem des Mangels und nicht des Überflusses. Von den etwa

840 Millionen Menschen in Entwicklungsländern müssen mit einem Nahrungsenergiedefizit leben.

sechs Milliarden Menschen auf der Welt leiden ca. ein Sechstel an Hunger, ein weiteres Sechstel ist zeitweise von Hunger und Mangelernährung betroffen. Um die 840 Millionen Menschen in Entwicklungsländern müssen mit einem Nahrungsenergiedefizit leben. Etwa 170 Millionen Kinder haben Untergewicht, und 50 Millionen Kinder leiden an Auszehrung.[1] Südasien, insbesondere Indien und Bangladesh, weist den weltgrößten Anteil unterernährter Kinder in Entwicklungsgebieten auf, gefolgt von den Ländern Afrikas südlich der Sahara.

Die Hälfte der Weltbevölkerung ist hinreichend ernährt, ein Sechstel ist gut, ein Teil sogar zu gut ernährt. Letzteres schließt Symptome der Überernährung bei ungefähr einem Zehntel der Weltbevölkerung ein. Wie verteilen sich diese unterschiedlichen Versorgungslagen auf der Welt? Welche Herausforderungen und Risiken für die Ernährungslage werden sich zukünftig ergeben?

Eine ausgeprägte Ernährungsunsicherheit, die sich schließlich zu Hungersnöten ausweitet, ist ohne Zweifel im Rückgang begriffen. Im Gegensatz zu den 70er oder 80er Jahren sind Hungersnöte heute nur noch in wenigen Ländern wie dem Sudan, Äthiopien und Mosambik sowie lokal in Kriegsgebieten anzutreffen. Es besteht jedoch weiterhin die Gefahr von Hungersnöten, deren Ursachen in politischen und wirtschaftlichen Krisen auf nationaler Ebene sowie in umweltbedingten Katastrophen (z. B. Dürren) liegen.[2]

In den vergangenen 20 Jahren ging der prozentuale Anteil der Menschen mit unzureichender Nahrungsenergieaufnahme in allen Regionen, mit Ausnahme Afrikas südlich der Sahara, zurück. Trotz des weltweit zu beobachtenden Anstiegs der Verfügbarkeit von Nahrungsmitteln ist in den Ländern mit niedrigstem Einkommen jedoch kaum eine Verbesserung der Versorgungslage festzustellen (*Tab. 1*). Hinter den Durchschnittswerten steht eine sehr ungleiche Verteilung, was in Ländern mit niedrigem Einkommen bei weiten Teilen der Bevölkerung Hunger bedeutet.

Weiter verbreitet als der Hunger (Kalorienmangel) ist der Mangel an essentiellen Nährstoffen mit verheerenden Konsequenzen für die Gesundheit und Produktivität.[3] Etwa 40 Millionen Kinder leiden an Vitamin-A-Mangel. Bei etwa 1,6 Milliarden Menschen (29 Prozent der Weltbevölkerung) besteht die Gefahr eines Jodmangels.[4] Weltweit sind etwa zwei Milliarden Menschen von Eisenmangel betroffen, einem Gesundheitsproblem, für das besonders Frauen, stillende Mütter und Vorschulkinder anfällig sind.

Nahrungsenergie pro Kopf nach Region und Wirtschaftsgruppe			Tab. 1
	1969-71	1979-81	1990-92
Region oder Wirtschaftsgruppe		(kcal/Kopf/Tag)	
Industrieländer	3190	3280	3350
Entwicklungsländer (insges.)	2140	2330	2520
Niedrigeinkommensländer	2060	2210	2430
niedrigste Entwicklungsstufe	2060	2040	2040
Weltweit	2440	2580	2720

Quelle: FAO 1996a.

Parallel zur Unterernährung bestehen Gesundheitsprobleme aufgrund von Übergewicht und Fettleibigkeit.

Parallel zur Unterernährung bestehen weitverbreitete und wachsende Gesundheitsprobleme aufgrund von Übergewicht und Fettleibigkeit nicht nur in reichen Ländern, sondern auch in Ländern mit mittlerem Einkommen, hier besonders in den städtischen Gebieten; eine Folge des veränderten Lebensstils, der einen Mangel an ausreichender Bewegung mit einschließt. In den USA ist derzeit rund die Hälfte der Bevölkerung übergewichtig und ein Viertel fettsüchtig, wobei dies zumeist den ärmeren Teil der Bevölkerung betrifft. Insbesondere in industrialisierten Ländern gewann in den vergangenen 40 Jahren die Erkenntnis an Bedeutung, daß bestimmte chronische, nicht ansteckende Erkrankungen in engem Zusammenhang mit Lebensführung und Ernährung stehen. Die ernährungsbedingten Erkrankungen sind mit erheblichen Kosten für die Gesellschaft verbunden. Sie wurden für die Bundesrepublik Deutschland auf etwa 80 Milliarden Mark pro Jahr geschätzt.[5] Im Zuge der zunehmenden Ungleichheit der Einkommensverteilung in den Industrieländern Nordamerikas und Europas ist auch der Bedarf an Nahrungsmittelhilfen und Ernährungsberatung bei Gruppen mit niedrigem Einkommen gestiegen.

Diät versus Mangelernährung

In allen Kulturen umfaßt Ernährung auch kulturelles, symbolisches und soziales Handeln, so etwa das Festessen zu bestimmten Gelegenheiten. Die Psyche des einzelnen und die Kultur, in der er lebt, bestimmen mit, was ein Mensch ißt. So werden Insekten in einigen afrikanischen, asiatischen und lateinamerikanischen Kulturen als Delikatesse angesehen und dienen dort als Eiweißquelle. Die französische Küche kennt Frösche und Schnecken, die koreanische Hundefleisch als Bestandteil ihrer Eßkultur. Zunehmend werden Sportnahrung und sogenanntes »Functional Food«, d. h. spezifisch die Gesundheit fördernde Lebensmittel in Industrieländern nachgefragt und mit neuen Imagewerten belegt. Die Sokrates-Maxime: »Wir leben nicht, um zu essen, sondern wir essen, um zu leben« wird keineswegs generell befolgt.

Im Zuge weltweiter Integration von Wirtschaftssystemen kommt es verstärkt auch zur Übernahme von Eßgewohnheiten aus anderen Kulturen mit entsprechend empfundenem Erlebniswert. Eßkulturen werden häufig mit einem bestimmten Lebensgefühl verbunden, das vor allem in urbanen Zentren das Konsumverhalten bestimmt. In den Industrieländern ist die Angst vor dem Hunger von der Angst vor übermäßigem Essen abgelöst worden. Das Wort Diät hat einen entsprechenden Bedeutungswandel vollzogen: Bei den alten Griechen bezeichnete es schlicht die tägliche Ernährung, heute in der Umgangssprache hingegen die Einschränkung oder den Entzug von Nahrung.[6] Der traditionelle sozio-kulturelle Kontext, der bestimmte, was, wann, von wem gegessen wurde, löst sich im Zuge der Globalisierung auf und geht in einen Trend zu weniger normiertem Konsumieren über: In den Länder mit hohem Einkommen ist eine Parallelität von zeitsparendem Abdecken des Bedarfs und komplexen, zeitintensiven Erlebnismahlzeiten (oft außer Haus) zu beobachten.

In den Industrieländern hat die Angst vor übermäßigem Essen die Angst vor dem Hunger abgelöst.

Auch dem Problem der Mangelernährung wird mit sehr unterschiedlichen Sichtweisen begegnet, was wiederum verschiedenartige Konsequenzen für das politische Handeln nach sich zieht.

- Wird ausreichende Ernährung als Menschenrecht angesehen, so dürfen bei seiner Durchsetzung keine Kompromisse eingegangen werden. Zwar wurde das Recht auf Nahrung vom Welternährungsgipfel von 1996 noch einmal als Grundrecht bekräftigt[7], doch wurde es bislang nicht in spezifische international rechtsverbindliche Verpflichtungen umgesetzt.
- Betrachtet man Mangelernährung als Folge von Armut und Entwicklungsproblemen, legt dies nahe, daß die Verfügbarkeit von und der Zugang zu Nahrungsmitteln in erster Linie das Ergebnis von strukturellen Bedingungen und niedrigem Einkommen sind

und somit entsprechende Reformen und entwicklungspolitische Maßnahmen einzufordern sind.

- Eine verbesserte Ernährungslage führt nachweislich zu einer höheren körperlichen und geistigen Leistungsfähigkeit und damit zu einer höheren Produktivität auf dem Arbeitsmarkt. Unterernährung dagegen hat deutliche Produktivitätsverluste zur Folge, beispielsweise durch hohe Krankheitsraten und die Beeinträchtigung der kognitiven Entwicklung. In einer in Guatemala durchgeführten Studie konnte festgestellt werden, daß sich eine verbesserte Ernährung sowohl auf das Wachstum als auch auf die geistige Entwicklung von Kindern positiv auswirkt. Selbst nach 14 Jahren konnten die untersuchten Schulkinder ihren Vorsprung an Körpergröße aufrechterhalten und schnitten auch bei Leistungsprüfungen deutlich besser ab. Eine verbesserte Ernährungslage ist damit nicht allein eine Folgeerscheinung wirtschaftlichen Fortschritts, sondern eine seiner Vorbedingungen, und damit ein entscheidender Faktor für nachhaltige Entwicklung.[8]

Die Ernährungslage wird letztlich bestimmt:

- durch die Verfügbarkeit von Lebensmitteln auf dem Markt sowie durch andere Kanäle;
- durch den Zugang zu Lebensmitteln, d. h. die Fähigkeit von Haushalten, die zur Verfügung stehenden Lebensmittel zu beschaffen, welche vom Haushaltseinkommen abhängig ist;
- von Verhalten und Wissen. Darüber hinaus ist der Gesundheitsstatus, welcher unter anderem durch die Hygienesituation beeinflußt wird, ebenfalls ein bestimmender Faktor der Ernährungslage.

Genetische Ressourcen und Biotechnologie

Die Ernährung im kommenden Jahrhundert wird von der Nutzung der neuen Chancen in der Biotechnologie geprägt sein.

In der zweiten Hälfte des 20. Jahrhunderts hat sich die Landwirtschaft von einem traditionsbestimmten Sektor zu einem wissenschaftlich dominierten Produktionszweig gewandelt. Die Ernährung im kommenden Jahrhundert wird besonders von der Nutzung der neuen Chancen in der Biotechnologie geprägt sein. Über Jahrhunderte hinweg haben Bauern »ihre« Pflanzensorten entwickelt und den speziellen regionalen Besonderheiten und Bedürfnissen angepaßt. In der Vergangenheit war dies keineswegs immer erfolgreich: Ein Beispiel trauriger Berühmtheit für Risiken genetischer Uniformität ist die Kartoffelkrankheit, die vor 150 Jahren zu einer großen Hungersnot in Irland führte, der Hunderttausende zum Opfer fielen. Genetische Ressourcen von Pflanzen und Tieren bleiben essentiell, um nachhaltig die Nahrungsmittelproduktion der Zukunft decken zu können. Von den 250.000 bekannten Pflanzenarten sind 30.000 eßbar, aber nur 120 Arten werden heute als Nahrungsmittel angebaut. Über die Hälfte der Nahrungsenergie kommt weltweit aus drei Pflanzen: Weizen, Mais und Reis.

Von 30.000 eßbaren Pflanzen werden nur 120 als Nahrungsmittel angebaut.

Höhere und sichere Erträge verbesserter Sorten gingen allenthalben mit einer Reduzierung der Sortenanzahl einher. Wieviele domestizierte Pflanzensorten in der Vergangenheit verlorengegangen sind, ist nicht bekannt. Es ist jedoch ein Faktum, daß der Verlust an Diversität in der Landwirtschaft zur Verarmung des vorhandenen genetischen Materials führt, das für gegenwärtige und zukünftige Generationen nützlich sein könnte. In der Pflanzenzüchtung war es bislang häufig notwendig, auf den Genpool traditioneller Arten zurückzugreifen, um Krankheits- und Schädlingsresistenz für unterschiedliche und sich verändernde Streßsituationen des Pflanzenanbaus zu finden. Verluste in diesem Pool sind nach gegenwärtigem Stand des Wissens riskant für die Ernährungssicherung des nächsten Jahrhunderts.

Durch die Anhäufung von Wissen ist eine große Dynamik in der Forschung und Entwicklung der Biotechnologie entstanden. Waren Anfangs der 90er Jahre gentechnisch veränderte Pflanzen fast nicht existent, gibt es sie heute in verschiedenen Entwicklungsstadien. Auch wenn zur Zeit erst wenige dieser Pflanzenarten kommerziell in bedeutendem Maße eingesetzt werden, sind doch viele bereits »in der Pipeline«. Besondere Bedeutung könnte die Gentechnik für die Entwicklung spezifischer Gesundheitswirkungen von »Functional Food« haben. Wenn es beispielsweise gelingt, Vitamin A und Mikronährstoffe (wie Eisen) gezielt in Nutzpflanzen einzubringen, könnten sich auch bei der Bekämpfung von Mangelernährung neue Möglichkeiten auftun. Neue Forschungsergebnisse der Überwindung biotischer Streßfaktoren (Schädlinge, Krankheiten) in der Pflanzenwelt können zu deutlichen Ertragssteigerungen führen. Aber auch Erfolge im Bereich der abiotischen Streßfaktoren (z. B. Dürre oder Kälte) werden schließlich zu einer nachhaltigen Produktionssteigerung an marginalen Standorten beitragen.

Die Einführung hochertragreicher Sorten bei den wichtigsten Nutzpflanzen hat dazu geführt, daß sich die Versorgungslage auch in vielen armen Ländern erheblich verbessert hat. Ohne eine weitere Erhöhung der landwirtschaftlichen Produktivität werden Nahrungsmittel in den Armutsgebieten der Welt jedoch zunehmend knapp. Nachhaltige landwirtschaftliche Technologien erfordern gerade jetzt vermehrte Forschungs- und Entwicklungsinvestitionen zur Reduzierung des latenten Konfliktes zwischen Naturraumerhaltung und Ernährungsbedarf. Die Potentiale der modernen Biotechnologie und Gentechnik müssen dazu genutzt werden.

Ohne eine weitere Erhöhung der landwirtschaftlichen Produktivität werden Nahrungsmittel in den Armutsgebieten der Welt zunehmend knapp.

Sowohl die Nutzung als auch die Nichtnutzung von Agro-Technologie birgt Risiken für die Nachhaltigkeit, die im konkreten Fall abgewogen werden müssen. Landwirtschaftliches Wachstum ohne technische Verbesserung mit niedrigen Inputeinsätzen ist durch die Erschöpfung von Ressourcen und die Erschließung von neuen Anbauflächen nur für eine begrenzte Zeit möglich. Ein solches Wachstum ist nicht nachhaltig. Meistens führt es zum Raubbau an Ressourcen sowie zu tiefgreifenden Umweltschädigungen (*Tab. 2*). Waldrodungen und Erosion sind oft dem alternativlosen Versuch der Armen, sich selber zu ernähren, zuzuschreiben.[9] Nach Schätzungen lebt die Hälfte der armen Bauern in Afrika in einer Umge-

Folgen landwirtschaftlichen Wachstums ohne entsprechende Agro-Technologie — Tab. 2

Änderungen in der Landwirtschaft/Methoden	Auswirkungen auf die Umwelt: primäre	Auswirkungen auf die Umwelt: sekundäre	Auswirkungen auf die Bevölkerung
• Übermäßige Ausweitung der Anbaufläche	• Versteppung • Waldrodung • Wasserscheiden-Degradierung	• Dürre • Überschwemmungen • Klimaänderungen	• Verarmung/Produktivitätsrückgang • Wanderungsbedingter Gesundheitsstreß
• Raubbau an Ressourcen (z.B. Auslaugung von Böden, Überweiden)	• Erosion • Abnahme der Bodenfruchtbarkeit		• Übertragbare Krankheiten • Chronische Nahrungsunsicherheit • Saisonbedingte Fehlernährung • Hungersnot

bung mit höchst anfälligen natürlichen Ressourcen. In Mittel- und Südamerika liegt die entsprechende Zahl bei etwa 80 Prozent.

Verarbeitung und Vermarktung

In Anbetracht der für die nächsten 30 Jahre prognostizierten Verdoppelung der städtischen Bewohner werden die Lagerung, Verarbeitung und der Transport von Nahrungsmitteln eine immer wichtigere Rolle spielen, um den wachsenden Bedarf der Stadtbevölkerung zu decken. In diesem Zusammenhang ist besonders die Haltbarkeit der Lebensmittel von Bedeutung. Die technologischen Möglichkeiten in der nahrungsmittelverarbeitenden Industrie reichen dabei heute von der Vakuumverpackung über die Gefriertrocknung bis hin zu modernen Konservierungsmethoden wie z. B. dem Ultrahocherhitzen von Milch. Versuche mit Hochdruckkonservierungsmethoden lassen vermuten, daß die Haltbarkeit bei gleichzeitiger Beibehaltung des Geschmacks und der Vitamine noch erheblich verlängert werden kann.

Biotechnologie verändert nicht nur traditionelle Verarbeitungsprozesse wie das Brotbacken und die Käseherstellung. Sie bringt auch genetisch veränderte Nahrungsmittel auf den Markt, die unter den Verbrauchern Unsicherheiten hinsichtlich ihrer Wirkung auf den Organismus ausgelöst haben. Die gleiche Technologie ermöglicht es aber auch, daß allergene Stoffe in Lebensmitteln erkannt und eliminiert werden. Während unsere Vorfahren nur durch schlichtes Ausprobieren feststellen konnten, ob ihre Nahrung Giftstoffe enthielt, wird die Unbedenklichkeit von Lebensmitteln heute durch wissenschaftliche Kenntnisse und moderne Untersuchungsmethoden gewährleistet. Pestizidrückstände, Pflanzenkarzinogene und Gifte wie Solanin in der Kartoffel oder Glucosinolat im Raps lassen sich heute eindeutig feststellen und kontrollieren. Überdies haben Informationsaustausch, Verbraucherberatung und bessere Hygiene zu einer erhöhten Nahrungsmittelqualität geführt.

Informationsaustausch, Verbraucherberatung und bessere Hygiene haben zu einer erhöhten Nahrungsmittelqualität geführt.

Eine nachhaltige Verbesserung der Ernährung

Die Entwicklung der Welternährungssituation im 21. Jahrhundert hängt entscheidend vom politischen Handeln ab.

Wie sich die Welternährungssituation im 21. Jahrhundert entwickeln wird, hängt entscheidend vom politischen Handeln ab. Voraussetzung für eine nachhaltige Überwindung der Armut ist ein wirtschaftliches Wachstum mit breit gestreuten Einkommens- und Beschäftigungsauswirkungen, von denen auch die Armen profitieren. Bei hohen Investitionen in landwirtschaftliche Entwicklung, Gesundheit und Bildung, die zugleich die wirtschaftliche Wachstumsentwicklung in den Entwicklungsländern fördern, reduziert sich die Zahl der Unterernährten absolut. Ohne diese Förderung müßten die unterentwickelten Länder zunehmend von den Industrieländern »miternährt« werden, und die Zahl der Unterernährten wäre im Jahr 2020 noch so hoch wie 1990.[10]

Aber auch direkte Maßnahmen zur Bekämpfung des Hungers wie beispielsweise Schulspeisungen und Mutter/Kind-Ernährungsprogramme sind nicht nur Ergänzungen, sondern geradezu Voraussetzung für die nachhaltige Sicherung der Ernährung der Armen. Denn erst solche Maßnahmen sichern ein langfristig produktives Leben. Investitionen in die verbesserte Ernährung der Armen ist humanitär geboten und zielt auf die Überwindung eines der größten Symptome von Politikversagen.

Im 21. Jahrhundert wird es aber auch darum gehen, von der Überwindung der Ernährungsprobleme der Armut nicht in die typischen Ernährungsprobleme des Wohlstandes umzusteigen. Die dafür erforderliche Anpassung an ein gesundheitsförderliches Konsumverhalten ist eine der größten Herausforderungen im Rahmen der Gesamtbemühungen um eine verbesserte Ernährungslage. Dieses Problem hat enge Bezüge zum Konsum von Fett und tierischen Veredlungsprodukten. Ohne einen Wandel des Konsumverhaltens wird sich beispielsweise die Fleischnachfrage in den Entwicklungsländern in der Zeit bis 2020 verdoppeln bis verdreifachen. Mehr als die Hälfte der zukünftigen zusätzlichen Getreideproduktion würde in die tierische Veredelungswirtschaft, also in die Fleisch- und Milchproduktion gehen. Eine Effizienzsteigerung in der tierischen Veredlung und der Wandel der Konsumgewohnheiten (mit geringerem Anteil an tierischen Veredlungsprodukten in der Diät bei steigendem Einkommen) werden für die Nachhaltigkeit des Welternährungssystems ebenso wichtig sein wie die erhöhte Produktivität auf dem Feld.

Präferenzen zu ändern ist allerdings schwer und kann nur mit demokratischen Mitteln erreicht werden. In freiheitlichen Gesellschaften werden Verbraucher nicht im Interesse von Ernährungs- und Gesundheitszielen gegängelt, sondern Aufklärungsmaßnahmen und Marktmechanismen zur Änderung des Verhaltens sind Teil von Strategien zur Förderung einer gesunden Ernährung. Allerdings dürfen auch die Grenzen einer Aufklärung über Ernährung nicht aus dem Auge verloren werden. Viele gesundheitspolitisch wünschenswerte Verhaltensänderungen erfordern von den Haushalten den Einsatz von Ressourcen (darunter auch Zeit) zur Erreichung eines entsprechenden Ergebnisses.

Die Überwindung von Hunger hat auch mit der Bereitschaft zum Teilen zu tun.

Die Herausforderung, intelligente Lösungen des Ernährungsproblems zu finden und rasch umzusetzen, bleibt immens, insbesondere, wenn die natürlichen Ressourcen nachhaltig genutzt werden sollen. Die Konfliktlage zwischen »Welternährung sichern und Natur erhalten« läßt sich nicht durch isolierten Schutz der Natur, sondern nur durch rasche Reduzierung der Armut überwinden – das bedeutet, mit den Armen die armutsbedingten Umweltprobleme bekämpfen. Die Überwindung von Hunger ist allerdings nicht nur ein Problem von mangelndem Wissen und Technologie, sondern im Kern ein Problem von Politik und Macht sowie der Bereitschaft zum Teilen.

Anmerkungen

1 WHO 1997.
2 von Braun u. a. 1998.
3 Scrimshaw 1994.
4 WHO 1995.
5 Kohlmeier u. a. 1993.
6 Montanari 1993.
7 FAO 1996b.
8 FAO 1996c.
9 Vosti 1994.
10 Rosegrant 1995.

Zukunft der Arbeit

Franz Lehner

Die Agenda 21 setzt der Welt anspruchsvolle, aber keineswegs radikale ökologische Ziele. Selbst diese Ziele erscheinen gegenwärtig jedoch wirtschaftlich und gesellschaftlich nicht vertretbar und politisch nicht durchsetzbar. Die Sicherung der Wettbewerbsfähigkeit der Wirtschaft, die Bekämpfung der Arbeitslosigkeit und die Stärkung des Wachstums scheinen für einen konsequenten Umweltschutz oder gar für die Einleitung einer zukunftsfähigen Wirtschaftsentwicklung wenig Raum zu lassen. Zwischen Wettbewerbsfähigkeit, Wachstum und Beschäftigung einerseits und Ökologie andererseits wird sogar vielfach ein scharfer, kaum überbrückbarer Gegensatz aufgebaut.

Zwischen Wettbewerbsfähigkeit, Wachstum und Beschäftigung einerseits und Ökologie andererseits wird ein scharfer Gegensatz aufgebaut.

Die gegenwärtigen wirtschaftlichen Strukturen und viele der damit verbundenen Produktionskonzepte in Deutschland und anderen entwickelten Volkswirtschaften sind nicht nur ökologisch, sondern auch sozial und ökonomisch nicht mehr zukunftsfähig. Sie sind ökonomisch durch den globalen Strukturwandel und die Entwicklung neuer Produktionssysteme überholt worden und führen ökologisch durch eine geringe Ressourcenproduktivität zu einem Verlust der natürlichen Grundlagen unserer Wirtschaft. Das Verharren in diesen Strukturen schafft eine wachsende und anhaltende Arbeitslosigkeit und führt schon seit den 70er Jahren dazu, daß sich das Wirtschaftswachstum kaum mehr in einem Zuwachs an Wohlstand und Lebensqualität niederschlägt.

Ist die Erwerbsarbeit zukunftsfähig?

Unter dem Eindruck einer anhaltend hohen Arbeitslosigkeit wird derzeit intensiv über die Zukunft der Erwerbsarbeit diskutiert. Zur Debatte steht nicht nur, ob die Vollbeschäftigung in entwickelten

Volkswirtschaften der Vergangenheit angehört und in den sich entwickelnden Volkswirtschaften erst gar keine Zukunft hat, sondern auch, ob Erwerbsarbeit in Zukunft noch für alle Menschen ein existenzsicherndes Einkommen zu vermitteln vermag. Es gibt eine wachsende Zahl von »Propheten der Massenarbeitslosigkeit«.[1] Das Hauptargument ist dabei – so auch die Botschaft des neuen Berichtes an den Club of Rome von Orio Giarini und Patrick Liedtke[2] –, daß die modernen Gesellschaften entweder eine hohe Massenarbeitslosigkeit hinnehmen oder neue Möglichkeiten der Definition und der Verteilung von Arbeit schaffen müssen.

Die Arbeitslosigkeit nahm zu, obwohl auch die Zahl der Erwerbstätigen stieg.

In den meisten entwickelten Volkswirtschaften wächst der Sockel der Arbeitslosigkeit seit Mitte der 70er Jahre. Allerdings ist bis in die 90er Jahre hinein die Beschäftigung (also die Zahl der Erwerbstätigen) ebenfalls gestiegen. Die Arbeitslosigkeit nahm häufig zu, obwohl die Zahl der Erwerbstätigen (die Beschäftigung) ebenfalls im Steigen begriffen war, weil mehr Menschen in den Arbeitsmarkt eintraten. Hinter solchen Verallgemeinerungen stecken recht unterschiedliche Entwicklungen in den einzelnen Ländern. Frankreich und Italien verzeichneten in den 80er und 90er Jahren eine hohe und leicht steigende Arbeitslosenquote; die Beschäftigung in Frankreich ist nach deutlichen Einbrüchen Anfang der 90er Jahre jetzt wieder zunehmend, während sie in Italien weiterhin stagniert oder sinkt. In Deutschland hat die Arbeitslosigkeit in den 90er Jahren zugenommen, während die Beschäftigung leicht rückläufig ist. Die Schweiz wird nach jahrelanger Spitzenposition mit niedriger Arbeitslosigkeit und wachsender Beschäftigung in den 90er Jahren mit einem erheblichen Anstieg der Arbeitslosigkeit und einer sinkenden bzw. stagnierenden Beschäftigung konfrontiert. Auch Schweden erlebte nach vielen Jahren niedriger Arbeitslosenquote eine sprunghafte Zunahme Anfang der 90er Jahre, während gleichzeitig auch die Zahl der Erwerbstätigen einbrach. In den Niederlanden ist dagegen seit Mitte der 80er Jahre ein deutlicher Rückgang der Arbeitslosenquote zu verzeichnen, aber auch eine leichte Verschlechterung bei der Beschäftigung. Großbritannien hat nach wie vor eine hohe, wenn auch leicht rückläufige Arbeitslosenquote und erlebte Anfang der 90er Jahre einen deutlichen Einbruch der Beschäftigung, die auch weiterhin kaum wächst. Im Gegensatz zu den meisten europäischen Ländern hat Japan die Arbeitslosigkeit durchgängig auf niedrigem Niveau gehalten, erlebt aber jetzt nach mehreren Jahren eines Beschäftigungszuwachses eine Stagnation der Erwerbstätigkeit. Die USA, die Anfang der 80er Jahre unter hoher Arbeitslosigkeit litten, konnten diese fast halbieren und gleichzeitig eine beträchtliche Zunahme der Beschäftigtenzahl seit Anfang der 90er Jahre erzielen. Allerdings stagnierten oder sanken dabei die Realeinkommen.

Die unterschiedlichen Situationen in den OECD-Ländern machen deutlich, wie schwierig es in den entwickelten Volkswirtschaften häufig ist, Beschäftigung zu sichern und zu verbessern. Sie zeigen aber auch, daß keineswegs davon auszugehen ist, daß in diesen Ländern generell die Erwerbsarbeit verschwindet. Auch wenn wir vielerorts eine zunehmende Sockelarbeitslosigkeit feststellen müssen und die Beschäftigung nur wenig zunimmt, zeigen Erfahrungen aus den USA, Japan und auch den Niederlanden, daß hohe Arbeitslosigkeit kein unentrinnbares Schicksal ist. Durch mehr Dienstleistungen und die Entwicklung neuer Technologien und Märkte haben die USA die Beschäftigung deutlich verbessert. Japan wiederum ist es gelungen, die Arbeitslosigkeit auf einem niedrigeren Niveau zu halten. In den Niederlanden sind es vor allem flexiblere Arbeitsstrukturen, die einen Abbau der Arbeitslosigkeit herbeiführten. Wenig erfolgreich waren dagegen die Länder, die die Arbeitslosigkeit vor allem über die Lohnkosten zu bekämpfen versuchten.

Es ist keineswegs davon auszugehen, daß in den entwickelten Ländern die Erwerbsarbeit verschwindet.

Vor diesem Hintergrund muß man sich die Frage stellen, woran es liegt, daß viele der entwickelten Volkswirtschaften derart große Beschäftigungsprobleme haben, und warum es häufig nicht mehr gelingt, mit Erwerbsarbeit den Wohlstand der breiten Bevölkerung zu sichern. Eine Antwort auf diese Frage gibt die OECD[3], die dahingehend argumentiert, daß Beschäftigungsprobleme ebenso wie stagnierende oder sinkende Realeinkommen ihre Ursache vor allem in Innovationsdefiziten und einem verzögerten Strukturwandel haben. Auch andere Studien belegen, daß Wirtschaft und Politik in den entwickelten Volkswirtschaften vielfach zu zögerlich und zu wenig innovativ auf den globalen Strukturwandel reagieren.[4]

Die Triebkräfte des Wandels

Die Debatte über die Zukunft der Erwerbsarbeit ist nicht gerade neu. Vor allem in den 70er und 80er Jahren wurde heftig diskutiert, ob die Automatisierung und die Entwicklung der computer-integrierten Produktionssysteme menschenleere Fabriken erzeugen würden, in denen es zwar viel Produktion, aber wenig Arbeit gibt. Gleichzeitig wurden mit computergestützten Technologien Hoffnungen auf neue Arbeitsplätze verbunden. Diese Debatte ging insofern an der Realität vorbei, als seit Mitte der 80er Jahre die Produktivitätsentwicklung in der Industrie nicht durch computergestützte Produktionstechnologien, sondern durch anthropozentrische (menschenzentrierte) Produktionssysteme mit flachen Hierarchien, dezentraler Organisation, Gruppenarbeit und qualifizierter Arbeit vorangetrieben wird. Der Trend zur vollautomatisierten Fabrik hat sich nicht durchgesetzt.[5]

Es mag wie Hohn klingen, wenn man feststellen muß, daß gerade die Entwicklung von anthropozentrischen Produktionssystemen einen gewichtigen »Beitrag« zu den gegenwärtigen Beschäftigungsproblemen in Europa geleistet hat. Das liegt daran, daß mit der Einführung dieser Systeme eine neue wirtschaftliche Organisationsdynamik und weitreichende Veränderung von Wettbewerbsbedingungen ausgelöst wurde. Zwischen den Unternehmen in den entwickelten Volkswirtschaften entfaltet sich ein scharfer Produktivitätswettstreit und ein stark kostengetriebener Wettbewerb, der sich auch auf neue Industrieländer auswirkt. Gleichzeitig werden die traditionellen Grenzen zwischen Qualitätsproduktion und Massenproduktion immer mehr verwischt, die bisher viele Unternehmen vor allem in Europa vor einem scharfen Preiswettbewerb und Produktivitätsdruck geschützt haben. Die Produktivität ist für die meisten Unternehmen zum entscheidenden Faktor der Wettbewerbsfähigkeit geworden. Das hat häufig massive Beschäftigungsverluste zur Folge – viele Unternehmen können ihre Wettbewerbsfähigkeit nur noch zu Lasten der Beschäftigung sichern.

Die Produktivität ist zum entscheidenden Faktor der Wettbewerbsfähigkeit geworden.

Wachsende Produktivität muß jedoch nicht zwangsläufig zu Arbeitsplatzverlusten führen, sondern kann ebensogut auch die Schaffung neuer Arbeitsplätze anstoßen. Eine höhere Produktivität hat zwar grundsätzlich immer eine Freisetzung von Arbeitskräften zur Folge, sie kann diese Freisetzung aber durch direkte und indirekte Beschäftigungswirkungen kompensieren.

Bei Unternehmen, die ihre Produktivität steigern konnten, kann sich die dadurch gestiegene Wettbewerbsfähigkeit in einem höherem Absatz niederschlagen, der die Freisetzung durch Produktivität direkt kompensiert. Gesamtwirtschaftlich können indirekte Kompensationseffekte durch Preissenkungen oder durch Lohnsteigerungen erzeugt werden, die zu einer verstärkten Nachfrage führen. Das schließt mit ein, daß Produktivitätssteigerungen häufig neue Maschinen und Anlagen erfordern, die zu neuer oder höherwertiger Nachfrage in der Investitionsgüterindustrie führen.[6]

Die in den letzten Jahren in vielen entwickelten Volkswirtschaften schwache, stagnierende oder gar rückläufige Beschäftigungsentwicklung läßt erkennen, daß diese Kompensationsmechanismen nicht hinreichend wirksam waren. Das liegt zum Teil in der Natur der Produktivitätsentwicklung, zum größeren Teil aber an Rahmenbedingungen, die sich im Zusammenhang mit der Globalisierung herausgebildet haben. Die Produktivitätsentwicklung wird gegenwärtig größtenteils organisatorisch und weniger technisch vorangetrieben. Deshalb schlägt sie sich auch nur zum Teil in einer größeren oder höherwertigen Nachfrage in der Investitionsgüterindustrie nieder.

Im Rahmen der Globalisierung der Wirtschaft ist der Produktivitätsdruck in den entwickelten Volkswirtschaften besonders groß für Unternehmen, die in technisch und wirtschaftlich weitgehend ausgereiften Märkten tätig sind. Gleichzeitig ist in diesen Märkten die Nachfrageentwicklung zu schwach, um wirkliche Chancen zu bieten, durch eine Verbesserung der Wettbewerbsfähigkeit produktivitätsbedingte Freisetzungen zu kompensieren. Auch in High-Tech-Märkten mit hoher Wachstumsdynamik baut sich häufig ein verschärfter Preiswettbewerb und ein hoher Produktivitätsdruck auf. Diese Märkte entwickeln sich wegen eines hohen Innovationstempos und hoher Investitionen oft zu »winner-take-all«-Märkten[7], auf denen wenige erfolgreiche Unternehmen große Marktanteile erwerben und große Gewinne einfahren, während weniger erfolgreiche Unternehmen leer ausgehen. Um zu den Gewinnern zu gehören, müssen Unternehmen nicht nur im Innovationswettbewerb die Nase vorne haben, sondern auch auf der Kostenseite besser dastehen. Deshalb wird in diesen Märkten das hohe Wachstum, bezogen auf die Beschäftigung, zu einem mehr oder weniger großen Teil durch eine hohe Rationalisierungsdynamik konterkariert.

Nicht die Globalisierung ist das eigentliche Problem, sondern die Art und Weise, in der Wirtschaft und Politik auf sie reagieren.

Das alles scheint diejenigen zu bestätigen, die in der Globalisierung die eigentliche Wurzel der Beschäftigungsprobleme in den entwickelten Volkswirtschaften sehen. Das mag vordergründig plausibel erscheinen; bei näherer Betrachtung zeigt sich jedoch, daß nicht die Globalisierung das eigentliche Problem ist, sondern die Art und Weise, in der Wirtschaft und Politik auf sie reagieren.

Die wirklichen Herausforderungen der Globalisierung

Globalisierung ist nicht gleichzusetzen mit einem furchterregenden Kapitalismus, der sich allen sozialen und politischen Fesseln entzieht.

Globalisierung ist zu einem modischen Konzept geworden, mit dem viele unserer drängenden Probleme, insbesondere die Beschäftigungsprobleme, erklärt werden. Was dabei als Globalisierung beschrieben wird, ist häufig das Schreckensbild eines furchterregenden Kapitalismus, der sich allen sozialen und politischen Fesseln entzieht. Bisweilen wird es als brutaler Machtkampf der multinationalen Unternehmen um die globale Vorherrschaft dargestellt oder als Kampf der Industrie in den entwickelten Volkswirtschaften mit der Konkurrenz aus den Billiglohnländern bzw. als erbarmungsloser Wettstreit der qualifizierten, aber teuren Arbeitskraft aus Deutschland oder Frankreich mit der billigen Arbeitskraft in Bangladesch oder der Ukraine.

Die Wirtschaft steht heute ohne Zweifel mitten in einem Globalisierungsprozeß, den wir noch nicht ganz überschauen. Wirtschaftliche Aktivitäten lösen sich immer mehr aus einem nationalen Rahmen heraus und wachsen in einen globalen Rahmen hinein. Das umfaßt nicht nur die Internationalisierung des Handels und der Märkte, sondern den Aufbau internationaler Produktions- und Innovationsstrukturen sowie eine weltweite Integration des Wettbewerbs in vielen Wirtschaftszweigen. Diese Entwicklungen sind größtenteils weder neu noch dramatisch.

Die Internationalisierung des Handels hat für eine Reihe neuer Industrieländer ungeahnte Chancen eröffnet und rasches Wachstum ermöglicht, aber auch den entwickelten Volkswirtschaften ein reales Wachstum beschert. Sowohl für diese als auch für viele neue Industrieländer in Asien wurde der Export zu einem wichtigen Wachstumsmotor. In den USA beispielsweise sind die Exporte von Gütern allein zwischen 1987 und 1991 um 66 Prozent gestiegen. Sie waren für über 40 Prozent des Wirtschaftswachstums verantwortlich und haben fast alle neuen Arbeitsplätze im verarbeitenden Gewerbe erzeugt. Auch in Deutschland und anderen OECD-Ländern hat der Export der Wirtschaft neue Wachstums- und Beschäftigungsimpulse vermittelt, während die Binnennachfrage häufig stagnierte. Die Folgen der Globalisierung sind also keineswegs nur negativ und bedrohlich für die entwickelten Industrieländer.

In den vergangenen Jahren haben sich viele dieser Länder durch eine forschungs- und entwicklungsintensive Produktion an den globalen Strukturwandel angepaßt. In diesem Bereich haben sie eine starke Position erworben und halten gegenwärtig noch über 80 Prozent des Welthandels mit technologieintensiven Gütern. In den entwickelten Volkswirtschaften hatten forschungsintensive und innovative Branchen in den vergangenen Jahren eine deutlich günstigere Beschäftigungsentwicklung als die Wirtschaft insgesamt. In der Spitzentechnologie, also in den Wirtschaftszweigen, deren Forschungs- und Entwicklungsquote über 8,5 Prozent beträgt, nahm die Beschäftigung in den 80er Jahren zu, während sie in den nicht forschungsintensiven Zweigen abnahm. Auch in der höherwertigen Technologie, also Wirtschaftszweigen mit einer Forschungs- und Entwicklungsquote zwischen 3,5 und 8,5 Prozent, gab es zumindest teilweise Beschäftigungszuwächse.[8]

In jüngster Zeit mußten jedoch auch in den technologieintensiven Industriezweigen Beschäftigungseinbußen hingenommen werden. Selbst die Spitzentechnologie nimmt seit 1992 von einem höheren Niveau ausgehend eine ähnliche Entwicklung wie nicht forschungsintensive Industriezweige. Eine mögliche Erklärung dafür ist, daß sich auch in vielen neuen Industrieländern die Zusammensetzung der Produktion rasch in Richtung auf einen höheren Technologiegehalt verändert. Seit den 70er Jahren haben sich die Anteile der neuen Industrieländer bei Hochtechnologie-Gütern mehr als vervierfacht. Die Konzentration auf Spitzen- und Hochtechnologie allein reicht nicht mehr aus, um in den entwickelten Volkswirtschaften die Beschäftigung zu sichern.

Die Wirtschaftsstrukturen in den »alten« und den neuen Industrieländern werden sich zunehmend ähnlicher. Sie wachsen zu einem globalen Netz[9] zusammen, in dem es keine nationalen Technologien, Produkte, Unternehmen und Industrien mehr gibt. Für die entwickelten Volkswirtschaften besteht die Herausforderung der Globalisierung darin, daß sie nicht in überkommenen Strukturen verharren, sondern sich dem globalen Wandel konsequent stellen und neue Märkte sowie neue wirtschaftliche Möglichkeiten erschließen. Nur so verhindern sie einen Einbruch bei der Beschäftigung.

Die entwickelten Volkswirtschaften müssen sich dem globalen Wandel konsequent stellen, neue Märkte und wirtschaftliche Möglichkeiten erschließen.

Eine zukunftsfähige Wirtschaft für das 21. Jahrhundert

Es wäre sicher vermessen, jene Wirtschaftsstrukturen für das 21. Jahrhundert vollständig darstellen zu wollen, die in den entwickelten Volkswirtschaften Vollbeschäftigung und Massenwohlstand sichern, den neuen Industrieländern und den Entwicklungsländern das baldige Erreichen einer gleichen oder gleichwertigen Lebensqualität ermöglichen und die auch noch ökologisch zukunftsfähig sind. Man kann jedoch Faktoren beschreiben, die zu diesen Wirtschaftsstrukturen führen. Es sind dies die Entwicklung einer wissensbasierten Wirtschaft, einer Dienstleistungsgesellschaft sowie eine massive Dematerialisierung der Produktion.

Die Industrieländer entwickeln sich schon seit Jahren immer mehr zu wissensbasierten Volkswirtschaften, in denen Wissen in Form von technologischer und sozialer Kompetenz, qualifizierter Arbeit und »intelligenten« Strukturen systematisch für die Erzeugung und Entwicklung von Gütern und Dienstleistungen mit hoher Qualität und hoher Wertschöpfung genutzt wird. Damit ist Wissen zu der wichtigsten Triebkraft von Produktivität und Wachstum geworden. Das bringt weitreichende und heute noch nicht absehbare strukturelle Veränderungen in Arbeits- und Organisationsstrukturen, in der Wirtschaft, im Bildungssystem und in vielen anderen Bereichen mit sich.

Wissen ist zur wichtigsten Triebkraft von Produktivität und Wachstum geworden.

Die rasche Entwicklung einer wissensbasierten Volkswirtschaft ist vor dem Hintergrund der Globalisierung für die Zukunft der Arbeit in den Industrieländern von entscheidender Bedeutung. In dem Maße, in dem in den angestammten Geschäftsfeldern und Märkten der Wirtschaft durch eine zunehmende internationale Konkurrenz Wachstumschancen und Arbeitsplätze verlorengehen und die Wettbewerbsfähigkeit nur noch zu Lasten der Beschäftigung gesichert werden kann, müssen neue Arbeitsplätze durch die Entwicklung von neuen Produkten, Dienstleistungen und Märkten geschaffen werden. Wie wichtig das ist, zeigt ein Vergleich der Arbeitsmärkte in den USA und in Europa. Entgegen einer weitverbreiteten Behauptung sind die amerikanischen Erfolge bei der Beschäftigungsentwicklung vor allem in den 90er Jahren nicht primär auf die Zunahme billiger Dienstleistungen zurückzuführen, sondern auf die Schaffung qualifizierter Industrie- und Dienstleistungsarbeitsplätze in neuen Märkten. Die Beschäftigungsprobleme in Europa rühren insbesondere daher, daß große Teile der Wirtschaft trotz teilweise hoher technologischer Kompetenz in ihren traditionellen Märkten verharren.[10]

Voraussetzung für die Entwicklung zu einer wissensbasierten Volkswirtschaft ist allerdings, daß sich auch das Innovationsgeschehen grundlegend verändert – ein beträchtlicher Teil der Wirtschaft muß von inkrementaler zu radikaler Innovation umstellen. Inkrementale Innovation beruht vor allem auf dem bekannten Wissen über die Eigenschaften der Nachfrage für ein Produkt, auf der Beschaffenheit des Produktes selbst und auf dem für seine Herstellung notwendigen Produktionsprozeß. Ein typisches Beispiel hierfür sind die meisten neuentwickelten Autos, die zwar wichtige technische Neuerungen enthalten, aber ansonsten auf bewährter Technik aufbauen und auch weitgehend mit erprobten Produktionsmethoden hergestellt werden. Sie sind zudem für bekannte Märkte bestimmt. Radikale Innovation dagegen hieße, ein neues Produkt für einen neuen Markt zu entwickeln. D. h., die von den potentiellen Käufern an das Produkt gestellten Anforderungen sind ebensowenig bekannt wie die Wettbewerbsbedingungen. Zudem sind wichtige Eigenschaften des Produktes und des Produktionsprozesses nicht oder nur unzureichend zu bestimmen. Radikale Innovation ist mit einem hohen Risiko verbunden, das durch neue betriebliche und überbetriebliche Organisationsstrukturen abgefangen werden muß. Dabei müssen Arbeitskräfte sehr viel stärker in die Wissensproduktion und deren Verknüpfung einbezogen werden.[11] Das verschafft der Arbeit einen neuen Stellenwert, bringt aber auch neue Anforderungen an ihre Qualifikation mit sich.

Die Entstehung von wissensbasierten Wirtschaftsstrukturen ist eng mit der Entwicklung einer Dienstleistungsgesellschaft verbunden.

Die Entstehung von wissensbasierten Wirtschaftsstrukturen ist eng mit der Entwicklung einer Dienstleistungsgesellschaft verbunden. Mit diesem Begriff ist nicht nur ein wachsender Anteil der Dienstleistungen am Bruttosozialprodukt und an der Beschäftigung gemeint, sondern weit darüber hinaus vom dritten Sektor geprägte wirtschaftliche und soziale Strukturen. Heute schon läßt sich eine immer engere Verflechtung von industrieller Produktion und Dienstleistungen beobachten – in der industriellen Produktion steigt der Dienstleistungsanteil, während gleichzeitig die Dienstleistungen immer mehr technologisiert und auf Produktionsformen umgestellt werden, wie wir sie in der Industrie kennen. Damit verbinden sich Chancen für die Entstehung einer neuen Qualitätsproduktion, die gerade auch für die entwickelten Volkswirtschaften neue Wachstums- und Beschäftigungspotentiale erschließt.[12]

Die zunehmende Verflechtung von industrieller Produktion und Dienstleistungen ist zu einem beträchtlichen Teil das Resultat der Entwicklung von wissensbasierten Wirtschaftsstrukturen. Die Produktion und Verknüpfung von Wissen erfordert sehr viel an Dienstleistungen in Forschung und Entwicklung, Design und Konstruktion, Bildung und Ausbildung, Informationsbereitstellung und -verarbeitung sowie in Organisation und Beratung. Ohne die modernen Informations- und Kommunikationstechnologien hätte dieser Prozeß gar nicht so rasch und so weit vorangetrieben werden können, wie das in den vergangenen Jahren geschehen ist und in Zukunft noch sehr viel stärker erforderlich sein wird.

Diese mit der Produktion und Verknüpfung von Wissen und den neuen Informations- und Kommunikationstechnologien verbundenen Dienstleistungen haben in den vergangenen Jahren sehr viel dazu beigetragen, daß neue Arbeitsplätze, insbesondere auch qualifizierte Beschäftigungen, entstanden sind. Zusammen mit einer ebenso rasanten Entwicklung bei den sozialen Dienstleistungen hat das rasche Wachstum dieses Arbeitsbereichs noch einmal gezeigt, daß der Dienstleistungssektor auch weiterhin ein wesentlicher Beschäftigungsmotor ist, obwohl mit der zunehmenden Technisierung auch eine beträchtliche Rationalisierung verbunden ist. Diese schlägt sich zwar in manchen Bereichen in Freisetzungen nieder, erzeugt aber gerade auch in den für die Beschäftigungsdynamik wichtigen sozialen Dienstleistungen über Kostensenkungen neue Nachfrage.[13]

Der Dienstleistungssektor ist auch weiterhin ein wesentlicher Beschäftigungsmotor.

Die Entwicklung einer wissensbasierten und die Entfaltung einer dienstleistungsstarken Wirtschaft ist auch unter ökologischen Gesichtspunkten zukunftsträchtig, weil sie sich gut mit einer Dematerialisierung der Wirtschaft verbinden läßt. Güter und Dienstleistungen müssen künftig mit sehr viel weniger nichterneuerbaren Ressourcen produziert werden als dies gegenwärtig der Fall ist. Die Ressourcenproduktivität muß innerhalb von wenigen Jahrzehnten um den Faktor 10 gesteigert werden. Das schafft nicht nur eine zukünftsfähige Wirtschaft, sondern vermittelt auch neue Impulse für Wachstum und Arbeit.[14]

Die unter ökologischen Gesichtspunkten unabdingbare Dematerialisierung, die übrigens einem auch schon seit einigen Jahren in weiten Teilen der Industrie beobachtbaren Trend entspricht, läßt sich mit konstruktivem Nutzen für den Strukturwandel zu einer wissensbasierten Volkswirtschaft mit einem hohen Dienstleistungsanteil rasch vorantreiben. Der Zusammenhang ist im Grunde genommen ganz einfach: Wenn die Wertschöpfung in einer Volkswirtschaft steigen und der Ressourcenverbrauch gleichzeitig drastisch sinken soll, dann muß der Anteil des Wissens an der Produktion von Gütern und Dienstleistungen ebenso wie der Dienstleistungsanteil der gesamten Wirtschaft drastisch steigen. Die Dematerialisierung ist letztlich nichts anderes als die ökologische Kehrseite der Entwicklung einer wissensbasierten und dienstleistungsstarken Volkswirtschaft. Damit bietet sich hier eine Chance, Wirtschaftsstrukturen auszubilden, die in den entwickelten Volkswirtschaften Vollbeschäftigung und Massenwohlstand sichern, den neuen Industrieländern und den Entwicklungsländern das baldige Erreichen einer gleichen oder gleichwertigen Lebensqualität ermöglichen und die auch noch ökologisch zukunftsfähig sind. Genau aus diesen Zutaten ist der Agenda 21-Kuchen gebacken: aus sozialer, ökonomischer, ökologischer und globaler Nachhaltigkeit.

Die Zutaten des Agenda 21-Kuchens: soziale, ökonomische, ökologische und globale Nachhaltigkeit

Anmerkungen

1 Castells 1996.
2 Giarini/Liedtke 1998.
3 OECD 1994 und OECD 1996.
4 Charles 1996.
5 Lehner 1997.
6 Stille/Bitzer, in: Lehner u. a. 1998.
7 Frank/Cook 1995.
8 Lehner u. a. 1993.
9 Reich 1991.
10 Lehner u. a., in: Lehner u. a. 1998.
11 Baethge/Baethge-Kinsky, in: Lehner u. a. 1998.
12 Charles/Lehner 1998.
13 Hilbert/Nordhause-Janz, in: Lehner u. a. 1998.
14 Bierter u. a. 1996.

Umwelt und Landschaft

Meinhard Schulz-Baldes

Das System Erde

Der Mensch ist ein sehr junges Lebewesen auf dem Planeten Erde.

Der Mensch ist, geologisch gesehen, ein sehr junges Lebewesen auf dem Planeten Erde, gerade mal wenige Millionen Jahre alt. Über Hunderttausende von Jahren lebte er im Kampf gegen die Natur, war ihr ausgeliefert und mußte mühsam seine ökologische Nische verteidigen. Dann folgte mit der Entwicklung der ersten Hochkulturen eine Phase des Miteinanders zwischen dem Menschen und seiner Umwelt. Bei relativ stetigem Bevölkerungswachstum besiedelte er fast alle Klima- und Vegetationsformen, paßte sich dem tropischen Regenwald genauso wie dem grönländischen Eisschild an, den Himalayahöhen ebenso wie der Weite der pazifischen Inselwelt. Seit rund hundert Jahren hat sich das Verhältnis Mensch-Umwelt aber qualitativ entscheidend verändert: Erstmals in der Geschichte wirkt sich menschliches Handeln auf das System Erde als Ganzes aus. Der Mensch ist selbst zu einem wichtigen und einflußreichen Systemfaktor geworden. Er greift tief in die Produktion und Verteilung von Biomasse ein, bestimmt oder beeinflußt in hohem Maße die Kreisläufe von Schwefel, Stickstoff, Phosphor und vielen Metallen, setzt große Mengen an Energie frei und schickt sich an, auch das Klima zu verändern. Zwar hat die Erde im Verlauf ihrer milliardenlangen Geschichte die unterschiedlichsten Lebensformen kommen und gehen sehen, hat Phasen mit sehr viel höheren Temperaturen als heute überdauert wie auch großflächige Vereisungen. Für die Menschheit sind diese Fakten wenig tröstlich, hat sie doch in 10.000 Jahren Kulturgeschichte so rasante Veränderungen ihrer Umwelt, wie sie heute stattfinden und für die Zukunft prognostiziert werden, noch nie erlebt. Die Erde kann mit anderen Faunen und Floren als den heutigen fraglos weiterexistieren, die Menschheit ist aber der Umwelt mit ihrem Nahrungsangebot angepaßt, die sich während der gemeinsamen Entwicklungsgeschichte auf dem Globus herausgebildet hat. Sprunghafte Veränderungen der physikalischen Umwelt haben schon immer tiefe Spuren in der Zusammensetzung von Pflanzen und Tieren hinterlassen, wie als klassisches Beispiel das Aussterben der Saurier vor 65 Millionen Jahren zeigt.

Sprunghafte Veränderungen der physikalischen Umwelt haben schon immer tiefe Spuren hinterlassen.

Die heutigen Umweltprobleme gewinnen zunehmend globalen Charakter und werden sich ohne Gegenmaßnahmen in Zukunft massiv weiter verstärken. Die Hauptursachen und -auswirkungen beherrschen immer wieder die Schlagzeilen der Medien, auch wenn sie der einzelne nur sehr sporadisch am eigenen Leibe erfährt.

Wie aber können die vielfältigen Veränderungen durch den globalen Wandel analysiert und dargestellt, wie die Wechselwirkungen zwischen Natur und Gesellschaft gezeigt werden? In diesem Kapitel soll dafür der »Syndromansatz« gewählt werden, eine neue Methode zur Abbildung der wichtigsten »Erdkrankheiten« in einer Landschaft. Syndrome lassen sich als Weltschadenskarten darstellen. Wenn man mehrere dieser Karten übereinander hält, ergibt sich ein Bild der wichtigsten Krankheiten einer Landschaft. Die Agenda 21 liefert für die einzelnen Problembereiche Handlungsanweisungen und Lösungsansätze.

Die Krisenherde im System Mensch-Umwelt: Das Syndrom-Konzept

Für die Darstellung der Krise Mensch-Umwelt werden meist zwei unterschiedliche Wege gewählt. Traditionell befassen sich die Einzelwissenschaften mit den zahllosen Facetten der globalen Umweltveränderungen. Diese Einzelbetrachtungen sind zweifellos die notwendige und unerläßliche Basis für jede weitergehende systematische Betrachtung. Die bloße Addition der Einzelergebnisse aus etwa Biologie, Chemie, Physik, Agronomie und Ökonomie jedoch liefert noch längst kein Abbild der komplexen Zerstörung der Böden – immerhin eines der gravierendsten Probleme unserer Zeit. Der zweite Weg wiederum geht umgekehrt vor. In einem »Top down«-Ansatz werden die wichtigsten Prozesse auf der Erde in einem Computermodell zusammengefaßt. Durch immer bessere geographische Auflösung und Prozeßanalyse hofft man, die Dynamik des Systems Erde hinreichend abzubilden und dann durch Modelläufe Aussagen für die Zukunft zu gewinnen. Dieses Vorgehen wirft unweigerlich die Frage auf, ob das mathematische Modellverfahren für natürliche Prozesse auch für das Verhalten von menschlichen Gesellschaften oder gar von Individuen zutrifft. Für die Darstellung der Krisenherde im System Mensch-Umwelt soll deshalb ein Mittelweg gewählt werden, den einerseits eine ganzheitliche Sicht des Systems Erde charakterisiert, der aber andererseits auf eine exakte quantitative Beschreibung verzichtet.

Der Wissenschaftliche Beirat der Bundesregierung Globale Umweltveränderungen (WBGU) entwickelt in seinen jährlichen Gutachten seit 1993 eine Beschreibung der Mensch-Umwelt-Beziehungen, die mit einem medizinischen Fachausdruck benannt werden: den Syndromen. Ein Arzt bezeichnet mit einem Syndrom ein Krankheitsbild, das durch das gleichzeitige Auftreten von Einzelbefunden (Symptomen) wie Fieber, Schüttelfrost und Hautausschlag gekennzeichnet ist. Dabei ist der ursächliche Zusammenhang der Einzelbefunde nicht oder kaum bekannt. Nehmen wir für unsere Zwecke einmal an, die Erde sei ein Organismus, dann beschreiben die Syndrome sozusagen jene »Erdkrankheiten«, die durch das gleichzeitige Auftreten bestimmter Symptome des globalen Wandels, wie Süßwasserknappheit, Globalisierung der Märkte oder Bevölkerungswachstum und die Wechselwirkungen zwischen diesen Symptomen (verstärkend, abschwächend oder selbstverstärkend) gekennzeichnet sind. Die Erdkrankheiten oder Syndrome setzen sich immer aus Symptomen sowohl der Natursphäre (Atmosphäre, Biosphäre, Hydrosphäre, Böden) als auch der menschlichen Sphäre (Bevölkerung, Ökonomie, Wissenschaft und Technik, soziale Organisation, psychosoziale Sphäre) zusammen und sind damit genau auf die Schnittstelle Mensch-Natur fokussiert. Eine Grundidee des Syndromkonzepts ist weiterhin, daß der Umgang des Menschen mit den Naturressourcen an vielen Stellen der Erde ähnlich ist und daher auch ähnliche Muster im Zusammenwirken der Trends erkennen läßt – natürlich in der Hoffnung, daß sich aus dieser Analyse gemeinsame Heilungschancen entwickeln lassen. Mit 16 Syndromen, die große Flächen oder eine große Anzahl von Menschen »befallen« haben oder eine internationale Lösung erfordern und somit als global angesehen werden können, ist der Umgang des Menschen mit seiner Umwelt, den Bodenschätzen wie den Landschaftsformen, schon recht umfassend beschrieben.

Die Erdkrankheiten oder Syndrome setzen sich aus Symptomen der Natursphäre und der menschlichen Sphäre zusammen.

Der Name eines Syndroms ist als schlaglichtartiges Kürzel zu verstehen, das einen Tatbestand oder einen charakteristischen Ort aufgreift. Die Erdkrankheit ist aber nicht auf den in dem Namen aufgegriffenen Ort beschränkt. Vielmehr liefert die Kurzbeschreibung einen Hinweis auf den genaueren Mechanismus. Die 16 Syndrome lassen sich grob drei Gruppen zuordnen:

- Syndrome als Folge einer unangepaßten Nutzung von Naturressourcen (Nutzungssyndrome)
- Mensch-Umwelt-Probleme, die sich aus nicht-nachhaltigen Entwicklungsprozessen ergeben (Entwicklungssyndrome)
- Umweltdegradation durch unangepaßte zivilisatorische Entsorgung (Senkensyndrome)

Die nachfolgende Beschreibung kann nur einen ersten Eindruck des Konzepts geben. Es werden allerdings nur die Syndrome ausführlicher vorgestellt, die einen besonders ausgeprägten Bezug zum Thema Landschaft haben. Die restlichen Syndrome sind nur mit einer Kurzerläuterung versehen.

Nutzungssyndrome

Das *Sahel-Syndrom* bezeichnet solche Degradationserscheinungen, die bei einer Überschreitung der ökologischen Tragfähigkeit in jenen Regionen auftreten, in denen die natürlichen Umweltbedingungen (Klima, Böden) nur begrenzte landwirtschaftliche Nutzungen zulassen. Typische Merkmale dieses Musters sind die Degradation von Böden (Erosion, Verlust von Fruchtbarkeit, Versalzung), die Ausbreitung wüstenähnlicher Verhältnisse (Desertifikation), die Verwendung fossiler Süßwasserreserven, die Umwandlung naturnaher Ökosysteme (etwa durch Entwaldung), der Verlust biologischer Vielfalt und die Veränderung des regionalen Klimas.

Das Sahel-Syndrom tritt typischerweise in Regionen auf, in denen ländliche Armutsgruppen und von Ausgrenzung bedrohte Bevölkerungsschichten durch eine Übernutzung der Agrarflächen (Überweidung, Holzeinschlag, Ausweitung von Ackerbau auf ökologisch empfindliche Gebiete) einer zunehmenden Degradation ihrer natürlichen Umwelt ausgesetzt sind. Daraus entstehen Probleme wie wachsende Verarmung, Landflucht, eine steigende Anfälligkeit gegenüber Nahrungskrisen sowie die Zunahme von politischen und sozialen Konflikten um die knappen Ressourcen.

Das Sahel-Syndrom bringt wachsende Verarmung, Landflucht, Nahrungskrisen, politische und soziale Konflikte mit sich.

Im Sahelgebiet selbst sind inzwischen durch die Destabilisierung der ländlichen Produktions- und Sozialsysteme mehr als die Hälfte der Bevölkerung von Hunger bedroht. Ein anderes Beispiel für das Sahel-Syndrom ist die Rodung von Tropenwäldern mit nachfolgender landwirtschaftlicher Nutzung auf dafür ungeeigneten Böden. Erosionsbedingte Überschwemmungskatastrophen im Süden Thailands sind beispielsweise eine direkte Folge dieser Nutzungsform im Norden des Landes.

Das *Raubbau-Syndrom* beschreibt die Umwandlung natürlicher Ökosysteme durch den Raubbau an biologischen Ressourcen. Hiervon sind sowohl terrestrische (Wälder, Savannen) als auch marine Ökosysteme (Fischgründe) betroffen. Die Ökosysteme werden ohne Rücksicht auf ihre Regenerationsfähigkeit übernutzt, mit schwerwiegenden Folgen für den Naturhaushalt. Die unmittelbaren Folgen sind der Verlust von Lebensräumen für Tiere und Pflanzen und somit von biologischer Vielfalt und – besonders in bergigen Regionen – die Bodenerosion. Für die lokale Bevölkerung bedeutet die Umwandlung der Ökosysteme den direkten Verlust der Lebensgrundlage, was die Verarmung und das Verschwinden von kultureller Identität zur Folge hat. Das Zulassen eines am kurzfristigen Gewinn orientierten Abbaus von natürlichen Ressourcen ist ein typisches Merkmal des Raubbau-Syndroms.

Das Raubbau-Syndrom entsteht durch die Übernutzung von Ökosystemen ohne Rücksicht auf ihre Regenerationsfähigkeit.

Beispiele sind der Kahlschlag tropischer Regenwälder (in Brasilien, Malaysia, Indonesien, Myanmar) und die Rodung von Mangroven im Gezeitenbereich tropischer Küsten, häufig zwecks Anlage von Garnelenzuchten. Ein anderer Brennpunkt ist derzeit die Übernutzung der Wälder Sibiriens, wo Nadelwälder mit Hilfe moderner Harvester-Technik durch Kahlschlag großflächig vernichtet werden. Ein weiteres Raubbau-Syndrom ist die Überfischung der Weltmeere. Mit Hilfe technologisch hocheffizienter, aber ökologisch rücksichtsloser Fangmethoden werden inzwischen alle 17 der weltweit wichtigsten Fanggründe an oder über der Grenze ihrer Tragfähigkeit befischt, bei 13 sind die Bestände mehr oder weniger stark dezimiert.

Das *Landflucht-Syndrom* bezeichnet die qualitative Verschlechterung der Umwelt durch die Preisgabe traditioneller Landnutzungsformen.

Mit dem *Dust-Bowl-Syndrom* werden diejenigen Umweltschädigungen beschrieben, bei denen Böden oder Gewässer unter hohem Energie-, Kapital- und Technikeinsatz nicht-nachhaltig genutzt werden. Die moderne Landwirtschaft zeichnet sich dadurch aus, daß sie auf den verfügbaren Flächen die größtmöglichen Erträge zu erzielen versucht. Allerdings werden diesem Ziel häufig wichtige Umweltaspekte untergeordnet. Zu diesem Syndrom gehören auch ähnlich motivierte Formen der Forstwirtschaft (z. B. die Pflanzung und der Einschlag schnellwachsender Monokulturen ohne Rücksicht auf die Verschlechterung der Böden oder den Verlust der Biodiversität).

Der zentrale Mechanismus des Dust-Bowl-Syndroms ist der massive Wettbewerb um regionale und zunehmend auch globale Märkte für Agrarprodukte, die durch Handelsschranken und ungenügende Internalisierung der Umwelteffekte stark verzerrt sind. Gefördert wird das Syndrom durch hohe Subventionen auf Energie, Roh- und Betriebsstoffe (in der EU und in Nordamerika). Kein Wunder, daß diese beiden Kontinente daher auch die Brennpunkte des Dust-Bowl-Syndroms sind.

Unter dem Namen *Katanga-Syndrom* werden die Schädigungen der Umwelt zusammengefaßt, die entstehen, wenn ohne Rücksicht auf die Bewahrung der natürlichen Umgebung nicht-erneuerbare Ressourcen abgebaut werden. Der Abbau erfolgt zwar meist nur temporär, hinterläßt aber in vielen Fällen dauerhafte, zum Teil irreversible Umweltschäden. Zu unterscheiden sind einerseits die Umweltfolgen durch die Giftigkeit der freigesetzten Stoffe (z. B. durch Quecksilber oder Kupfer) und andererseits die Auswirkungen auf die Landschaft durch die Verschiebung großer Materialmassen (wie der Abbau von Kies, Braunkohle oder Diamanten).

Typisch für das Katanga-Syndrom ist die großflächige Vernichtung natürlicher Ökosysteme oder kulturfähiger Böden.

Typisch für das Syndrom sind die großflächige Vernichtung natürlicher Ökosysteme oder kulturfähiger Böden, was beim Tagebau in Entwicklungs- und Schwellenländern besonders ausgeprägt ist, während in fast allen Industrieländern die Zwischenlagerung solcher Böden inzwischen gesetzlich vorgeschrieben ist. Die negativen Folgen für die lokale Bevölkerung reichen von schweren Gesundheitsschäden bis hin zu Vertreibung, wie beispielsweise die Zwangsumsiedlung von indigenen Völkern im »Goldrausch-Gebiet« des Amazonas.

Diese Art der nicht-nachhaltigen Nutzung von Rohstoffen ist weitverbreitet. Beispiele in Deutschland sind Regionen mit ausgeprägtem Braunkohle-Tagebau; wichtige Brennpunkte des Erzabbaus sind Irian Jaya in Indonesien, Carajás in Brasilien (Eisenerz, Aluminium) und eben Katanga. Auch mit der Ölprospektion und -förderung (Nigeria, Golfstaaten, Rußland) sind erhebliche Gefahren für die Umwelt verbunden (Ölpest in Gewässern, Abfackeln von Erdgas, Bodenkontamination durch Leckagen in Pipelines).

Das *Massentourismus-Syndrom* erschließt und schädigt Naturräume für Erholungszwecke. Das *Verbrannte-Erde-Syndrom* zerstört die Umwelt durch intensive militärische Nutzung.

Entwicklungssyndrome

Das Aralsee-Syndrom beschreibt das Scheitern großflächiger, umfassender Umgestaltungen naturnaher Bereiche.

Das *Aralsee-Syndrom* beschreibt das Scheitern großflächiger, umfassender Umgestaltungen naturnaher Bereiche. In der Regel geht es dabei um strategische Ziele, die im nationalen, gelegentlich auch im internationalen Rahmen festgelegt und dann mit Hilfe einer zentralen Planung in Form von Großprojekten umgesetzt werden. Meist handelt es sich dabei um die Errichtung großtechnischer Anlagen (Staudämme, Bewässerungsprojekte), bei denen aufgrund mangelnden Systemverständnisses die Auswirkungen nicht genügend bedacht werden, was zu Umweltdegradationen und oftmals auch zu erheblichen sozialen Verwerfungen führen kann.

Am Aralsee ist dieses Syndrom in voller Ausprägung zu beobachten. Die Zuläufe des einst viertgrößten Süßwassersees der Erde werden seit 30 Jahren angezapft (nur noch etwa zehn Prozent erreichen den See) und einem gigantischen Bewässerungssystem für die Baumwollproduktion zugeführt. Die Oberfläche des Aralsees schrumpfte seitdem um die Hälfte, das Volumen ging um zwei Drittel zurück. Der ehemalige Seeboden ist nun eine Salzwüste, alle 24 Fischarten sind heute ausgestorben, 60.000 Fischer haben ihre Beschäftigung verloren.

Beispielhaft lassen sich hier auch große Staudammprojekte anführen (wie der Hoover-, Assuan-, Narmada-Damm oder das Drei-Schluchten-Projekt am Yang Tse), bei denen vielfach ebenfalls die sozialen und ökologischen Auswirkungen falsch eingeschätzt oder vernachlässigt wurden.

Das *Grüne-Revolution-Syndrom* zieht Umweltverschlechterungen nach sich, die durch eine Verbreitung standortfremder landwirtschaftlicher Produktionsverfahren verursacht werden. Das *Kleine-Tiger-Syndrom* wiederum vernachlässigt ökologische Standards im Zuge eines hochdynamischen Wirtschaftswachstums.

Das *Favela-Syndrom* beschreibt den Prozeß der unregulierten und dadurch umweltgefährdenden Verstädterung. Es ist unter anderem gekennzeichnet durch Verelendungserscheinungen wie die Bildung von Slums und meist illegalen Hüttensiedlungen. Damit verbunden sind Infrastruktur- und Umweltprobleme sowie große Unterschiede im Lohn-, Eigentums-, Wohn- und Versorgungsniveau der Bevölkerung. Durch den zunehmenden Verkehr und industrielle Emissionen ohne ausreichende Kontrolle erreichen Luftverschmutzung und Lärmbelastung hier häufig weltweite Spitzenwerte. Hinzu kommen eine zunehmende Versiegelung des Bodens sowie ungeregelte Abfallakkumulation, Abwasserprobleme und daraus abgeleitet eine akute Gesundheitsgefährdung der Bevölkerung.

Die ungeregelte Entwicklung der Siedlungsstrukturen ist zum einen auf ein hohes Bevölkerungswachstum zurückzuführen, zum anderen auf die ungelösten Entwicklungsprobleme im ländlichen Raum. Städte üben durch die besseren Verdienstmöglichkeiten einen Sog auf landwirtschaftlich geprägte Regionen aus.

Als Beispiel kann die pakistanische Millionenstadt Karachi (ca. sieben Millionen Einwohner) gelten, die im letzten Jahrhundert noch ein Dorf war. Die Stadt am Indusdelta ist heute das wirtschaftliche Zentrum Pakistans, zwei Drittel der Industrie des Landes konzentrieren sich hier. Weitere Beispiele für Städte mit einer hohen Anfälligkeit für das Favela-Syndrom sind Kairo, São Paulo, Kalkutta, Manila und Teheran.

Unter Suburbia-Syndrom versteht man die konkrete Landschaftsschädigung durch eine Ausweitung von Stadt- und Infrastrukturen.

Unter dem *Suburbia-Syndrom* versteht man die konkrete Landschaftsschädigung durch eine Ausweitung von Stadt- und Infrastrukturen. Das *Havarie-Syndrom* bezeichnet vereinzelte Umweltkatastrophen, die vom Menschen verursacht werden und längerfristige Auswirkungen nach sich ziehen.

Senkensyndrome

Das *Hoher-Schornstein-Syndrom* beschreibt die Fernwirkung von chemischen Substanzen nach ihrer Entsorgung in die Umweltmedien Wasser und Luft. So werden durch hohe Schornsteine Luftschadstoffe nicht beseitigt, sondern das Problem lediglich auf andere, industrieferne Regionen verlagert. In Abhängigkeit vom Emissionsmuster und dem physikalisch-chemischen Verhalten der Stoffe in der Umwelt kommt es zu lokalen (typisch für Staub), regionalen (typisch für Ammoniak, Schwefeldioxid und den Stickoxiden) oder globalen Verteilungen (typisch für Kohlendioxid und die FCKW). Der Ferntransport erfolgt vor allem über den atmosphärischen Pfad sowie über Fließgewässer. In der Umweltwirkung ist zu unterscheiden, ob die Schadstoffe nach Verteilung in der Umwelt systemare, weltweite Effekte zur Folge haben (wie beim Ozonabbau durch FCKW oder dem verstärkten Treibhauseffekt durch Kohlendioxid) oder ob sie sich erneut anreichern und toxische Wirkungen ausüben (wie bei der Säureanreicherung in Böden oder der von Pestiziden in der Nahrungskette).

Die weltweiten Auswirkungen der anthropogenen Verstärkung des Treibhauseffekts durch die Emission klimawirksamer Gase (Kohlendioxid, Methan, Lachgas) sind ein Beispiel für das Wirken dieses Syndroms. Die Veränderung der chemischen Zusammensetzung der Erdatmosphäre ist mengenmäßig zwar nur geringfügig, hat aber für die Strahlungsbilanz der Erde und somit für das globale Klima erhebliche Konsequenzen. Ein ähnlicher Fall liegt bei der Problematik der Ausdünnung der stratosphärischen Ozonschicht vor. Eine mengenmäßig geringe Emission hochwirksamer Stoffe (wie FCKW) bedeutet dennoch einen unerwartet starken, von der Größenordnung her überraschenden Eingriff in atmosphärenchemische Prozesse, was eine verstärkte Einstrahlung von UV-B-Strahlung und damit vielfältige Gefahren für die Gesundheit der Menschen und für die Ökosysteme nach sich zieht.

Das Altlasten-Syndrom beruht auf der Gefahr einer lokalen Kontamination von Umweltschutzgütern an vorwiegend industriellen Standorten.

Das *Müllkippen-Syndrom* bezeichnet einen wachsenden Umweltverbrauch durch eine geregelte und auch ungeregelte Deponierung zivilisatorischer Abfälle. Das *Altlasten-Syndrom* beruht auf der Gefahr einer lokalen Kontamination von Umweltschutzgütern an vorwiegend industriellen Standorten.

Ziele und Maßnahmen der Agenda 21

Teil II der Agenda 21, bestehend aus 14 Kapiteln, beschreibt die Handlungsgrundlagen, Ziele und Maßnahmen für die Erhaltung und Bewirtschaftung der Ressourcen im Hinblick auf eine nachhaltige Entwicklung. Dabei wählt die Agenda 21 eine Gliederung mit einem konservativen, sektoralen Ansatz in der Bestandsaufnahme und Bewertung der Umweltressourcen. Damit fehlt allerdings die unmittelbare Verknüpfung mit den ökonomischen und sozialen Aktivitäten der Menschen, die zur Bedrohung der Umweltressourcen führen bzw. die zur Abwehr der Gefahren vollzogen werden sollten.

Die Umweltkapitel in Teil II der Agenda 21 fordern auf drei unterschiedlichen Ebenen Schutzmaßnahmen im Umgang mit der Natur:

- Schutz und Nutzung von Ressourcen auf lokaler und regionaler Ebene,
- Schutz und Nutzung von Ressourcen auf globaler Ebene und
- Management von Chemikalien und Abfällen auf lokaler, regionaler und globaler Ebene.

Diese Untergliederung entspricht der oben vorgestellten Aufteilung der Syndrome in Nutzungs-, Entwicklungs- und Senkensyndrome.

Ziel 1: Die Nutzung natürlicher Ressourcen soll prinzipiell nachhaltig und effizient erfolgen. Dabei gelten folgende Grundregeln: Die Nutzung erneuerbarer Naturgüter (wie Süßwasser, Wälder oder Fischbestände) darf auf Dauer nicht größer sein als ihre Regenerationsrate – sonst gingen diese Ressourcen künftigen Generationen verloren. Die Nutzung nicht-erneuerbarer Naturgüter (wie Erdöl oder Böden) darf auf Dauer nicht größer sein als die Substitution ihrer Funktionen (d. h. z. B. Ersatz fossiler Energieträger durch Solarenergie). Die Freisetzung von Energie und Stoffen darf auf Dauer nicht größer sein als die Aufnahmekapazität und Anpassungsfähigkeit der Umwelt (z. B. die Anreicherung von Treibhausgasen in der Atmosphäre oder von Säurebildnern in Waldböden).

Die Teilprogramme der Agenda 21 verweisen auf die dringend notwendige Umkehr bei der Zerstörung erneuerbarer Ressourcen und fordern Strategien für die nachhaltige Nutzung von Böden, Süßwasser, biologischen und genetischen Ressourcen sowie der Biotechnologie. Dieses soll einerseits produktivitätssteigernd wirken und der steigenden Nachfrage in Land- und Forstwirtschaft genügen, andererseits aber zu einem nachhaltigen Management der empfindlichen Ökosysteme führen. Zu den besonders instabilen und wertvollen Ökosystemen zählen die Wüsten und Halbwüsten, Berggebiete, Feuchtgebiete, kleine Inseln und gewisse Küstengebiete. Die zentrale Zielrichtung der Agenda 21 ist deshalb, die Vielfalt von Böden, Gewässern und biologischen Ressourcen sowie die unterschiedlichen Formen der Energieerzeugung grundsätzlich in die sozioökonomische Entwicklung einzubeziehen und ebenso

Zu den besonders instabilen und wertvollen Ökosystemen zählen die Wüsten und Halbwüsten, Berggebiete, Feuchtgebiete, kleine Inseln und gewisse Küstengebiete.

in die von den verschiedensten Interessen geleiteten Nutzungsformen der Land- und Forstwirtschaft, der Binnenfischerei, der Industrie, der Stadtentwicklung, des Verkehrs, der Erholung and anderer Aktivitäten.

Die zentrale Herausforderung einer nachhaltigen Landwirtschaft ist die Anhebung von Produktivität und Einkommen, vor allem der Armen, ohne irreversible Zerstörung oder kritische Erschöpfung der lebenserhaltenden Systeme Böden und Wasser. Es müssen deshalb globale, nationale und lokale Strategien für Produktion und Verteilung von Grundnahrungsmitteln entwickelt werden. Ein besonders kritischer Faktor ist die Menge und Qualität des Süßwasserangebots, denn in vielen Regionen übersteigt die Nachfrage das Angebot schon bei weitem. Die Agenda 21 fordert hier, die Wasserpolitik als einen integralen Teil einer Nachhaltigkeitspolitik mit flexiblen Strategien zur Bereitstellung von Oberflächen- und Grundwasser zu verstehen.

Die Agenda 21 fordert eine internationale Kooperation zur Bewahrung der globalen Biodiversität.

Des weiteren tritt die Agenda 21 nachdrücklich dafür ein, den Trend der wachsenden Ausrottung von Arten und der abnehmenden globalen Biodiversität zu stoppen. Sie fordert dazu vor allem internationale Kooperation, weil die biologische Vielfalt in den Entwicklungsländern am ausgeprägtesten ist, die technischen und finanziellen Mittel zur Erhaltung und Nutzung der genetischen Ressourcen aber in den Industrieländern zur Verfügung stehen.

Ziel 2: Ressourcen außerhalb der nationalen Zuständigkeiten verlangen ebenfalls einen Schutz und eine verantwortliche Nutzung unter dem Nachhaltigkeitsaspekt. Die Agenda 21 nennt hier die Bereiche Atmosphäre, Ozeane, Meere und lebende marine Ressourcen.

Das Gleichgewicht der Atmosphäre ist durch menschliche Aktivitäten bereits empfindlich gestört. Das Risiko einer so einschneidenden Systemänderung ist derart groß, daß nach dem Vorsorgeprinzip gehandelt werden muß, weil keine Möglichkeiten für ein Experiment »Klimaerwärmung« bestehen. Die periodische Ausdünnung der Ozonschicht über der Antarktis und nunmehr auch über Teilen der Arktis, die Meeresverschmutzung vor allem an den Küsten und in den flachen Randmeeren, die Überfischung der wichtigsten Fischgründe der Erde stellen die Völkergemeinschaft vor die dringende Aufgabe, wirksame Vorgehensweisen gegen diese Bedrohungen zu finden.

Die Agenda 21 schlägt für diese transnationalen Probleme vor allem den Abschluß von international verbindlichen Verträgen vor, so wie im »Montrealer Protokoll zum Schutz der stratosphärischen Ozonschicht« und in der Klimarahmenkonvention bereits verwirklicht. Während das »Montrealer Protokoll« mit den anschließenden Verschärfungen bereits Wirkungen zeigt, stehen Regelungen über die Emission von Treibhausgasen noch aus. Auch im marinen Bereich trat 1994 die Seerechtskonvention in Kraft, womit ein erster Schritt in Richtung eines nachhaltigen Managements des Meeres getan ist. Gefordert sind nun internationale Abkommen zur Nutzung und Erhaltung der Fischbestände im Sinne eines »verantwortlichen Fischfangs«.

Ziel 3: Produktionsprozesse verursachen notwendigerweise auch Abfallprodukte. Die weltweite Produktionszunahme hat zu einer wachsenden Menge von Abfallstoffen geführt, die nicht in natürliche Kreisläufe zurückgeführt werden können und beträchtliche Gefahren für die menschliche Gesundheit und die Umweltqualität darstellen. Die Agenda 21 fordert nachdrücklich dazu auf, die Abfallmengen vor allem durch Vermeidung zu reduzieren, Recyclingverfahren einzuführen, sichere Wege der Entsorgung zu finden und den illegalen Handel mit gefährlichen Stoffen zu unterbinden. Auch hier sind internationale vertragliche Lösungen anzustreben. Zahlreiche Einzelvereinbarungen existieren bereits.

Die Agenda 21 fordert, Abfall zu reduzieren und weitere Recyclings- und Entsorgungsmöglichkeiten zu entwickeln.

Zu diesen Aktionen benennt die Agenda 21 jeweils einen Katalog von Instrumenten für die Umsetzung. Dieser ist aufgegliedert in Finanzierung und Kostenabschätzung, wissenschaftliche und technologische Mittel, Entwicklung der menschlichen Ressourcen sowie Stärkung der personellen und institutionellen Kapazitäten. Diese Hinweise wenden sich direkt an die Regierungen und geben damit konkrete Handlungsanweisungen. Sie enthalten allerdings Kostenabschätzungen, die gewaltige Summen ausweisen: 125 Milliarden US-Dollar müßten jährlich die Industrieländer und gar 475 Milliarden US-Dollar die Entwicklungsländer aufbringen, was bei der derzeitigen Finanzsituation utopisch anmutet. Dennoch, die Agenda 21 gibt den Staaten für die Bekämpfung der lokalen wie globalen Umweltprobleme einen konkreten und international abgestimmten Leitfaden. Die weltweiten Bemühungen, eine nachhaltige Entwicklung zu erreichen, können aber nur dann erfolgreich sein, wenn sich Regierungen wie Individuen gleichermaßen national wie international an den Entscheidungen beteiligen, die ihr Leben und das zukünftiger Generationen bestimmen.

Klima

Friedrich-Wilhelm Gerstengarbe, Peter C. Werner

Die Definitionen des Klimas sind so vielfältig wie das Klima selbst. Für welche Definition man sich entscheidet, liegt immer an der jeweiligen Wahl des zeitlichen und räumlichen Maßstabes. Räumlich betrachtet reicht dies vom Mikroklima einer Pflanze bis hin zum Makroklima der gesamten Erde. Diese Klimate sind eng mit einem für sie spezifischen Zeitmaßstab gekoppelt. Die Prozesse, die für das Mikroklima einer Pflanze wichtig sind (sieht man einmal von den Langzeitwirkungen ab), liegen im Sekunden- bis Minutenbereich, während im globalen Maßstab Zeitbereiche von einem Monat an aufwärts von Bedeutung sind.

Neben natürlichen Faktoren gewinnt der Einfluß des Menschen auf das Klima zunehmend an Bedeutung.

Wie das Klima sind auch die Faktoren, die es beeinflussen, maßstabsabhängig. Die zeitliche Variation der Einflußfaktoren umfaßt dabei je nach Art einen Bereich, der von erdgeschichtlichen Dimensionen bis hin zu Monaten reicht, wobei mehrere Zeitskalen sich überlagern können. Wichtig sind Solarstrahlung, Erdbahnparameter, Kontinentaldrift, Vulkanismus, Ozean, Bio- und Kryosphäre sowie die Atmosphäre in ihrer sich verändernden Zusammensetzung. Neben diesen natürlichen Faktoren gewinnt der Einfluß des Menschen auf das Klima zunehmend an Bedeutung.

Für die Herausbildung des Klimas in der Atmosphäre sind die darin ablaufenden Prozesse wesentlich. Die notwendige Energie für den Antrieb dieser Prozesse wird durch die Sonne geliefert. Die von der Erde selbst produzierte Wärme ist im Vergleich dazu verschwindend gering. Die Strahlung, die von der Sonne ausgeht und auf die Obergrenze der Atmosphäre trifft, wird auf ihrem Weg zur Erdoberfläche durch Absorption, Reflexion und Streuung verändert. Infolge der Kugelgestalt der Erde variiert der Einfallswinkel der Sonnenstrahlen zwischen 0 und 90 Grad. Es ist nachvollziehbar, daß das Energieangebot pro Flächeneinheit bei 90 Grad seinen größten und bei 0 Grad seinen kleinsten Wert hat.

Damit kommt es zur Herausbildung eines Temperaturgefälles vom Äquator zu den Polen hin. Dies wiederum führt zu meridional (zwischen Pol und Äquator) gerichteten Ausgleichsströmungen. Aufgrund der Erdrotation verlaufen diese Strömungen nicht geradlinig, sondern werden abgelenkt. Dies gilt allerdings nur unter der Voraussetzung einer einheitlichen Kugeloberfläche, die bei der Erde nicht gegeben ist. So wirkt die unterschiedliche Land-Meerverteilung in zweierlei Hinsicht auf die Luftströmungen: Zum einen sind die Oberflächen von Land und Meer unterschiedlich rauh, so daß die Luftmassen beim Überströmen des Meeres weniger abgebremst werden als über Land, zum anderen ist die Möglichkeit, Energie zu speichern, für Land und Wasser sehr unterschiedlich. Dadurch kann es zwischen Land und Meer zu erheblichen Temperaturunterschieden kommen, die wiederum die Luftströmungen beeinflussen.

Darüber hinaus werden die Luftströmungen durch die vorhandenen Gebirge sowie die unterschiedliche Erdoberflächenbeschaffenheit modifiziert. Aufgrund all dieser Faktoren sind in der Zirkulation der Atmosphäre komplizierte Strukturen vorhanden. Diese Beschreibung entspricht allerdings noch immer nicht der Realität. Die Neigung der Erdachse verändert die Einstrahlung zusätzlich im Zeitverlauf (Jahreszeiten). Die im Ozean vorhandenen Strömungen sorgen außerdem für einen unterschiedlichen Energieeintrag in die unteren Schichten der Atmosphäre. Somit können wir einen von der geographischen Breite und der Oberfläche abhängigen Strahlungs- und Wärmehaushalt sowie die entsprechenden Strömungen auf der Erde beobachten. Diese klimabildenden Prozesse erzeugen die Hauptklimazonen.

Im Gegensatz zu der starken horizontalen Differenzierung ist die Atmosphäre vertikal über den gesamten Globus in einheitliche Stockwerke unterteilt, die geographisch im wesentlichen nur in ihrer Mächtigkeit variieren. Von unten nach oben unterteilt man in die Troposphäre, die Stratosphäre, die Mesosphäre, die Thermosphäre und als Übergang in das Weltall die Exosphäre. Das Klima selbst spielt sich in der Troposphäre ab, wobei die Stratosphäre noch steuernden Einfluß besitzt.

Das Klima spielt sich in der Troposphäre ab.

Klimaänderungen

Wir befinden uns in einem Eiszeitalter.

Betrachtet man die letzten 100 Millionen Jahre als einen Bezugszeitraum, so befinden wir uns heute in einem Eiszeitalter. Innerhalb der letzten Million Jahre ist unser heutiges Klima als Warmzeit einzustufen, für die letzten 10.000 Jahre als feucht-kühl, während für die letzten 100 Jahre eine globale Erwärmung zu verzeichnen ist. D. h., daß die Bewertung einer Klimaänderung je nach Bezugszeitraum unterschiedlich ausfallen wird.

Demonstriert werden kann das am Beispiel des Verlaufs der Durchschnittstemperatur in Mitteleuropa von der letzten Eiszeit (ca. 22.000 v. Chr.) bis heute (s. Abbildung). Der Temperaturverlauf zeigt zwischen 22.000 und 10.000 v. Chr. einen relativ kontinuierlichen Anstieg ohne größere Schwankungen. Diese Situation ändert sich zwischen 10.000 und 5.000, wo die weitere Temperaturzunahme durch starke Rückfälle unterbrochen wird. Danach pendelt die Temperatur mit viel kleineren Ausschlägen als im davorliegenden Zeitraum um ein konstantes Niveau. Die größte beobachtete Änderung war der Übergang vom Klimaoptimum des Hochmittelalters zur »kleinen Eiszeit« zwischen 1250 und 1560. Trotz dieser relativ geringen Änderung sind in diesem Zeitraum gehäuft Witterungsextreme beobachtet worden. Diese reichen von einer Vereisung der Ostsee bis Anfang Mai (1497) bis zur Kirschreife im Dezember (Elsaß 1529), oder auch vom Jahrtausendhochwas-

Temperaturverlauf in Mitteleuropa seit der letzten Eiszeit — Abb. 1

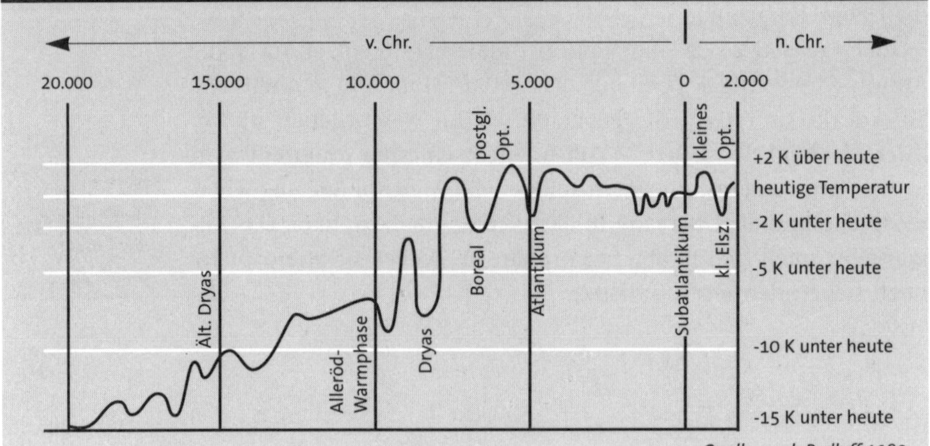

Quelle: nach Rudloff 1980

ser im Juli 1342 (Frankfurt am Main mit acht Meter über Normal) bis zum Trockenfallen der schlesischen Flüsse im Sommer 1473.

Das Temperaturniveau ist deshalb allein nicht ausreichend, um eine klimatologische Situation zu beschreiben. Die Klimaänderungen sind von gleich wichtiger Bedeutung. Vor diesem Hintergrund gewinnt der in den letzten 100 Jahren zu beobachtende globale Temperaturanstieg (ca. 0,6 K) an Bedeutung. Dies insbesondere deshalb, weil dieser Anstieg sich zur Zeit beschleunigt und nach den neuesten Erkenntnissen im wesentlichen auf die Aktivitäten des Menschen zurückzuführen ist.

Der in den letzten 100 Jahren zu beobachtende Temperaturanstieg ist im wesentlichen auf die Aktivitäten des Menschen zurückzuführen.

Dabei ist klar, daß die Temperatur nur ein, wenn auch sehr wichtiger Parameter ist, der das Klima bzw. dessen Veränderungen beschreibt. So hat die Änderung der jährlichen Niederschlagsmenge oder auch die Verschiebung des Niederschlagsregimes im Jahr entscheidenden Einfluß auf den Wasserhaushalt und die Vegetation und damit auf das Klima. Ein typisches Beispiel dafür ist das Gebiet der östlichen Sahara, in dem vor ca. 5.500 Jahren die Feuchtzeit zu Ende ging. Verbunden damit war zunächst eine Veränderung der Vegetation und später deren totales Verschwinden.

Die Klimabeeinflussung

Die auf das Klima wirkenden Einflußgrößen haben sehr unterschiedliche Zeitskalen, von denen die wichtigsten im folgenden kurz erläutert werden:

Die Solarkonstante. Als Solarkonstante bezeichnet man die beim mittleren Sonnenabstand auf den oberen Rand der Atmosphäre je Flächeneinheit senkrecht auftreffende Energiemenge. Dadurch erhält die Erde pro Tag eine Energiemenge von 4,18 x 10^{15} kWh. Das entspricht etwa der viermilliardenfachen Elektrizitätsmenge, die täglich in Deutschland erzeugt wird. Diese Zahlen machen deutlich, daß schon geringe Änderungen der Solarkonstanten einen erheblichen Einfluß auf das Klima haben. Die Erhöhung der Solarkonstanten um ein Prozent erhöht die globale Mitteltemperatur um 0,7 K! Da die Solarkonstante nur für kürzere Zeiträume als annähernd konstant angesehen werden kann, wirken besonders ihre Langzeitvariationen klimaverändernd.

Die Erdbahnparameter. Auch die Erdbahnparameter sind nicht konstant. Die Neigung der Erdachse ist für die Existenz der Jahreszeiten verantwortlich. Sie schwankt innerhalb von 40.000 Jahren zwischen 24°36' und 21°58'. Auf diese Weise wird die langzeitliche Ausprägung der Jahreszeiten und damit das Klima variiert. Weitere Klimaänderungen treten auf durch die Schwankung (92.000jährige Periode) in der Exzentrizität der Erdumlaufbahn. Außerdem kommt die Präzession der Tag- und Nachtgleiche hinzu. Diese bewirkt, daß die größte Sonnennähe der Erde nicht immer auf den gleichen Tag im Jahr fällt. Zur Zeit liegt sie für die Nordhalbkugel im Winter. Durch diese Variationen ändert sich innerhalb des Jahres und langfristig die Menge der von der Sonne auf der Erde ankommenden Energie.

Die Kontinentaldrift. Im Erdaltertum war ein Teil der heutigen Kontinente zu einer Landmasse zusammengefaßt (Gondwana). Am Ende dieses Zeitraums bis ins Erdmittelalter zerbrach diese Landmasse, und die Kontinente drifteten auseinander – ein Vorgang, der bis heute anhält. So lag z. B. die heutige Antarktis damals im Bereich des Indischen Ozeans. Durch die polwärtige Wanderung kühlte dieser Kontinent aus, so daß es zu einer permanenten Vereisung kam. Dadurch wurde das gesamte Erdklima nachhaltig beeinflußt.

Der Vulkanismus. Die Wirkung von Vulkanausbrüchen auf das Klima sind von vielfältiger Natur und hängen davon ab, welches und wieviel Material wie hoch in die Atmosphäre geschleudert wird. Dabei spielt die geographische Lage des Vulkans eine wesentliche Rolle. Asche und Staub führen bei einer genügend langen Verweilzeit in der Atmosphäre durch die Absorption der Sonnenstrahlung zu einer Abkühlung in Bodennähe. Als Beispiel sei der Ausbruch des Tambora (Indonesien) im Jahre 1815 genannt. Infolge dieses Ausbruchs wurde der Sommer 1816 zum »Winter«. Schnee im Juni und Frost im August zerstörten an der amerikanischen Ostküste einen Großteil der Ernte. England erlebte seinen kältesten Juli seit Menschengedenken. Es gab in ganz Europa Mißernten und Hungersnöte.

Der Ausbruch des Vulkans Tambora machte den Sommer 1816 zum Winter.

Der Ozean. Der Ozean, der zwei Drittel der Erdoberfläche bedeckt, ist der wichtigste Teil des Klimagesamtsystems. Er ist der Ausgangspunkt für den Wasserkreislauf auf der Erde. Der von ihm abgegebene Wasserdampf ist das wirksamste Treibhausgas in der Atmosphäre unseres Planeten. Aufgrund seiner Fähigkeit, Wärme in hohem Maße zu speichern, wirkt der Ozean temperaturausgleichend. Außerdem ist er der größte CO_2-Speicher der Erde. Durch ozeanische Strömungen werden große Energiemengen transportiert. So ist der Golfstrom die »Warmwasserheizung« großer Teile Europas. Ohne diese Meeresströmung hätte Mitteleuropa ein Klima, wie es zur Zeit in Alaska anzutreffen ist.

Der Golfstrom ist die »Warmwasserheizung« großer Teile Europas.

Die Kryosphäre. Als Kryosphäre bezeichnet man die Gebiete der Erde, die mit Eis und Schnee bedeckt sind. Wesentlichster klimabeeinflussender Faktor ist das erhöhte Reflexionsvermögen dieser Gebiete. Bei einer Verminderung bzw. Vergrößerung der Kryosphäre wird die Energieabsorption an der Erdoberfläche verstärkt bzw. gemindert.

Die Biosphäre. Von allen dynamischen Systemen unseres Planeten hat zwar die Biosphäre zuletzt Gestalt angenommen, aber auch die stärksten Wechselbeziehungen entfaltet. Das Leben auf der Erde hat seit jeher die Lebensbedingungen selbst und damit die Geschichte der Litho-, der Hydro- und der Atmosphäre beeinflußt. Schlüsselprozesse waren dabei die Schaffung einer sauerstoffhaltigen Atmosphäre bei gleichzeitiger Verminderung des Kohlendioxids. Dieser jetzt erreichte Zustand der Atmosphäre bewegt sich in einem sehr begrenzten Toleranzbereich. Eine Erhöhung des Sauerstoffgehaltes auf 25 Prozent (jetzt 20,948 Prozent) würde etwa dazu führen, daß Waldbrände selbst im regenfeuchten Dschungel kaum noch löschbar wären. Heute spielt die Biosphäre eine wichtige Rolle im Kohlenstoffkreislauf der Erde. Sie nimmt Kohlenstoff auf und gibt ihn gleichzeitig an die Atmosphäre ab.

Die Atmosphäre. Die Atmosphäre als Klimaträger beeinflußt das Klima durch Rückkopplungsprozesse. Wichtige Faktoren dabei sind der Wasserdampfgehalt sowie die Bewölkung. Der Wasserdampf ist das wichtigste Treibhausgas und sorgt für die Wolkenbildung, deren Grad wiederum verantwortlich ist für die Menge Strahlung, die den Erdboden erreicht. Die unterschiedliche Verteilung der Energie in der Atmosphäre führt zum Aufbau eines komplexen Zirkulationssystems, das den Wärme- und Stoffaustausch vollzieht. Dabei gibt es einzelne Zirkulationsmuster, die typisch für bestimmte Klimate sind, wie das Westwindband für die gemäßigten Breiten, die Passatwindzone für die Subtropen oder der Monsun für einen Teil der wechselfeuchten Klimate.

Die anthropogenen Wirkungen

Eine der wichtigsten vom Menschen hervorgerufenen Wirkungen auf das Klima ist die Verstärkung des sogenannten Treibhauseffektes. Dieser Effekt beruht auf dem Umstand, daß die Gasmoleküle Strahlungsenergie absorbieren. In welchem Wellenlängenbereich dies geschieht, hängt von der Art des Gases ab. Die Treibhausgase lassen die kurzwellige Sonnenstrahlung fast ungehindert passieren, absorbieren aber einen großen Teil der langwelligen Ausstrahlung der Erdoberfläche und der Atmosphäre, der somit nicht ins Weltall gelangen kann. Dieser Vorgang ist die Voraussetzung für die lebensfreundlichen Temperaturbedingungen auf der Erde. Am natürlichen Treibhauseffekt sind der Wasserdampf und das Kohlendioxid zu 90 Prozent beteiligt. Die restlichen zehn Prozent teilen sich im wesentlichen Methan, Stickoxide, troposphärisches Ozon sowie die Fluor-Chlor-Kohlenwasserstoffe (FCKW).

Die wichtigsten Treibhausgase, ihre Temperaturwirkung und ihre Zuwachsraten — Tab. 1

Gas	Temperaturwirkung	Zuwachs/Jahr
Wasserdampf	20,6 K	stark variabel
Kohlendioxid	7,2 K	0,4 %
Ozon (bodennahes)	2,4 K	1–4 %
Stickoxide	1,4 K	0,3 %
Methan	0,8 K	1,0 %
FCKW	0,8 K	abnehmend
insgesamt	**33,0 K**	

Vor dem Eingreifen des Menschen haben der Ozean und die Biosphäre die Regelung der Treibhausgaskonzentration gesteuert.

Eine Änderung der Konzentration dieser Spurengase in der Atmosphäre wirkt sich über den Strahlungshaushalt der Erde unmittelbar auf deren Temperatur aus. D. h., steigt die Konzentration der Treibhausgase an, so erwärmen sich die Erdoberfläche und die unteren Schichten der Atmosphäre. Vor dem Eingreifen des Menschen in die natürlichen Kreisläufe regelten offensichtlich der Ozean und insbesondere die Biosphäre allein die Treibhausgaskonzentration. Die Verursacher des zusätzlichen Treibhauseffektes sind:

Das Bevölkerungswachstum. Seit Mitte des letzten Jahrhunderts verläuft das Bevölkerungswachstum exponentiell. Im Jahr 2000 werden mehr als sechs Milliarden Menschen leben, die alle mit Nahrung, Wasser, Energie und Rohstoffen versorgt werden müssen. Mit den steigenden Bevölkerungszahlen verstärken sich auch die Auswirkungen der menschlichen Aktivitäten auf das Klima.

Der Energieverbrauch. Das World Energy Council hat abgeschätzt, daß der weltweite Energieverbrauch selbst bei geringem Wirtschaftswachstum weiter steigen wird. Geht man vom jetzigen Zustand mit 7,9 Gigatonnen C-Emissionen in Form von CO_2 aus, so ist bis zum Jahr 2020 bei einem konstanten Anstieg um 0,4 Prozent pro Jahr ein Niveau von 8,7 Gigatonnen erreicht. Der Anteil der Emissionen, die von den Industrieländern verursacht werden, wird im Vergleich zu heute entsprechend der Kyotoer Vereinbarung abnehmen, der Anteil der Entwicklungsländer dagegen stark zunehmen. Am Gesamtenergieverbrauch ist die Industrie mit 31 Prozent, der Verkehr mit 22 Prozent, die Landwirtschaft mit fünf Prozent und die Haushalte einschließlich des Dienstleistungssektors mit 42 Prozent beteiligt.[1]

Die Land- und Forstwirtschaft. Neben den Stickoxiden, die durch die Düngung in die Atmosphäre gelangen, trägt die Landwirtschaft besonders durch die steigende Methanproduktion (Naßreisanbau und Viehhaltung) zum Treibhauseffekt bei. So gibt z. B. jedes der 1,3 Milliarden Rinder auf der Erde 100 Liter Methan pro Tag an die Atmosphäre ab. Des weiteren werden durch Brandrodungen und Abholzungen jede Minute 40 Hektar tropischen Regenwaldes vernichtet, wobei eine CO_2-Quelle beseitigt und eine CO_2-Senke aufgetan wird.[2]

Die Versiegelung von Böden, die Umwandlung von Wäldern in Acker- und Weideland, die Wüstenbildung und die Versalzung von Böden beinflussen das Klima.

Neben dem Treibhauseffekt sind die Veränderungen der Landoberfläche ein weiterer Faktor, der das Klima nachhaltig beeinflußt. Es handelt sich dabei um die Versiegelung von Böden infolge der weltweit voranschreitenden Urbanisierung, um die Umwandlung von Wäldern in Acker- und Weideland, die Wüstenbildung, verursacht durch eine permanente Überweidung, sowie um die Versalzung von Böden durch künstliche Bewässerung. Die Folge dieser Eingriffe sind Veränderungen im Wasserhaushalt und der regionalen klimatischen Bedingungen.

Auswirkungen

Die Abschätzung zukünftiger Klimaänderungen gehört weltweit zu einem der wichtigsten Forschungsschwerpunkte.

Die Abschätzung zukünftiger Klimaänderungen gehört zu einem der wichtigsten Forschungsschwerpunkte, die weltweit verfolgt werden. Dabei wird man aufgrund des hochgradig nicht-linearen und komplexen Systems niemals in der Lage sein, exakte Klimavorhersagen zu erstellen. Da außerdem die Entwicklung bestimmter Größen, die das Klimasystem beeinflussen, nicht bekannt ist, nimmt die Vorhersagbarkeit weiter ab. Deshalb geht man mittlerweile den Weg der Szenarienentwicklung. Darunter versteht man die Abschätzung möglicher Entwicklungstendenzen unter Vorgabe bestimmter Randbedingungen. Für die Erstellung der Szenarien werden mathematische Modelle auf physikalischer oder statistischer Basis verwendet. Im Laufe der Entwicklung hat sich die Genauigkeit der Aussagen dieser Modelle stetig verbessert. Heute ist man in der Lage, die Klimaentwicklung bis zum Jahr 2100 wie folgt abzuschätzen:

Die Temperatur wird sich global um 1,0 bis 3,5 K erhöhen, je nachdem, ob man einen weiteren Anstieg des CO_2-Ausstosses verhindert oder nicht. Dabei wird die Erwärmung regional sehr unterschiedlich sein, der Tendenz nach über Land und höheren geographischen Breiten stärker zunehmen als über dem Meer und den Tropen. Diese höheren Temperaturen führen zu einer Verstärkung des hydrologischen Zyklus, was bedeutet, daß mehr Trockenheit und Überschwemmungen in Abhängigkeit vom Ort auftreten. Die sich gleichzeitig erhöhende Meerestemperatur schafft die Voraussetzungen für die Zunahme von Wirbelstürmen. Außerdem steigt der Meeresspiegel aufgrund der sich durch die Erwärmung ausdehnenden Wassermassen um 15 bis 50 Zentimeter an.[3]

Diese klimatischen Änderungen wirken sich besonders auf solche Gebiete der Erde aus, die über ein sehr empfindliches ökologisches System verfügen. So sind die semi-ariden Gebiete (beispielsweise Savannen), die ein Drittel der Landoberfläche ausmachen und in denen 20 Prozent der Weltbevölkerung leben, besonders hinsichtlich ihrer Wasserverfügbarkeit gefährdet.

Neben diesem Beispiel für Veränderungen im globalen Maßstab sind auch regional deutliche Auswirkungen des verstärkten Treibhauseffekts zu verzeichnen. Ein Beispiel dafür ist die Ostseeregion, in der deutliche Zirkulationsänderungen im Verlauf der letzten 100 Jahre zu beobachten sind. Besonders im Winter haben über diesen

Zeitraum hinweg die Westwetterlagen deutlich zugenommen. Als Folge davon ist bis heute ein kontinuierlicher Anstieg der Häufigkeit von Sturmhochwasser zu beobachten. Gleichzeitig zeigen Modellrechnungen, daß eine Fortschreibung dieser Trends (Temperatur, Westwetterlagen) zu weniger Vereisungen der Ostsee im Winter führen wird.

Lokal werden die Klimaänderungen in ihren Wirkungen sehr differenziert zu spüren sein. Ein Beispiel ist die Region Brandenburg in Deutschland. Für dieses Gebiet wird bis zum Jahr 2050 bei steigender Temperatur eine Abnahme der Jahresniederschläge erwartet, allerdings mit mehr Niederschlag im Winterhalbjahr und weniger im Sommer als heute. Dies führt bei einer höheren Verdunstungsrate im Sommer zu einer Wasserverknappung.[4] Eine der Folgen davon ist die Zunahme der Waldbrände örtlich um bis zu 25 Prozent (in Brandenburg herrscht die Kiefer als Monokultur vor).[5]

Lokal werden die Klimaänderungen sehr differenziert zu spüren sein.

Nicht alle Wirkungen, die auf Klimaänderungen beruhen, sind negativer Natur. Die erwartete Temperaturerhöhung führt in den mittleren Breiten zu einer Einsparung von Heizenergie, was mit einer Verringerung der CO_2-Emissionen verbunden ist und die Energiekosten senkt. Wegen der raschen Änderungen und der zu erwartenden Zunahme der Extreme wird voraussichtlich der Druck auf Natur und Gesellschaft wachsen. Aus diesem Grund sind Wissenschaft und Politik seit einigen Jahren bemüht, Klimaschutzstrategien für eine nachhaltige Entwicklung aufzustellen.

Klima und nachhaltige Entwicklung

Das Klima zu schützen ist eine globale Aufgabe, an deren Lösung sich alle Nationen gleichermaßen beteiligen müssen. In der Agenda 21 sind unter anderem Handlungsgrundlage sowie Ziele und Maßnahmen niedergelegt, die zum Schutz der Erdatmosphäre in den nächsten Jahren notwendig sind. Aus diesen Vorgaben lassen sich sowohl globale als auch regionale Maßnahmen zum Klimaschutz ableiten. Auf globaler Ebene spielt das Wachstum der Weltbevölkerung eine wesentliche Rolle für die künftige Entwicklung des Weltenergieverbrauchs.

Wichtigste Maßnahme zum Schutz der Atmosphäre ist die Einsparung von Energie bei gleichzeitiger Reduzierung der Treibhausgasemissionen. Hier sind vor allem die Industrieländer, auf die 80

Prozent des Weltenergieverbrauchs entfallen, in die Pflicht zu nehmen. In erster Linie ist hier ein Umdenken der politisch Verantwortlichen nötig, um die Industrie durch entsprechende Maßnahmen zum Sparen und zur Anwendung alternativer Energiekonzepte zu bewegen. Eine Reduktion der verkehrsbedingten Emissionen, die den Hauptanteil der Umweltschadstoffe ausmachen, kann erreicht werden durch die Verminderung des Kraftstoffverbrauchs, die Verringerung der Fahrleistungen sowie die Verlagerung von Transportleistungen auf effizientere Verkehrsträger.

Für die Industrieländer stellt sich die Aufgabe, ein kontrolliertes Wirtschaftswachstum zu sichern, ökonomische Anreize zum verantwortungsvollen Umgang mit Energie und anderen Ressourcen zu schaffen, das Umweltrecht auszubauen und die Hilfe zur Selbsthilfe für die Entwicklungsländer zu verstärken.

Das Klima stellt eine wichtige Komponente innerhalb des globalen Wandels dar.

Das Klima stellt eine wichtige Komponente innerhalb des globalen Wandels dar. Dabei versteht man unter dem globalen Wandel diejenigen natürlichen und anthropogen verursachten Veränderungen der Umwelt, die den Charakter des Systems Erde zum Teil irreversibel modifizieren.[6] Um eine nachhaltige, d. h. zukunftsfähige Entwicklung zu ermöglichen, müssen sowohl die auf das Klima wirkenden als auch die vom Klima ausgehenden Faktoren bei der Erstellung von Schutzstrategien berücksichtigt werden. Die dazu weltweit laufenden Forschungsaktivitäten haben das Ziel, plausible Szenarien für das zukünftige Klima aufzustellen und diese in ihrer Aussage so sicher wie möglich zu machen. Letztlich finden diese Ergebnisse Eingang in eine integrierte Betrachtungsweise des globalen Wandels. Auf der Basis der Ergebnisse des Verhaltens des Gesamtsystems besteht dann die Möglichkeit, Handlungsstrategien für eine nachhaltige Entwicklung abzuleiten. Diese Handlungsstrategien müssen umgesetzt werden. Die daraus resultierenden Folgen sind wiederum Ausgangspunkt für eine Neubewertung der Gesamtsituation. Dabei ist mit neu auftretenden, bis zu diesem Zeitpunkt unbekannten Effekten zu rechnen, die ebenfalls in die aktualisierten Handlungsstrategien einbezogen werden müssen. Nur wenn diese integrative Betrachtungsweise globale Anwendung findet, wird die Menschheit in der Lage sein, die Entwicklung auch für zukünftige Generationen nachhaltig positiv zu beeinflussen.

Anmerkungen

1 Thompson/Perry 1997.
2 Saeger 1994.
3 IPCC 1996.
4 PIK 1996.
5 Gerstengarbe/Werner 1997.
6 WBGU 1993.

Mobilität

Udo J. Becker, Elke Elsel

Unsere Hausaufgaben für das nächste Jahrhundert zu beschreiben, ist kein geringes Vorhaben, denn dafür muß man vorher wissen, was man eigentlich vollbringen möchte. Damit wird die Frage aufgeworfen, wohin sich die Menschheit entwickeln will und welches Ziel wir mit unserem Handeln langfristig erreichen wollen. Kurze Antwort: Eines unserer Ziele ist der nachhaltige Verkehr.
Wenn wir wissen, wohin wir gehen wollen, können wir die konkreten Schritte ableiten, die uns diesem Ziel näherbringen. Wir müssen also beides kennen – das Ziel und den Weg. Und wir müssen zuerst das Ziel benennen, bevor wir uns an die Beschreibung des Weges machen können.

Den Weg müssen wir alle gehen. Dazu sind Veränderungen vieler uns heute vertrauter Gewohnheiten notwendig. Aber dieser Weg kann dazu führen, daß es uns allen besser gehen wird, daß wir tatsächlich mobiler, gesünder und glücklicher werden.

Mensch, Mobilität und Verkehr

Wozu dient eigentlich der Verkehr? Weshalb treiben wir als Menschen und als Gesellschaft diesen großen Aufwand? Wozu bauen wir Fahrzeuge, Straßen, Kanäle und Flugplätze? Was erhoffen wir uns davon, was bekommen wir dadurch? Die Antwort lautet: zur Befriedigung irgendwelcher Wünsche bzw. Bedürfnisse. Menschen haben bestimmte Bedürfnisse, die sie entweder an dem Ort befriedigen können, an dem sie sich gerade aufhalten – oder sie müssen Ortsveränderungen in Kauf nehmen. Diese Ortsveränderungen betreffen entweder den Menschen selbst – d. h. dann Personenverkehr –, oder der Mensch arrangiert es so, daß bestimmte Güter (die er wünscht/braucht) zu ihm kommen – d. h. dann Güterverkehr.

Wozu dient der Verkehr? Wozu bauen wir Fahrzeuge, Straßen, Kanäle und Flugplätze?

Wenn also ein Bedürfnis an dem Ort, an dem ich mich befinde, nicht befriedigt werden kann, entsteht ein Mobilitätsbedürfnis: Ich möchte mich bewegen, oder ein Gut soll sich bewegen. Mobilitätswünsche oder -zwänge sind also die Ursache für diesen Aufwand, der sich in Verkehr ausdrückt. Verkehr ist also ein Instrument, ein Mittel für den beschriebenen Zweck. Und wie jedes Instrument, wie jedes (technische) Hilfsmittel, kann man auch Verkehr »positiv« oder »negativ« je nach menschlichen Wertmaßstäben einsetzen. Ich kann mit Verkehr Leben retten (Krankenwagen), und ich kann mit Verkehr Leben töten (Verkehrsunfall).

Wie aber kann man Mobilität messen? Zur Beschreibung von Mobilität und des Verkehrsaufwandes müssen immer verschiedene Kenngrößen herangezogen werden. Wir wollen mit der Ortsveränderung etwas erreichen, also ist die Zahl der Wege/der Aktivitäten, die dabei realisiert werden, die wichtigste Größe. Wir wollen aber auch wissen, wieviele Kilometer und wieviele Stunden wir unterwegs sind. Wir brauchen also Zeit- und Raumgrößen. Und daneben interessieren uns auch die Verkehrsmittel, denn sie begrenzen unsere Optionen, z. B. die mögliche (abgeleitete Größe) Reisegeschwindigkeit. Erst alle Größen zusammen beschreiben Mobilität und Verkehr.

Verkehr stellt folglich nur eine abgeleitete Größe dar. Verkehr ist veränderbar, er ist disponibel. Es ist zunächst zweitrangig, wie die Nahrungsmittel zu einer Familie kommen, ob sie per Handkarre oder per Flugzeug herbeigeschafft werden, ob sie aus Neuguinea oder aus der Nähe kommen. Was dagegen nicht disponibel ist, sind die Bedürfnisse: Die Nahrung muß zur Familie oder die Familie zur Nahrung. Die Aufgabe des Verkehrsplaners und -ingenieurs, auch des Verkehrspolitikers, besteht also darin, die Bedürfnisbefriedigung zu ermöglichen – und zwar mit Hilfe eines angemessenen Verkehrs. Wir brauchen daher ein Verkehrssystem, das die »meiste oder beste« Mobilität (je nachdem, was wir wollen) ermöglicht: Möglichst wenig Verkehr für eine möglichst hohe Mobilität.

Möglichst wenig Verkehr für eine möglichst hohe Mobilität.

Die Verkehrsentwicklung bis heute

Wie hat sich nun die Mobilität in der Vergangenheit entwickelt? Wie haben sich die Kenngrößen verändert, seit wir Dampfmaschinen, Lokomotiven, Autos und Flugzeuge benutzen? Natürlich wird

Verkehr immer bequemer, seit wir motorisierte Fahrzeuge verwenden, also seit wir Fremdenergie benutzen. Allerdings legen auch wir im Mittel nicht mehr Wege zurück als frühere Generationen oder als Menschen in anderen Ländern, und auch die Zeit, die wir im Verkehr verbringen, hat sich nicht geändert. Offensichtlich ist manches an der Mobilität ziemlich stabil. Menschen scheinen im Durchschnitt etwa drei Wege täglich zu machen, und dafür brauchen sie ungefähr eine Stunde. Dieser Aspekt von Mobilität blieb also relativ gleich. Der heutige Verkehr erfüllt exakt dieselben Bedürfnisse wie der vor hundert oder tausend Jahren – nicht mehr, aber auch nicht weniger.

Die Zahl der von den Menschen einer Gesellschaft zurückgelegten Kilometer steigt fast überall auf der Erde kontinuierlich an.

Allerdings verwenden wir heute ganz andere Verkehrsmittel (Fahrzeuge). Der Modal-Split, also die Aufteilung auf Verkehrsmittel, war früher vom Zu-Fuß-Gehen und ist heute (in Deutschland!) oft vom Auto geprägt. Dafür erreichen wir auch höhere Geschwindigkeiten – und wir legen naturgemäß in derselben Zeit viel größere Entfernungen zurück. Manche Mobilitätskenngrößen sind also sehr variabel: Die Zahl der von den Menschen einer Gesellschaft zurückgelegten Kilometer, kurz: die Verkehrsleistung, steigt fast überall auf der Erde kontinuierlich an. Wir reisen weiter – kaum öfter, nicht länger, nur schneller und weiter.

Während die Zahl der zurückgelegten Wege und die für Verkehr aufgewendeten Zeiten also etwa gleichblieben, nahm der Anteil motorisierter Verkehrsmittel immer mehr zu – mit der Konsequenz steigender mittlerer Fahrgeschwindigkeiten und steigender Fahr- und Verkehrsleistungen. Damit nahmen aber auch die Zersiedelung des Raumes und die Angleichung der Räume zu.

Heute verfügen wir über sehr bequeme und effiziente Verkehrssysteme. Dies hat große Vorteile, kann aber nur dann zum Wohle aller gereichen, wenn die ganze Gesellschaft davon profitiert. Leider scheint zur Zeit aber genau dies nicht der Fall zu sein: Die Vorteile der schnellen Verkehrsteilnehmer werden durch Nachteile für Langsamere oder für Nicht-Verkehrsteilnehmer erkauft. Dadurch entsteht das Problem »ausgeschlossener Gruppen«. Das betrifft zum Teil ganze Länder, die sich diesem Verkehrsverhalten nicht anpassen können oder wollen. Es betrifft aber auch einzelne Mitglieder innerhalb eines insgesamt effizienten Verkehrssystems. Als Beispiel mag die alleinstehende Frau mit zwei Kindern dienen, die zwar an der Ausfallstraße wohnen muß (billige Miete), die selbst aber über kein Auto verfügt und von einer Ausdünnung des öffentlichen Verkehrs am stärksten betroffen ist. Sie trägt Lasten des Autoverkehrs anderer, zahlt über ihre Steuern einen Beitrag zum Ausbau des Straßennetzes und hat doch keinen Nutzen davon. Im Gegenteil: Ihre, aber auch die Mobilität ihrer Kinder wird sogar durch den Autoverkehr anderer eingeschränkt, denn die Kinder können nicht einfach draußen spielen, und die Frau muß ihre Kinder in der Wohnung halten oder »zum Spielen bringen«. Verkehr hat also dazu geführt, daß andere Arten von Mobilität unterbleiben – oder nur an einem anderen Ort nach einer erzwungenen Fahrt im Verkehrssystem befriedigt werden können.

Aus ökologischer Sicht fällt weiter auf, daß die gestiegenen Entfernungen mit steigenden Energie- und Ressourcenverbräuchen einhergehen – und Verkehr trotzdem (relativ) immer billiger wird. Dies sorgt natürlich auch für wachsende Umweltbelastungen, Energie- und Flächenverbräuche, Lärm- und Abgasbelastungen. Tendenziell schlagen sich die erhöhten Entfernungen in Gefahren nieder – auch wenn es den Fahrzeugingenieuren immer wieder gelingt, die Belastungen durch zumeist nachsorgende technische Maßnahmen wieder zu verringern (etwa Katalysatoren). Diese lösen aber nicht das Grundproblem der hohen zurückgelegten Entfernungen, sondern bekämpfen nur deren Symptome.

Trotz gestiegener Entfernungen, Energie- und Ressourcenverbräuche wird Verkehr (relativ) immer billiger.

Systeme, insbesondere das System »Raumschiff Erde«, sorgen allerdings dafür, daß verlagerte Probleme an anderen Stellen wieder aufbrechen. Durch unsere Maßnahmen werden die zu beobachtenden Effekte aber immer indirekter. Verlagerungen sind auf drei Weisen möglich: personell auf andere Menschen, Anwohner, Steuerzahler; räumlich auf andere Regionen, Länder, Kontinente; zeitlich auf andere Generationen, künftige Jahrhunderte, Jahrtausende.

Beispiele für indirekte oder verlagerte Umwelteffekte sind erhöhte Ozonkonzentrationen bei Sommersmog, die Veränderung des Weltklimas durch den Treibhauseffekt oder die Versauerung von Böden in weit entfernten Regionen unseres Kontinents durch saure Niederschläge. Manchmal enstehen neue Probleme sogar durch unsere Lösungsversuche: Die CO-, HC- und NOx-Emissionen des Autoverkehrs gingen durch die Einführung der Abgaskatalysatoren zurück. In diesen Katalysatoren arbeiten Platin-, Rhodium- bzw. Palladium-Atome, die in geringen Mengen im Laufe eines Autolebens emittiert werden – mit dem Folgeeffekt, daß nun die Böden entlang der Autobahnen damit kontaminiert werden. Wir haben ein Problem scheinbar gelöst – und ein anderes geschaffen.

Ökologisch betrachtet wird Verkehr global und lokal immer »unnachhaltiger«.

Das Problem wurde aber auch zeitlich verschoben. Die oben erwähnten Abgase wirken in der Regel eher kurzfristig; die Belastung unserer Böden durch Metalle aus Katalysatoren wird allerdings noch Generationen nach uns beschäftigen. Tendenziell eher kurzzeitige werden durch tendenziell eher langzeitige Belastungen erkauft. Aus ökologischer Sicht ist dieser Weg ineffizient und gefährlich, denn dadurch werden die (Öko-)Systeme immer instabiler und anfälliger. Die genannten Mechanismen sorgen dafür, daß andere unseren Verkehr subventionieren. Ökologisch betrachtet wird dadurch Verkehr global und lokal immer »unnachhaltiger«.

Das Ziel: Nachhaltiger Verkehr

Im Verkehrsbereich wird viel gestritten. Die Bandbreite liegt zwischen dem weiteren Ausbau unserer Verkehrssysteme und einer deutlichen Trendwende. Zudem hat auch im Verkehr die Nachhaltigkeitsdebatte erste Spuren hinterlassen. Zunehmend wird allen Beteiligten klar, daß der Verkehr nicht unbegrenzt weiterwachsen kann und Tragfähigkeitsüberlegungen bzw. Nachhaltigkeitsbetrachtungen umgesetzt werden müssen. Aber wie sieht nachhaltiger Verkehr aus?

Die Agenda 21 (die ich Agenda II nenne, weil sie die Hausaufgaben für die zweite Phase der Menschheitsgeschichte beschreibt) fordert für den nachhaltigen Verkehr Verkehrsstrukturen, die die Verkehrsnachfrage reduzieren; die Förderung der öffentlichen Verkehrssysteme; die Unterstützung von Rad- und Fußgängerverkehr sowie die integrierte Verkehrsplanung von Ländern und Kommunen. Eine wesentliche Voraussetzung zur Erreichung nachhaltigen Verkehrs ist allerdings, daß wir unsere Verbrauchs- und Produktionsmuster so ändern, daß Energie- und Ressourcenverbrauch reduziert werden.[1] Für unseren heutigen Verkehr bedeuten diese Forderungen eine komplette Trendumkehr.

Die OECD hat in ihrem EST-Programm (Environmentally sustainable transport)[2] versucht, für sechs Beispielregionen in acht Ländern zu definieren, welchen Kriterien nachhaltiger Verkehr unbedingt genügen muß. Das Projekt ging dabei so vor, daß gerade nicht gefragt wurde, welchen Trend wir in den nächsten zehn Jahren sowieso erwarten müssen, sondern es wurde gefragt, wie die (nachhaltige) Welt einmal aussehen soll. In diesem Prozeß wurden die folgenden Forderungen als Kriterien für einen nachhaltigen/weniger unnachhaltigen Verkehr im Jahr 2030 entwickelt:

Der Verkehr in den Industrieländern bzw. in den Beispielregionen soll bis zum Jahr 2030 mindestens 80 Prozent weniger fossile Energie verbrauchen (analog mindestens 80 Prozent weniger Kohlendioxid emittieren), mindestens 90 Prozent weniger Stickoxide und Kohlenwasserstoffe (VOC) und je nach Region zwischen 55 und 99 Prozent (!!!) weniger Partikel emittieren, keinerlei Belastungen oder Gesundheitsgefahren durch Lärm mehr verursachen (genannt werden etwa 55-70 dB(A) tagsüber und maximal 45 dB(A) nachts und in Gebäuden) und nur soviel Fläche beanspruchen, daß auch die Ökosysteme nachhaltig bestehen können. Wahrscheinlich bedeutet dies, daß keinerlei Flächen zusätzlich für Verkehr in Anspruch genommen werden dürfen.[3]

Die Luft wird also sauberer, Sommersmogepisoden werden der Vergangenheit angehören. Es wird viel leiser als heute sein. Autos werden weniger und langsamer fahren. Die Straßen werden sicherer sein. Und nicht noch mehr Flächen werden für den Verkehr in Anspruch genommen, sondern bleiben für andere Nutzungen frei.

Die Verkehrssysteme werden demnach grundlegend anders als heute aussehen. Die Randbedingungen für Verkehr werden dann natürlich ganz anders gesetzt werden müssen als heute. Raumüberwindung, Entfernungen müssen mehr Geld kosten. Unsere Verkehrslösungen müssen sozial verträglich sein, lokale Besonderheiten berücksichtigen und damit dezentral angelegt sein. Großräumige, globale singuläre Konzepte (das Europalager für bestimmte Güter, Just-in-time-Produktion o.ä.) sind nicht nachhaltig denkbar, und sie werden sich dann auch nicht mehr ökonomisch rechnen. Vor allem muß die Entkoppelung von Nutzen und Kosten unseres Verkehrs, von den Vorteilen und den Nachteilen wieder aufgehoben werden: Dem Nutzer von Verkehr muß sichtbar gemacht werden, welche Belastungen und Kosten damit verbunden sind.

Dem Nutzer von Verkehr muß sichtbar gemacht werden, welche Belastungen und Kosten damit verbunden sind.

Die Entscheidung über das individuelle Verkehrsverhalten im nachhaltigen Verkehr muß und wird weiter auf der individuellen Ebene fallen müssen. Dem Menschen müssen bei seinen Entscheidungen aber auch alle Entscheidungskriterien bekannt sein (vor allem ausgedrückt in Preisen). Im nachhaltigen Verkehr wird also sicherlich kein dirigistischer Apparat, sondern ein sehr vielfältiger, kostenwahrer, individueller Entscheidungsprozeß zu beobachten sein. Und je mehr Entscheidungsspielräume (das bedeutet auch: Umgehungsmöglichkeiten) dem einzelnen Menschen offenstehen, desto kreativer und effizienter kann der ganze Prozeß ablaufen.

Die »Vancouver-Principles« beantworten die Frage, wozu Verkehr eigentlich dient, und entwickeln Prinzipien für nachhaltigen Verkehr.

Der Weg: Leitlinien und Prinzipien

Welche Regeln können uns bei der Realisierung dieses Ziels behilflich sein? Wie können die ersten Schritte aussehen? Nach welchen Leitlinien haben die Entscheidungen zu fallen? Als Hinweise dafür hat im Frühjahr 1996 eine Konferenz zum Thema »nachhaltiger Verkehr« in Vancouver neun Prinzipien für nachhaltigen Verkehr formuliert. Diese neun »Vancouver-Principles« beantworten die Frage, wozu Verkehr eigentlich dient, und entwickeln soziale, ökologische und ökonomische Prinzipien für nachhaltigen Verkehr:

- *Access (Erreichbarkeit):*
  Menschen haben ein Recht auf Zugang zu Menschen, Orten, Gütern und Dienstleistungen. Das Prinzip 1 gibt an, wofür Verkehr überhaupt stattfindet und erklärt Mobilität zu einem Menschenrecht.
- *Equity (Gerechtigkeit):*
  Die Verkehrsbedürfnisse aller sind so zu sichern, daß zwischen Menschen, Regionen und Generationen Gerechtigkeit herrscht. Prinzip 2 sagt, für wen dieses Recht gilt: für alle. Niemand darf ausgeschlossen sein.
- *Individual and Community Responsibility (Verantwortung):*
  Menschen und Gesellschaften sind bei ihren Entscheidungen für die Umwelt verantwortlich. Prinzip 3 besagt, daß jeder Mensch die Verantwortung für seine Handlungen wahrzunehmen hat. Zusätzlich verantwortet die Gesellschaft insgesamt die Handlungen all ihrer Mitglieder.
- *Health and Safety (Gesundheit):*
  Verkehrssysteme müssen Gesundheit und Sicherheit schützen und die Lebensqualität verbessern.
- *Education and Public Participation (Demokratie):*
  Menschen und Gesellschaften müssen in diesen Prozeß einbezogen werden. Prinzip 5 ist ebenfalls ein gesellschaftliches: Wir haben die Menschen auf diesem Weg aktiv einzubeziehen. Dazu sind die Menschen aber auch entsprechend auszubilden.

- *Integrated Planning (Systemplanung):*
  Verkehrsplanung muß die gesamten Systemaspekte, muß Umwelt, Gesundheit, Energie, Finanzen und städtebauliche Qualität integrieren. Prinzip 6 fordert, was schon seit vielen Jahren von Verkehrsplanern erwartet wird: Alle Wechselwirkungen sind einzubeziehen.
- *Land and Resource Use (Flächen- und Ressourcennutzung):*
  Verkehrssysteme müssen Fläche und Ressourcen sparsam einsetzen bzw. schützen. Das Prinzip 7 spiegelt das erste ökologische Nachhaltigkeitskriterium wider: Alle Quellen dürfen nicht überbeansprucht werden, müssen nutzbar bleiben.
- *Pollution Prevention (Umwelterhaltung):*
  Verkehrsbedürfnisse müssen ohne Gefahren für Gesundheit, Klima, Artenvielfalt und Ökosysteme zu befriedigen sein. Prinzip 8 entspricht dem zweiten ökologischen Nachhaltigkeitskriterium. Auch die Senken (für Abfälle, Abgase, Müll etc.) dürfen nicht überbelastet werden.
- *Economic Well-Being (Kostenwahrheit):*
  Die Preise sollten für nachhaltigen Verkehr arbeiten anstatt wie heute dagegen. Dabei sind die vollen jetzigen und künftigen Kosten den Nutzern anzulasten. Das Prinzip 9 versucht, die beschriebenen Subventionen (Kostenverlagerungen auf andere Menschen, andere Länder, andere Zeiten) zu reduzieren. Es stellt ein ökonomisches Nachhaltigkeitskriterium dar.

Die Verkehrs- und Umweltminister aller europäischen Länder haben sich auf ihrer Konferenz im November 1997 in Wien darauf verständigt, ihre Schritte auf das Ziel »nachhaltiger Verkehr« hin auszurichten. In den Vereinbarungen[4] haben sie sogar explizit auf die Vancouver-Prinzipien Bezug genommen.

Wir müssen und können, um unsere Mobilität zu erhalten, den Verkehr verringern. Alle Entscheidungen jedes Politikers, jedes Verkehrsplaners und jedes Verkehrsteilnehmers sind nach diesen Kriterien auszurichten – wann immer es geht. Wenn wir gemeinsam diesen Weg gehen, wird es uns gelingen, die Mobilitätsbedürfnisse so zu befriedigen, daß alle davon profitieren, und zwar in einem System, dessen Randbedingungen die Einhaltung der Nachhaltigkeitskriterien sicherstellt.

Wir müssen und können, um unsere Mobilität zu erhalten, den Verkehr verringern.

Anmerkungen

1 Agenda 21, Kapitel 7.52: Förderung einer nachhaltigen Siedlungsentwicklung.
2 OECD/OECDE 1997.
3 Ebd.
4 United Nations 1997.

Energie

Hans Christoph Binswanger

Aufgrund der Ergebnisse der Rio-Konferenz von 1992 dürfte Konsens darüber bestehen, daß zu den nachhaltig zu befriedigenden ökologischen Bedürfnissen sowohl die Aufrechterhaltung der Produktionsgrundlagen für künftige Generationen als auch die Bewahrung oder Wiederherstellung einer gesunden Umwelt oder Lebenswelt gehört. Dies gilt uneingeschränkt für die gegenwärtige wie für künftige Generationen.

Bei der Sicherung der Ressourcengrundlage ist zwischen erneuerbaren und nicht-erneuerbaren Ressourcen zu unterscheiden. Als erneuerbare Ressourcen gelten primär die Erde, die im Zusammenhang mit den von der Sonneneinstrahlung angetriebenen ökologischen Kreisläufen von Luft und Wasser, den Nährstoffen und dem vorhandenen Samengut die Grundlage der landwirtschaftlichen Produktion bildet, sowie die Bestände an Pflanzen (Wald, Weide) und Tiere (Fische, Wild), deren Erneuerung ganz oder teilweise der natürlichen Regeneration überlassen bleibt. Erneuerbare Ressourcen sind vor allem Lieferanten von Nahrungsmitteln oder Rohstoffen. Sie können aber auch zur Energieerzeugung verwendet werden. Die erneuerbaren Ressourcen können sich – wie der Name sagt – von Jahr zu Jahr erneuern und so ad infinitum genutzt werden. Dies setzt aber voraus, daß keine Übernutzung und kein Raubbau stattfindet, daß also eine minimale Substanz erhalten bleibt und genügend Raum zur Entfaltung und zur Nutzung übrigbleibt, der Boden also nicht beliebig durch Bebauung und Asphaltierung »sterilisiert« wird.

Bei der Sicherung der Ressourcengrundlage ist zwischen erneuerbaren und nicht-erneuerbaren Ressourcen zu unterscheiden.

Nicht-erneuerbare Ressourcen sind Metalle und chemische Grundstoffe, sowie die fossil biogenen Energieträger Kohle, Erdöl, Erdgas und die fossil mineralischen Energieträger Uran und Thorium, aus denen der Atomstrom gewonnen wird. Ihre Vorräte sind durch das Vorkommen in der Erdkruste begrenzt. Die Begrenzung ist aber bei den Rohstoffen weniger strikt, da sie mindestens teilweise recycelt werden können. Der Verbrauch der Energieträger ist demgegenüber endgültig; die Abwärme verschwindet in den Weltraum. Hier fällt daher die Begrenzung der Vorräte noch stärker ins Gewicht.

Das Konzept einer nachhaltigen Energiewirtschaft steht im Zentrum der Nachhaltigkeits-Debatte.

Das Konzept einer nachhaltigen Energiewirtschaft steht daher im Zentrum der Nachhaltigkeits-Debatte.

Im folgenden soll versucht werden, durch systematische Erweiterung des Konzepts der nachhaltigen Waldwirtschaft einen Weg für eine möglichst konfliktfreie Strategie der nachhaltigen Energiewirtschaft aufzuzeigen. Das Grundproblem besteht darin, daß sich die nicht-erneuerbaren Ressourcen nicht ohne weiteres der Idee der Nachhaltigkeit unterstellen lassen. Sie können nur einmal »geerntet« werden. Ihre Vorräte gehen daher irgendwann zu Ende. Eine nachhaltige Nutzung hieße also – strenggenommen –, daß diese Ressourcen überhaupt nicht mehr genutzt werden dürfen, damit sie nachhaltig erhalten bleiben. Damit kommen wir aber in ein logisches Dilemma: Wozu sollen sie erhalten bleiben, wenn sie nicht genutzt werden? Im übrigen wären wir, wenn wir sie nicht mehr nutzen, jetzt schon dort angelangt, wo wir erst hinkommen, wenn alle Vorräte verbraucht sind.

Um diesem Dilemma auszuweichen, wird vielfach gefordert, daß man die nicht-erneuerbaren Ressourcen zwar vorläufig noch nutzen dürfe, aber nur bei sukzessivem Ersatz durch erneuerbare Ressourcen. Die Nutzung der nicht-erneuerbaren Ressourcen soll in dem Ausmaß abnehmen, wie die Nutzung der erneuerbaren zunimmt. Am Schluß, wenn alle nicht-erneuerbaren Ressourcen verbraucht sind, kämen wir mit den erneuerbaren Ressourcen allein aus. Dies wäre aber nur dann eine befriedigende Lösung, wenn die erneuerbaren Ressourcen selber nachhaltig genutzt werden – was jedoch beim heutigen Niveau der Produktion nicht mehr gewährleistet ist. Die Nutzung bzw. die Produktion der erneuerbaren Ressourcen kann zwar in gewissem Ausmaß intensiviert werden – wie dies insbesondere durch die Modernisierung der Landwirtschaft im 19. und 20. Jahrhundert geschah –, aber die Intensivierung hat ihre Grenzen: Man muß sich dem Jahreszeitrhythmus von Saat und Ernte anpassen und geduldig auf das Wachsen der Pflanzen warten. Die Vorräte der nicht-erneuerbaren Ressourcen hingegen liegen einfach – unter dem Boden – da, sie »warten« sozusagen auf ihre Ausbeutung.

Ihre »Ernte« konnte und kann daher von Jahr zu Jahr gesteigert werden. Das kontinuierliche Wachstum der Wirtschaft kam nur dadurch zustande, daß immer mehr nicht-erneuerbare Ressourcen, also vor allem fossile Energieträger wie Kohle und Öl, in den Wirtschaftsprozeß einbezogen wurden. So entstand die moderne industrielle Wirtschaft, die die ursprüngliche, auf erneuerbare Ressourcen aufbauende Wirtschaft verdrängte bzw. ergänzte. Dabei konnten gerade wegen der Nutzung der nicht-erneuerbaren Ressourcen die erneuerbaren Ressourcen zum Teil (wieder) geschont werden. So war etwa die Rückkehr zur nachhaltigen Nutzung des Waldes möglich, weil Stein- und Braunkohle die Holzkohle ersetzten. Damit stellt sich die Kardinalfrage: Wie sollen die nicht-erneuerbaren Ressourcen durch erneuerbare ersetzt werden, ohne daß bei der enormen Steigerung der Produktion seit der industriellen Revolution die erneuerbaren Ressourcen total übernutzt und sie in kürzester Zeit durch Raubbau vernichtet werden, was das genaue Gegenteil der Nachhaltigkeit wäre?

Nutzung der Sonnenstrahlen: der Ausweg aus dem Nachhaltigkeits-Dilemma?

Auf diese Frage scheint es eine Antwort zu geben, die für viele der Ausweg aus dem Nachhaltigkeits-Dilemma darstellt: die Nutzung der Sonneneinstrahlung zur Energiegewinnung und die Substitution der nicht-erneuerbaren Energien durch die Sonnenenergie. Man muß nur die Sonne zur erneuerbaren Ressource erklären – sie wird nach menschlichen Maßstäben »ewig« scheinen –, um allen Beschränkungen des Raumschiffs Erde zu entkommen, denn die Sonneneinstrahlung pro Jahr auf die Erde ist etwa 1.300 mal so groß wie der gesamte derzeitige Energieverbrauch pro Jahr. Dabei geht es sowohl um die direkte Nutzung der Sonnenenergie wie Wärmegewinnung durch Sonnenkollektoren und Stromgewinnung durch Photovoltaik als auch um die indirekte Nutzung wie Verbrennung von Biomasse – Holz, landwirtschaftliche Abfälle, Klärgas, Energiepflanzen – und Stromgewinnung aus Wind- und Wasserkraft. Durch die Umstellung von den fossil biogenen Energieträgern Kohle, Erdöl und Erdgas auf die Sonnenenergie bzw. die erneuerbaren Energieträger würde zudem der CO_2-Ausstoß vermindert und somit ein wichtiger Beitrag zum Klimaschutz geleistet werden. Die Solar-Strategie wird daher oft als Königsweg in die nachhaltige Zukunft propagiert.

Dieses Rezept verspricht aber mehr, als es leisten kann. Es setzt nämlich voraus, daß die Nutzung der Sonne von Jahr zu Jahr beliebig steigerungsfähig ist, um die nicht-erneuerbaren Ressourcen sukzessive zu substituieren. Dabei wird aber übersehen, daß, auch wenn die Sonneneinstrahlung als solche immens groß ist, die »Auffang«-Möglichkeit der Sonneneinstrahlung begrenzt ist.

Die Sonneneinstrahlung ist auf biologische – und nicht auf technische – Nutzung programmiert. Indem sich die Erde um sich selbst und die Sonne dreht, wird die ganze Erdoberfläche in bestimmten tageszeitlichen und jahreszeitlichen Rhythmen »bedient«. So kann sich das Leben überall entfalten. Die Intensität der Sonneneinstrahlung wird durch den Wetterwechsel immer wieder verändert. Dadurch kommt der Wasser- und Windkreislauf zustande. Die Sonneneinstrahlung ist somit durch Dezentralität und Diskontinuität gekennzeichnet.

Große Boden- und Raumkapazitäten sind notwendig, um die Sonnenenergie aufzufangen.

Will man die Sonne zur Energiequelle im technischen Sinne umfunktionieren, muß ein großer zusätzlicher Aufwand geleistet werden. Vor allem benötigt man wegen der Dezentralität der Sonneneinstrahlung große Boden- und Raumkapazitäten, um die Sonnenenergie – in welcher Form auch immer – aufzufangen, während wegen der Zentralität der Nutzung in den wirtschaftlichen Ballungszentren weite Transportwege mit entsprechenden Transportverlusten zu überwinden sind. Aufgrund der Diskontinuität der Sonneneinstrahlung auf der einen Seite und dem kontinuierlichen Bedarf an Energie auf der anderen Seite sind außerdem große Speicher- und Reservekapazitäten nötig. Dies verteuert nicht nur die Sonnenenergie, sondern führt zu einem weiteren Raumbedarf, der zum ursprünglichen Bedarf für die Gewinnung der Sonnenenergie noch hinzukommt.

Aus diesem Grund ist es falsch, nur von Sonnenenergie zu sprechen, wenn man von der Nutzung der Sonne als Energiequelle im technischen Sinne spricht. Die richtige Bezeichnung ist vielmehr Sonnen-Boden-Energie. Dabei gilt: Die Sonneneinstrahlung ist reichlich, aber der Boden bzw. der Raum ist knapp. Dieser ist sogar, wegen der vielfältigen Ansprüche an ihn, die knappste Ressource, die wir haben!

Hier ist allerdings eine differenzierte Betrachtung notwendig, denn es bestehen bei der direkten wie bei der indirekten Nutzung der Sonneneinstrahlung Möglichkeiten zur Doppelnutzung des Bodens. Zu dieser gehört insbesondere die Wärmegewinnung durch Sonnenkollektoren, die Photovoltaik in überbauten Gebieten, die Verbrennung von Holz, das einem nachhaltig genutzten Wald entnommen wird (der Wald hat mehrere Funktionen!), die

Verbrennung von landwirtschaftlichen Abfällen sowie die Nutzung von Deponie- und Klärgas. In diesen Fällen entsteht kein oder wenig zusätzlicher Bodenverbrauch.

Anders verhält es sich jedoch dort, wo die Verwandlung von Sonneneinstrahlung in Energie Boden oder Raum beansprucht. Diese Beanspruchung kann dabei in zwei Formen auftreten: einmal als Beeinträchtigung der »Eigenart, Vielfalt und Schönheit« der Landschaft (wie es in der deutschen Raumplanung heißt), die oft mit der Reduktion der Artenvielfalt Hand in Hand geht, zum anderen als Reduktion der für andere Nutzungen vorgesehenen Standortflächen. Die Beeinträchtigung des Landschaftsbildes und der Artenvielfalt erfolgt insbesondere durch die Wasserkraftnutzung, welche die künstliche Stauung der Flüsse nötig macht, die Photovoltaik außerhalb der Siedlungsgebiete, die zur Verspiegelung der Abhänge in den Hügel- und Berggebieten führt, und die Windenergie, welche die vielfältige Natur- und Kulturlandschaft in einen eintönigen Technopark verwandelt. Die Anpflanzung von Kulturpflanzen wie Rüben, Raps, Chinaschilf zur Energiegewinnung hingegen verdrängt den Anbau von Kulturpflanzen zur Nahrungsmittelproduktion und damit die heute (endlich!) aussichtsreichen Ansätze für eine ökologische Landwirtschaft.

Diese Formen der erneuerbaren Energien verstoßen somit gegen den sparsamen Umgang mit der knappsten Ressource auf der Erde, dem Boden bzw. dem Lebensraum. Damit wird ein wichtiges Ziel der Nachhaltigkeit verfehlt. Im übrigen wird das Potential der erneuerbaren Energien eingeschränkt durch die begrenzte Zahl geeigneter Standorte bei Wasser- und Windkraft, durch die (noch) große energetische Amortisationszeit vor allem der Photovoltaik und durch die Notwendigkeit einer Reduktion der Bodenbelastung, die mit einem Intensivanbau von Energiepflanzen verbunden ist. Aus diesen Gründen kann der Übergang zu den erneuerbaren Energien auch in der erweiterten Form der direkten und indirekten Nutzung der Sonnenenergie keinen Königsweg in die Zukunft der Nachhaltigkeit darstellen. Sie können höchstens bei moderiertem Ausbau einen Zusatzbeitrag liefern. Ein forcierter Ausbau führt hingegen gerade zum Gegenteil: zur Zerstörung von Nachhaltigkeit in ihren verschiedenen Aspekten.

Lange Zeit galt die Atomenergie als eine unversiegbare Energiequelle – eine Auffassung, die aber auch schon von jeher angezweifelt wurde.

Lange Zeit galt die Atomenergie als eine unversiegbare Energiequelle. Diese Auffassung wird aber schon seit jeher stark bezweifelt. Folgende Bedenken sprechen dagegen:

- Erstens ist die Kernspaltung vom Vorkommen der fossil mineralischen Ressourcen Uran und Thorium abhängig, die genauso wie die fossil biogenen Ressourcen nur in beschränktem Umfang in der Erdkruste vorhanden sind. Man hat zwar versucht, durch schnelle Brutreaktoren, die ihren eigenen Brennstoff (Plutonium) erbrüten, dieser Begrenzung zu entgehen. Die entsprechenden Anstrengungen haben aber zu keinem befriedigenden Ergebnis geführt.
- Zweitens hat sich seit dem Reaktorunglück von Tschernobyl im Jahr 1986 das Risikobewußtsein in der Bevölkerung stark erhöht; dies beruht vor allem auf der Gefährlichkeit möglicher unkontrollierbarer Kettenreaktionen bei der Atomspaltung.

Es ist zwar nicht ausgemacht, daß nicht noch wesentliche technische Verbesserungen möglich sind, die insbesondere zur Verringerung der hochgiftigen Abfälle führen und das Unfallrisiko vermindern können. Entsprechende Weiterentwicklungen sind aber bestenfalls im Experimentierstadium. Eine praktisch anwendbare Lösung ist noch nicht in Sichtweite. Erst recht gilt dies für die Kernfusion, obwohl die Versuche zur Energiegewinnung auf dieser Basis bereits 50 Jahre andauern.

Es wäre verwegen, die Atomenergie wegen einzelner positiver Aspekte als Träger eines Konzepts der Nachhaltigkeit zu betrachten.

Die Atomenergie hat zwar in letzter Zeit wieder eine Aufwertung erfahren, weil sie fossil biologische Energieträger ersetzen und damit zu einer Minderung des CO_2-Ausstoßes und damit zum Klimaschutz beitragen könnte. Es wäre aber verwegen, sie deswegen als Träger eines Konzepts der Nachhaltigkeit zu betrachten. Schon die erwähnten Bedenken stehen einer solchen Auffassung entgegen. Für viele Menschen ist der Abbau der Atomenergie-Kapazitäten vielmehr Bestandteil des Nachhaltigkeitskonzepts selbst.

Wir halten also fest: Die Substitution der fossil biologischen Energieträger durch die Solarenergie und erst recht durch die Atomenergie bietet – wenn überhaupt – nur begrenzte Möglichkeiten für die Realisierung einer nachhaltigen Wirtschaft. Sie stößt sehr schnell an Grenzen, die sich aus der Notwendigkeit der Beachtung anderer Nachhaltigkeitsziele ergeben. Müssen wir nun daraus den Schluß ziehen, daß es überhaupt keinen Weg zu einer nachhaltigen Entwicklung gibt? Doch, es gibt ihn, und er ist realisierbar. Im Grundsatz ist die Strategie, die dahin führt, sehr einfach. Sie besteht darin, sukzessive durch Vermeidung von (unnötigem) Energieverbrauch die Wachstumsrate des Gesamtverbrauchs an Energie in eine Minderungsrate zu verwandeln und die Minderungsrate so anzusetzen, daß der Energievorrat nie ganz verbraucht wird. Mit einer solchen Vermeidungs-Strategie können wir aus der Unlogik eines totalen Nutzungsstops der nicht-erneuerbaren Ressourcen herauskommen, ohne in eine übermäßige Nutzung der erneuerbaren Ressourcen inklusive des Bodens bzw. des Lebensraums zu verfallen und dadurch neue Risiken in Kauf zu nehmen.

Aus der Wachstumsrate des Energieverbrauchs muß eine Minderungsrate werden – und die ist so anzusetzen, daß der Energievorrat nie ganz aufgebraucht wird.

Die Höhe der notwendigen Minderungsrate ist von der Größe der Vorräte im Vergleich zur heutigen Produktion abhängig. Wir müssen uns daher zuerst eine Vorstellung davon machen, wie groß die vermuteten abbaubaren Vorräte sind. Es gibt dafür verschiedene Schätzungen. Man geht nicht fehl, wenn man für Kohle, Erdöl und Erdgas vom Tausendfachen des heutigen Jahresverbrauchs ausgeht.[1]

Berechnen wir aufgrund dieser Schätzung die Lebensdauer dieser Energieträger, so ergibt sich: Bleibt der Verbrauch immer gleich, beträgt die Lebensdauer logischerweise tausend Jahre. Wenn der Verbrauch jedes Jahr um fünf Prozent steigt, verkürzt sich die Lebensdauer auf 81 Jahre. Wenn der Verbrauch nur um 0,5 Prozent pro Jahr steigt, verringert sich die Lebensdauer der Ressource nur auf 360 Jahre. Wenn aber der Verbrauch jedes Jahr um eine bestimmte Rate fällt, wird die Lebensdauer der fossil biogenen Energieträger wesentlich verlängert. Man kann sich dann fragen, wie groß die Minderungsrate im Minimum sein muß, damit die Ressource nie vollständig erschöpft wird, also in diesem Sinne nachhaltig genutzt wird. Bei einem tausendjährigen Vorrat handelt es sich um eine jährliche Reduzierung von 0,1 Prozent. Das heißt: nur ein Promille des Verbrauchs des jeweiligen Vorjahres müßte jedes Jahr mindestens reduziert werden. Dies ist sicher für die nächsten 100 Jahre, sogar für die nächsten 500 Jahre keine übertriebene Forderung! Nach 100 Jahren würde die nötige Einsparung nicht mehr als zehn Prozent gegenüber dem heutigen Verbrauch betragen müssen, und noch nach 500 Jahren nicht mehr als 40 Prozent.

Selbst bei einem leicht fallenden Verbrauch (0,05 Prozent) erschöpft sich der Ressourcenvorrat noch nach einer endlichen Anzahl von Jahren. Bei einer Reduktion des Verbrauchs von mindestens 0,1 Prozent hingegen geht er nie vollständig zur Neige. Bei einer noch stärkeren Reduktionsrate (0,2 Prozent, 0,3 Prozent) sind sogar nach Tausenden von Jahren noch beträchtliche Restvorräte vorhanden, z. B. nach 3.500 Jahren bei einer Minderungsrate von 0,2 Prozent die Hälfte des Vorrats und bei einer Minderungsrate von 0,3 Prozent sogar noch zwei Drittel!

Die Industrieländer müssen ihren Energieverbrauch stärker drosseln, um der Dritten Welt einen noch etwas steigenden Verbrauch zu ermöglichen.

Allerdings gilt: Auch wenn eine Einsparung von 0,1 Prozent pro Jahr selbst auf lange Frist zumutbar ist, also nicht von vornherein als Utopie abgetan werden kann, muß man sich der großen Aufgabe bewußt sein, die damit verbunden ist. Da es um die Reduzierung des Weltenergieverbrauchs geht, müssen die Industrieländer ihren Energieverbrauch stärker drosseln, um der Dritten Welt einen noch etwas steigenden Verbrauch zu ermöglichen, ohne das Gesamtziel zu verfehlen! In den Industrieländern selbst ist es wiederum nötig, daß in Bereichen, wo dies auch technisch möglich ist, der Energieverbrauch wesentlich stärker reduziert wird, weil in bestimmten Bereichen voraussichtlich keine entsprechende Senkung erfolgen kann. In dem Ausmaß wie Klimaveränderungen drohen und ein Ausstieg aus der Atomenergie möglich werden soll, muß außerdem die Reduktion des Energieverbrauchs beschleunigt werden.

Die Sonnenenergiegewinnung und die darauf aufbauende Substitution fossiler durch erneuerbare Energieträger kann dabei eine ergänzende Rolle spielen, insbesondere dann, wenn sie auf einer Doppelnutzung des Bodens beruht und daher nicht andere Nachhaltigkeitsziele verletzt. Die Vermeidungsstrategie muß aber die Priorität erhalten, wenn es darum geht, das Nachhaltigkeitsziel mit öffentlichen Geldern zu unterstützen. Jede Mark aus öffentlichen Mitteln oder aus Zusatzbelastungen der Energiekonsumenten sollte – man kann eine Mark nur einmal ausgeben! – den größten Ertrag im Sinne der Nachhaltigkeit erzielen. Dieser ist bei der Energieeinsparung wesentlich höher als beim Ausbau der erneuerbaren Energien, durch den zuerst einmal nur zusätzliche Energie produziert wird, es jedoch offen bleibt, um wieviel die fossil biogenen Energieträger substituiert und damit auch der Ausstoß von Treibhausgasen vermindert wird. Bei der Vermeidungsstrategie ist eine solche Minderung indes per se der Fall.

Zur Vermeidungsstrategie gehören insbesondere:

- die Erhöhung der Effizienz bei der Energiegewinnung und -umwandlung;
- die vermehrte Anwendung von Wärme-Kraft-Kopplung;
- die Erhöhung der Effizienz im Bereich der Energiegewinnung;

- die Einsparung von Energie durch Konstruktion und Nutzung von Maschinen, Apparaten und Fahrzeugen mit geringerem Energieverbrauch;
- die Erhöhung der Nutzungsdauer von Produkten;
- die Wärmedämmung in den Häusern;
- das klima- und ökologiegerechte Bauen;
- die Umstellung auf weniger energieintensive Strukturen im Infrastruktur- und Verkehrsbereich;
- verkehrsvermeidende städtebauliche Maßnahmen;
- Erziehung zu energiesparendem Verhalten.

Hermann-Josef Wagner, Leiter des Instituts für ökologische Energietechnik an der Universität Essen, gibt einige Beispiele für das Kostenverhältnis zwischen erneuerbaren Energien und Effizienz- und Sparstrategien. Die Kosten des Photovoltaikstroms betragen für eine vermiedene Tonne CO_2 ca. 3.000 Mark, für Windstrom zwar wesentlich weniger, aber immer noch mindestens 270 Mark. Für die verschiedenen Maßnahmen zur Effizienzerhebung bei der Stromerzeugung durch Braunkohle mußten demgegenüber in den letzten Jahren nur etwa 30 Mark pro vermiedene Tonne CO_2 ausgegeben werden. Der Ersatz der Glühbirne durch eine Energiesparlampe kostet ca. 100 Mark für die gleiche Einsparung. Neue Haushaltsgeräte wie Koch- und Gefriergeräte benötigen weniger Energie als ihre Vorgänger; in diesem Fall braucht die CO_2-Minderung nur eine Anstoß-Finanzierung. Auch in der verbesserten Wärmedämmung im Alt- und Neubaubestand liegen kostengünstige CO_2-Minderungspotentiale. Wagner kommt daher zu dem Schluß:

Das Vermeiden einer Tonne CO_2 bei der Stromerzeugung durch Braunkohle kostet nur 30 Mark.

»Vor dem Hintergrund ausreichender preiswerter Energiemengen geht es kurz- und mittelfristig unter energiewirtschaftlichen Aspekten nicht darum, einen vorab festgesetzten Anteil erneuerbarer Energien in der Stromversorgung zu realisieren. Es geht darum, möglichst preisgünstig Energieverbrauch und CO_2-Emissionen zu verringern. Das Argument erneuerbarer Energien auf jeden Fall über das betriebswirtschaftlich angebrachte Maß hinaus zu fördern, um Emissionen zu senken, ist alleine nicht ausschlaggebend. Es kommt vielmehr darauf an, die vorhandenen Potentiale in der Reihenfolge ihrer Kosten zu erschließen.«[2]

Fazit

Im Vordergrund steht die Minderung des gesamten Energieverbrauchs.

1. Es gibt ein sinnvolles und in sich stimmiges Konzept einer nachhaltigen Energiewirtschaft, das allen Postulaten der Nachhaltigkeit Rechnung trägt. Im Vordergrund steht die Vermeidungsstrategie, d.h. die Minderung des (gesamten) Energieverbrauchs durch Einsparung, Effizienzerhöhung und Umstellung auf weniger Energie verbrauchende Strukturen. Diese Strategie ist grundsätzlich auch die billigste, weil sich mindestens mittel- und langfristig auch Kosten einsparen lassen. Zusätzliche finanzielle Mittel sind meist nur nötig, um die Investitionskosten und damit die Amortisationszeiten zu reduzieren.
2. Die jährliche Minderung des Energieverbrauchs muß so groß sein, daß die Vorräte der fossil biogenen Energieträger (Erdöl, Kohle, Erdgas) nie ganz verbraucht werden. Bei einem (geschätzten) Gesamtvorrat dieser Energieträger in der Höhe des Tausendfachen des heutigen Verbrauchs beträgt die notwendige Minderungsrate 0,1 Prozent pro Jahr.
3. Mit der Vermeidungsstrategie werden auch andere Nachhaltigkeitsziele erreicht, wie die Reduktion des CO_2-Ausstoßes und damit der Treibhausgase, ohne daß Boden oder Raum vergeudet wird und neue Risiken in Kauf genommen werden müssen.
4. Erneuerbare Energien können und sollen eine ergänzende Rolle spielen, wenn sie auf einer Doppelnutzung des Bodens beruhen und ihre Nutzung nicht in anderer Weise gegen Nachhaltigkeits-Postulate verstößt.

Anmerkungen

1 Gemäß World Energy Council 1983, S. 88, betragen die festgestellten und die an der Schwelle der Gewinnbarkeit stehenden Weltvorräte an konventionellem und nicht konventionellem Öl zusammen das ca. 230fache, an Erdgas das ca. 115fache und an Kohle das ca. 1.400fache der heutigen Jahresproduktion. Die entsprechenden Vorräte an konventionellem Öl allein liegen nach John D. Edwards 1997 beim ca. 60- bis 90fachen der heutigen Jahresproduktion. Die geologisch geschätzten Vorräte der fossilen Energieträger sind wesentlich höher.

2 Wagner 1997.

Wissen: Information und Kommunikation

Franz Josef Radermacher

Information und Kommunikation sind von zentraler Bedeutung im Rahmen der Evolution des Lebens auf diesem Globus. Dies gilt für die Weitergabe der Erbinformation, das Wirken des Immunsystems oder die Wechselwirkung von Lebewesen. Der Charakter der jeweils genutzten Informationen und die Mechanismen des Austauschs wurden im Laufe der Fortentwicklung zunehmend komplexer und abstrakter.

Information und Kommunikation sind von zentraler Bedeutung im Rahmen der Evolution des Lebens auf diesem Globus.

Die verschiedenen Formen der Informationsverarbeitung, die dabei eine Rolle spielen, lassen sich in einer Vierebenenhierarchie unterscheiden. Am Anfang (Ebene 1) steht eine geometrische Form der Kodierung (Schlüssel-Schloß-Prinzip), die bis heute zentral ist für den gesamten Bereich der genetischen Informationsweitergabe, für das Wirken des Immunsystems sowie für die Eingangsseite aller Sinnesorgane. Wissen über die Welt ist in den richtigen dreidimensionalen Formen kodiert (Beispiel Virus versus Antikörper).

Mit dem Aufkommen von Nervensystemen (neuronale Netze) veränderte sich der Schwerpunkt der Informationsverarbeitung. Höhere Lebewesen verfügen über Sensoren und Aktoren, zwischen denen neuronale (Schalt-)Netzwerke als Träger der Informationsverarbeitung operieren. Diese übersetzen induzierte elektrische Impulse geeignet in Entscheidungen und Verhalten. Solche neuronalen Netze (Ebene 2) verfügen über ein erhebliches Potential des Lernens vielfältiger (genügend stetiger) Zusammenhänge, insbesondere im senso-motorischen Bereich (komplexe Bewegungsabläufe), aber ebenso in der gefühlsmäßigen Bewertung von Informationen und der intuitiven Bewältigung von Problemlagen.

Zum Potential neuronaler Netze gehört auch die Fähigkeit zur Klassifikation von Objekten und zur Begriffsbildung, womit der Übergang zu abstrakteren Formen der Informations- und Wissensverarbeitung möglich wird (Ebene 3). Solche höheren Funktionen sind beim Menschen z. B. die Nutzung von Regelkalkülen, Logik oder Relationalsystemen auf klassifizierten Objekten und Zuständen, primär unter Zuhilfenahme von Sprache (Symbolverarbeitung). Diese bildet heute den dominierenden Modus der Kommunikation von Menschen untereinander.

Mit dem Übergang zu Wissen in Form von Theorien und Modellen, die heute beispielsweise in Gestalt von Differentialgleichungssystemen und Simulationsverfahren teilweise schon als Ersatz für reale Abläufe stehen können, erreicht dieser Prozeß mit der 4. Ebene seinen bisherigen Abschluß. Die Erschließung der 4. Ebene ist eine Leistung des Superorganismus Menschheit und ganz jungen Datums.

Sprechen wir in diesem Kontext heute über Information und Kommunikation zwischen Menschen und innerhalb von menschlichen Organisationen, dann haben wir es mit komplexen Superorganismen zu tun, die das gesamte beschriebene Repertoire von Wissensverarbeitungsmechanismen gleichzeitig und koordiniert nutzen. Dabei reicht der Bereich des neuronal-intuitiv Verfügbaren immer weiter als das, was auf der Symbolebene bekannt und bewußt ist. Die Explizitmachung des neuronal-intuitiv bereits Erfaßten ist ein wesentlicher Mechanismus des wissenschaftlichen und gesellschaftlichen Fortschritts.

Das Studium des menschlichen Gehirns als eines besonders leistungsfähigen informationsverarbeitenden Systems würde alleine bereits ein Kapitel dieses Buches füllen. Dies betrifft z. B. prinzipielle Architekturfragen für ein massiv-parallel organisiertes neuronales Netz, das Problem der Wechselwirkung der verschiedenen diskutierten kognitiven Ebenen, aber auch Themen wie Kognition, Kreativität und Freiheit. Das Thema Bewußtsein scheint eng mit der Frage einer übergeordneten Kontrolle und der Übernahme von Verantwortung für den intelligenten Umgang mit knappen Ressourcen, wie der eigenen Bewegung in Raum und Zeit, verknüpft zu sein. Interessant ist die Frage, ob Bewußtsein notwendig ist, um über Wissen zu verfügen. Viele Philosophen würden dies so sehen. Die Frage ist weiterhin, ob Kreativität ein sich selbst als frei und bewußt empfindendes System voraussetzt oder ob bzw. inwieweit Entsprechendes auch einmal bei intelligenten Maschinen möglich werden kann.

Ist Bewußtsein notwendig, um über Wissen zu verfügen?

Alles, was wir in biologischen Systemen beobachten, kann im Prinzip auch auf der Ebene von Superorganismen, wie menschlichen Organisationen, auftreten. Es macht daher Sinn, von der eigenständigen Kognition der Menschheit zu reden und vom Bewußtsein der Menschheit über sich selbst und anzunehmen, daß Entsprechendes auf Dauer auch für intelligente Maschinen zutreffen wird. Aus dieser Sicht gibt es auch keinen Grund, den Begriff des Wissens alleine auf diejenigen Inhalte zu reduzieren, die Menschen in der Repräsentationsform sprachlichen oder symbolhaften Wissens bewußt verfügbar sind. So besitzen Tiere Wissen über angepaßtes, adäquates Verhalten, und Bohrkerne aus dem Packeis der Antarktis enthalten Wissen über das Klima vergangener Jahrhunderte im Sinne eines Naturarchivs.

Es ist anzunehmen, daß man auch bei intelligenten Maschinen in Zukunft von eigenständiger Kognition und Bewußtsein über sich selbst sprechen kann.

Spannend ist in diesem Kontext, daß wir heute mit dem Übergang in eine digitalisierte Welt der Informationsverarbeitung und mit Multimedia und weltweiten Netzen erstmalig über technische Medien verfügen, die die Rolle von Nervensystemen für menschliche Organisationen im Sinne von Superorganismen zu übernehmen scheinen und dabei die biologischen Vorbilder in vielen Leistungsparametern bereits zu übertreffen beginnen. Die technischen Möglichkeiten des Informationsaustauschs und der Kommunikation haben sich dabei mit Satellitentechnik, Glasfasertechnologie, neuen Darstellungsstandards und der jetzt anstehenden Koppelung von Hunderten von Millionen Sensorkomponenten und von Millionen Aktorkomponenten über eine internetartige Technologie in einem unvorstellbaren Maße gesteigert, und das gilt aufgrund der rasanten Entwicklung der modernen Rechnersysteme und entsprechender Verarbeitungsprogramme ebenso für die Intelligenz dessen, was hier technisch an Verarbeitung geleistet werden kann.

Das alles zusammen bildet die Voraussetzungen für den Übergang in eine globale Wissensgesellschaft auf der Basis von weltweiten Netzen und einer digitalisierten Technologie des Informationsaustauschs.

Die digitale Revolution

Das zentrale Ereignis auf dem Weg in eine weltweite Wissenschaftsgesellschaft nach der Erfindung der Schrift, des Buchdrucks und des Computers war die digitale Revolution. Hier ist es zunächst vor etwa 50 Jahren aufgrund tiefer mathematischer Einsichten Wissenschaftlern gelungen, die (kalkülhafte) Verarbeitung von Information generell zurückzuführen auf die Manipulation von zwei physikalischen Zuständen (0 und 1). Diese intellektuelle Trennung der Aufgaben der Informationsverarbeitung in einen algorithmischen, prozeduralen Teil – ein Problem der Mathematik und Informatik – und einen technisch-hardwareorientierten Teil, der im wesentlichen den immer leistungsfähigeren Umgang mit zwei Zuständen betrifft, hat eine Innovationsgeschwindigkeit im Bereich der Hardwaretechnologie ermöglicht, wie es sie in der Technik zuvor noch nie gegeben hat. Wir erleben hier nun seit etwa vier Jahrzehnten praktisch alle zwei Jahre eine Verdoppelung des Preis-Leistungs-Verhältnisses. Aufgrund der jetzt bereits vorliegenden Einsichten wird dies noch mindestens zehnmal so weitergehen, d. h., wir werden in etwa 20 Jahren zum Preis und in der Größe eines heutigen PCs Maschinen verfügbar haben, die tausendmal leistungsstärker sind als die heutigen Rechner. Die Nutzungsarten dieser Technik verlaufen dabei umgekehrt zu der oben genannten kognitiven Hierarchie im Rahmen des Evolutionsprozesses von harten Aufgaben der numerischen Mathematik (Ebene 4) über die Ebene 3 der bürokratischen Bewältigung großer Mengen von Daten, Beziehungen und Aufgaben der Texterfassung und Textverarbeitung nunmehr hin zu Aufgaben auf der Ebene 2, also Sensorsignalverarbeitung, Umgang mit unscharfem Wissen, Beherrschung von Sensorik und Aktorik usw.

Im Verlauf dieser technischen Revolution wurden die Übertragungstechnik und die Systemumgebungen immer leistungsfähiger. Seit etwa zehn Jahren erleben wir nun den Boom des Internets, des Netzwerks der Netzwerke, auf der Basis eines durchgehenden Protokolls. Das Internet bildet mittlerweile das am schnellsten wachsende technische System der Geschichte. Hundert Millionen Menschen haben heute bereits Zugang zu diesem Netz, und die dort etablierten Standards werden zunehmend auch für die Vernetzung innerhalb von Organisationen, im Sinne von Intranetzen, genutzt. Hier entsteht vor unseren Augen das Nervensystem der technisch entwickelten Welt beim Eintritt in das dritte Jahrtausend.

Das Internet bildet mittlerweile das am schnellsten wachsende technische System der Geschichte.

Bald schon werden Bibliotheken primär über digitale Zugangssysteme erschlossen werden, und auch immer mehr Inhalte werden (nur noch) auf diese Weise verfügbar sein. Das dort abgelegte Wissen wird über Hypermedia-Technologie und Komponenten des Wissensmanagements sehr viel wirksamer nutzbar werden, als das über klassische Ablage- und Kataloglösungen jemals möglich war.

Geo-Informationssysteme, CAD-Systeme und Systeme im Bereich der virtuellen Realität werden Informationen immer vielfältiger darzustellen erlauben. Simulationen als Alternative zur Realität, man denke etwa an eine multimediabasierte Reise durch fremde Welten, werden zu einem immer wichtigeren Bereich menschlicher Erfahrung werden.

Mit der Verfügbarkeit so großer Mengen von Information geht ein zunehmendes Problem der Orientierung einher.

Mit der Verfügbarkeit so großer Mengen von Information geht andererseits ein zunehmendes Problem der Orientierung einher. Es gilt, Wissen in Daten- und Wissensbanken zu organisieren, Vergleichbarkeit und »Übersetzbarkeit« von Begriffssystemen herzustellen, Maßnahmen der Qualitätssicherung von Informationen vorzusehen und über Suchmaschinen, Filter und Broker Möglichkeiten zu schaffen, das relevante Wissen immer besser zu identifizieren.

Mit dieser digitalen Revolution nähert sich die Menschheit der Verfügbarkeit einer Technik, die im Gegensatz zu der früheren mündlichen oder textbasierten Wissensverarbeitung und -weitergabe zunehmend Wissen selber in Handlung überführt, so daß an vielen Stellen der Mensch in dieser Kette überhaupt nicht mehr benötigt wird. Die Probleme der Beherrschung dieses Wissens verlagern sich damit auf ein Monitoring dieses technischen Gesamtsystems und auf Fragen der Organisation und des Managements dieses Wissens sowie die Wissensintegration, wozu heute zunehmend sogenannte Metawissenssysteme entwickelt werden, also Systeme, die Informationen darüber beinhalten, wo welche Informationen in welcher Qualität über welchen Zugriffspfad zu finden sind, wobei auch hier die Automatisierung rasch voranschreitet.

In dem Prozeß des Wettlaufs zwischen den Beiträgen der einzelnen Menschen und dem, was dieses zunehmend technisch abgestützte Wissen ermöglicht, erleben wir, daß immer besser ausgebildete Menschen in Wechselwirkung mit immer leistungsfähigeren Maschinen einen immer höheren Mehrwert erzeugen; der Beitrag des Menschen erfolgt dabei zunehmend in Wechselwirkung mit derartigen Maschinen. Mit der wachsenden Leistungsfähigkeit der Systeme stellt sich allerdings die Frage, wie lange ein großer Teil der Bevölkerung hier noch wesentliche Wertschöpfungsbeiträge leisten können wird. Sicher ist als Folge dieser Entwicklung das Thema Ausbildung weltweit in seiner Bedeutung immer stärker gestiegen. Zugleich finden ausgebildete Menschen über diese Infrastruktur zunehmend auch weltweit immer besser Betätigungsmöglichkeiten.

Deutlich ist, daß in diesem Umfeld das weitere Heben der Ausbildungsniveaus ansteht und daß auch hier wiederum die Technologie die entscheidenden neuen Möglichkeiten eröffnet. Bisher war Ausbildung weitgehend an eine intensive, damit kostenträchtige Wechselwirkung von lehrenden und lernenden Personen an bestimmten Orten zu bestimmten Zeiten gebunden. Dies wird zwar in Teilen schon heute substantiell durch Bücher, Schallplatten, Sprachlabore usw. technisch unterstützt, aber erst jetzt besteht erstmalig die Chance einer weitgehenden Schülerzentrierung. Erkennbar wird erstmalig die Perspektive einer netzwerkgestützten, weltweiten Ausbildungslandschaft mit entsprechenden internationalen Bewertungs- und Creditsystemen im Bildungsbereich. Ausbildungseinheiten hoher Qualität werden rund um die Uhr verfügbar, umweltfreundlich und preiswert nutzbar sein.

Der Beitrag von Wissen, Information und Kommunikation zu einer nachhaltigen Entwicklung

Das Thema einer nachhaltigen Entwicklung ist in den letzten Jahren, vor allem in der Folge der Weltkonferenz über Umwelt und Entwicklung von Rio, überall ein dominierendes Thema der politischen Debatte geworden, ebenso wie der Weg in die weltweite Informations- und Wissensgesellschaft. Das Thema ist besonders akut, weil immer deutlicher wird, daß sich die Weltgesellschaft mit heute sechs Milliarden, bald schon zehn Milliarden Menschen allein schon angesichts der großen Umweltbelastungen, die der reiche Norden heute bereits mit seinem Lebensmodell erzeugt, keineswegs in Richtung auf langfristig tragfähige Zustände bewegt. Die immer raschere Innovation spielt dabei eine doppelgesichtige Rolle, nicht zuletzt angesichts der Tatsache, daß wir mittlerweile als Einzelpersonen wie als Staaten große Probleme haben, die durch immer neue Innovationen bewirkten Veränderungen, inklusive der damit auch verbundenen Enteignung von Wissen und Investitionen, noch zu verkraften.

Der technische Fortschritt ist weiterhin einer der wichtigsten Ansatzpunkte für eine Hoffnung auf Problemlösung.

Generell ist der technische Fortschritt dennoch einer der wichtigsten Ansatzpunkte für eine Hoffnung auf bessere Lösungen, wie schon immer in den letzten 10.000 Jahren. Die Wichtigkeit derartiger Fortschritte hängt insbesondere mit der historischen Erfahrung zusammen, daß es ausgesprochen schwierig ist, Menschen dazu zu motivieren, jemals freiwillig hinter den Status quo zurückzugehen; ganz im Gegenteil ist eher Zuwachs angesagt. Wachstum ist ein wichtiger Kitt inhomogener Gesellschaften, da die Einbindung derjenigen, die nicht auf der »Sonnenseite« stehen, oft an dem Versprechen und der Aussicht hängt, daß die persönliche Situation in Zukunft besser sein wird. Politisch gilt es also, zur Sicherung einer nachhaltigen Entwicklung Lösungen für diese Welt zu entwickeln, in deren Rahmen es tendenziell einmal allen Menschen besser gehen wird als heute, wobei zumindest vorläufig die Zahl der Menschen noch stetig steigt, und das in einer Situation, in der die Umweltbelastungen vielfach ein tolerierbares Maß bereits überschritten haben. In dieser schwierigen Situation besteht die größte Hoffnung darin, mit neuen Lösungen eine weitgehende Dematerialisierung zu erreichen, also aus den vorhandenen Ressourcen mehr zu machen, und das bei geringerer Umweltbelastung, so daß also im Idealfall mehr Menschen auf höherem Niveau leben können, obwohl die Umwelt weniger belastet wird als bisher.

Im Idealfall sollen in Zukunft mehr Menschen auf höherem Niveau leben können, obwohl die Umwelt weniger belastet wird als bisher.

Es ist ein wesentlicher Beitrag von Wissenschaft und Technik, daß sie diese Dematerialisierung durch immer neue Einsichten permanent ermöglichen, und zwar in Form immer neuer Verfahren und Methoden. Die Beispiele hierfür sind Legion, sei dies der Weg von einem klassischen Großrechner zu einem modernen, leistungsstärkeren PC oder von der ersten Kamera hin zu einer kleinen Pocket-Kamera.

Das Potential des technischen Fortschritts ist enorm, und keine Technologie hat je so große Chancen eröffnet wie die Informations- und Kommunikationstechnik. Die Leitidee eines »Reisens von Bits anstelle des Reisens von Atomen« steht im Vordergrund einer möglichen neuen Stufe der Dematerialisierung, vor allem unserer Mobilitätsbedürfnisse. Im Rahmen von Telearbeitssystemen steht weltweit die Möglichkeit der Kooperation in durchgängigen Wertschöpfungsketten an, wobei zugleich der Umfang an physischer Mobilität dramatisch reduziert werden kann. Tele-Medizin eröffnet die Chance einer erstklassigen medizinischen Versorgung weltweit, ohne daß überall aufwendige medizinische Komplexe realisiert werden müssen, und oben war bereits die Rede von der Aussicht auf weltweite Ausbildungssysteme, die ohne die aufwendigen Strukturen auskämen, die wir hierzu in den westlichen Ländern aufgebaut haben; digitale Bibliotheken als globale, über Netze zugängliche Informationsquellen sind ein weiteres Beispiel.

Tatsächlich geht der Beitrag der Wissenschaft aber noch sehr viel weiter. Es waren Wissenschaftler und wissenschaftliche Erkenntnisse, die uns die Grenzen unserer bisherigen Wirtschaftsweise aufgezeigt haben. Wenn wir heute über eine Klimakatastrophe reden, dann hat das wesentlich mit den Möglichkeiten eines Umweltmonitorings mittels Satelliten und der Verfügbarkeit entsprechender Modelle und zugehöriger Auswertungssysteme – etwa über die Klimasituation – zu tun. Daß wir heute die Probleme der Regenwälder, der Böden, des Oberflächenwassers, aber beispielsweise auch die Gesamtthematik der Biodiversität und des Erhalts der genetischen Vielfalt in ihren Details viel weitgehender als früher verstehen, ist ebenso eine Folge des wissenschaftlichen Fortschritts wie Einsichten über generatives Verhalten, die Bedeutung von Ausbildung und einer Stärkung der Rolle der Frau zur Veränderung von reproduktivem Verhalten. Nicht anders steht es mit dem Fortschritt in der Medizin und dem Wissen darüber, daß eine Verminderung der Säuglingssterblichkeit zurückgehende und nicht zunehmende Geburtenraten zur Folge hat.

Die Möglichkeiten der Wissenschaft und einer weltweiten Kommunikation sind auch die Voraussetzung dafür, daß sich endlich so etwas ausprägt wie ein weltweites Bewußtsein der Zusammengehörigkeit und infolgedessen die Forderung nach wirkungsvollen internationalen Institutionen. Mit der sich zunehmend herausbildenden Vorstellung einer Weltinnenpolitik und eines Weltbürgertums entstehen dabei im Sinne von *Global Governance* langsam auch die mentalen Voraussetzungen dafür, daß wir zukünftig politische Schritte und Maßnahmen ergreifen können, die in Richtung auf eine nachhaltige Entwicklung führen. Die Voraussetzung für all dies war und ist der Aufbau eines entsprechenden Wissens und seine Verfügbarmachung über Informations- und Kommunikationstechniken bis zu der heutigen Situation, in der weltweite Nachrichtensysteme in Sekundenschnelle überall über wesentliche Ereignisse irgendwo auf diesem Globus informieren.

Die Voraussetzung für ein Weltbürgertum ist der Aufbau eines entsprechenden Wissens und seiner Verfügbarmachung.

Der Rebound-Effekt

Unsere große gesellschaftliche Hoffnung zur Bewältigung der vor uns liegenden Herausforderungen ist eine weitere signifikante Dematerialisierung durch technischen und gesellschaftlichen Fortschritt und als Voraussetzung dafür und damit zusammenhängend die weltweite Kommunikation über wesentliche Ereignisse sowie die Herausarbeitung von Erklärungsmustern für beobachtete Trends. Es ist nun wichtig zu erkennen, daß dieser so positive und hoffnungsvolle Ansatz dennoch keineswegs aus sich alleine heraus zur Lösung der vor uns liegenden Probleme führt, daß insbesondere unter heutigen Rahmenbedingungen eine bloße Hoffnung auf den weiteren technischen Fortschritt nicht diese Herausforderungen bewältigen wird.

Trotz allen Fortschritts haben sich die Umweltsituation und die soziale Situation der Menschen keineswegs überall gebessert.

Tatsächlich ist es so, daß der technische Fortschritt mit immer höherem Tempo seit 10.000 und mehr Jahren voranschreitet und daß Dematerialisierung, wie die obigen Beispiele zeigen, ein damit immer einhergehender Begleiteffekt war. Als Folge von allem Fortschritt haben sich aber die Umweltsituation und auch die soziale Situation der Menschen keineswegs permanent und überall verbessert. Ganz im Gegenteil ist die Gesamtsituation eher schwieriger geworden. Überspitzt gesagt »siegen wir uns mit all dem Fortschritt noch zu Tode«.

Es ist eine wesentliche Erkenntnis der letzten Jahre, daß dies die Begleiterscheinung eines gegenläufigen Effekts zur Dematerialisierung ist, der die Tendenz hat, alle Einsparungen pro Leistungseinheit durch Ausdehnungsprozesse überzukompensieren, und dieser Effekt heißt Rebound- oder Bumerang-Effekt. Der Rebound-Effekt besagt im wesentlichen, daß im Rahmen freier Märkte die generelle Konsumbereitschaft und -orientierung von Menschen dazu führt, daß jedes technische Potential der Dematerialisierung, also die Fähigkeit, mit weniger Ressourcen und Umweltbelastung mehr Lebensqualität zu erzeugen, de facto in eine Ausdehnung von Aktivitäten übersetzt wird. Die Ausdehnung verläuft dabei in der Regel in zwei Richtungen: Zum einen erhöht sich die Zahl der Menschen, zum anderen das mittlere Aktivitätspotential pro Person. Die Wirkung dieser Effekte war in den letzten 10.000 Jahren sehr gut zu studieren. So hat sich seit dem Beginn des Neolithikums die Zahl der Menschen um mittlerweile etwa den Faktor 2.000 vergrößert, eine weitere Verdoppelung auf den Faktor 4.000 steht an. Hier ist sehr gut nachzuvollziehen, wie jeder technische Fortschritt, sei es in der Medizin, im Bereich der Landwirtschaft (»grüne Revolution«) oder in der Energieversorgung, sofort übersetzt wird in immer mehr Menschen. Genauso relevant ist aber auch die Ausdehnung der Aktivitäten pro Kopf, z. B. in Form der mittleren Energienut-

Die Menschen, die die effizienteste Energieerzeugungstechnologie einsetzen, erzeugen dennoch deutlich höhere Umweltbelastungen.

zung pro Person. Diese ist über die letzten 10.000 Jahre um etwa den Faktor 200 gestiegen. Dabei ist es symptomatisch, daß die Menschen, die die effizienteste Energieerzeugungstechnologie einsetzen, also die Menschen in den Industrieländern, dabei dennoch in der Summe deutlich höhere Umweltbelastungen erzeugen als die Menschen in den armen Ländern mit ihrer einfacheren Technik. Auch ist bemerkenswert, daß wir in der Akkumulation der genannten Effekte in nur 10.000 Jahren die Belastung der Umwelt durch den Menschen um einen Faktor von bald einer Million gesteigert haben.

Es ist übrigens auch heute wieder so, daß die großen Einsparpotentiale z. B. der Telekommunikation keineswegs dazu führen, daß etwa die physische Mobilität reduziert würde. Ganz im Gegenteil: Auch hier beobachten wir wieder Rebound-Effekte. Diese bestehen im Kern darin, daß die Menschen diese Technik nutzen (müssen), um pro Person noch mehr Prozesse bearbeiten zu können als zuvor, und damit insgesamt auch mehr persönliche Kontakte notwendig werden. Dies ist alles unvermeidbar, solange die (Konkurrenz) Märkte und deren Randbedingungen so organisiert sind, wie sie heute organisiert sind, daß also im allgemeinen Wettbewerb jeder jede Lücke, gegebenenfalls zu Lasten der Natur oder der sozialen Gegebenheiten, nutzen muß, um zu günstigeren Konditionen Dienstleistungen und Produkte zu erstellen. Es ist wesentlich die heutige Konstruktion des (Welt-)Marktes (GATT/WTO), die den Rebound-Effekt bewirkt. Der Markt ist heute vor allem auch eine geniale Veranstaltung, um Menschen dazu zu bewegen, miteinander und füreinander – und ohne ausreichende Beachtung der globalen Umweltbelastungen und sozialen Probleme – immer mehr Produkte aus den Ressourcen der Natur zu erzeugen, und jeder Schritt der Dematerialisierung wird damit zugleich zur Voraussetzung für einen weiteren Schritt zur Ausdehnung dieser Güter- und Serviceproduktion.

Wir stehen also vor der Erkenntnis, daß das Potential von Wissenschaft, von Information und Kommunikation zur Lösung der vor uns liegenden Probleme groß ist. Hier liegt unsere entscheidende Hoffnung, in umweltfreundlicher Weise freie Volumina generieren zu können, um potentiell auch einmal zehn Milliarden Menschen auf dieser Welt auf einem Niveau versorgen zu können, wie es heute nur die reichen Staaten kennen. Auf rein technischem Wege sind die vor uns liegenden Probleme dennoch nicht mehr zu bewältigen. Es ist vielmehr sicherzustellen, daß der nächste mögliche große Dematerialisierungsschub, der im kommenden Jahrhundert durchaus einen Faktor 10 ausmachen könnte, in geeigneter Weise in ein weltweites – qualitatives – Wachstum umgelenkt wird, das dann bei Beachtung einschneidender, von der Menschheit in einer bewußten Willensentscheidung selbst gesetzter Grenzen für die Umweltbelastung in Bereichen wie CO_2-Emissionen, Klima, Wälder, Böden, Wasser, Biodiversität usw. dennoch für zehn Milliarden Menschen vergleichbare Lebensbedingungen und -chancen wie für uns heute ermöglicht. Es geht also darum, den Rebound-Effekt zu vermeiden und das aus der weiteren Dematerialisierung resultierende Potential zu nutzen, um durch Angleichung der sozialen Verhältnisse und Beachtung von Umweltstandards weltweit zu einer hohen politischen Stabilität und zu einer nachhaltigen Entwicklung zu kommen.

Die Notwendigkeit geeigneter politischer Rahmensysteme

Das beschriebene Ziel stellt eine gewaltige Herausforderung an die internationale Politik dar. Hier findet heute vor dem Hintergrund eines weitgehend nicht ökologisch und sozial organisierten Weltmarktes ein Ringen um geeignete globale Rahmenbedingungen statt, wobei die USA, Asien und Europa ganz unterschiedliche Ansatzpunkte einbringen. Der G7-Gipfel in Denver und der Rio+5-Gipfel in New York haben hierfür interessante Anschauungsbeispiele geliefert.

Die Bewältigung dieser Aufgabe wird dabei im wesentlichen in einer Austarierung des Spannungsverhältnisses zwischen Wirtschaft, sozialen Anforderungen und der Umwelt bestehen müssen. Aufgrund der wirtschaftlichen Globalisierung wird dieses Austarieren auf Dauer nicht mehr national oder regional, sondern nur noch global zu bewerkstelligen sein. Entscheidende Fragen betreffen dabei die weltweite Durchsetzung sozialer und ökologischer Mindeststandards, die ihrerseits abhängig vom jeweiligen Entwicklungsstand sein können und eine Ausrichtung auf ein nachhaltiges Wirtschaften, aber auch auf ein soziales Miteinander – und damit eine weitergehende Verwirklichung der Menschenrechte – bringen werden.

Das Spannungsverhältnis zwischen Wirtschaft, sozialen Anforderungen und der Umwelt muß austariert werden.

Natürlich erfolgen solche Standards partiell zu Lasten des insgesamt erreichbaren Produktionsumfangs – zumindest in einer kurzfristigen Perspektive –, verbessern dafür aber die Lebensqualität, den Grad an sozialer Gerechtigkeit, die ökologische Situation, die Durchsetzung der Menschenrechte und insgesamt die langfristige Stabilität. Offensichtlich sind Lösungen der angedeuteten Art nur denkbar, wenn sie auch gemeinsam und fair finanziert werden, beispielsweise über Mechanismen der Zusammenarbeit wie Umweltzertifikate, weltweite Ausbildungs- und Sozialsysteme und Maßnahmen des *Joint Implementation* zwischen Nord und Süd. Alle diese Aktivitäten sollten auch zentral auf die Umkehrung der unheilvollen Trends in der Bevölkerungsentwicklung gerichtet sein, und sie sollten insbesondere Schritte beinhalten, die allen Menschen die Wahrnehmung ihres Rechts auf Familienplanung eröffnen.

Eine globale, soziale und ökologische Marktwirtschaft bietet den hoffnungsvollsten Ansatzpunkt.

Eine globale, soziale und ökologische Marktwirtschaft bietet aus heutiger Sicht für diese Zielsetzung den hoffnungsvollsten Ansatzpunkt. Dabei gilt es, die Wechselwirkung und das Spannungsverhältnis zwischen den Leitideen »Informationsgesellschaft« und »nachhaltige Entwicklung« genauer zu verstehen und nutzbar zu machen. Dies erfordert allerdings die Vermeidung von Rebound-Effekten durch geeignete Rahmenbedingungen des Weltmarktes. Hierzu gilt es, durch die neuen Medien Wissen über übergeordnete Zusammenhänge zu bündeln und zu verbreiten, Kommunikation über *Global Governance* vorzunehmen, ein weltweites Umweltmonitoring zu installieren und Investitionsentscheidungen in Richtung auf ein nachhaltiges Wirtschaften durch entsprechende Rahmenbedingungen zu erreichen. Freier Informationszugang als Schlüssel zur Organisation eines derartigen Superorganismus »Menschheit« scheint dafür eine wichtige Voraussetzung zu sein.

Die Umsetzung der beschriebenen Zielsetzung erfordert eine Wechselwirkung zwischen Nord und Süd, in deren Rahmen erhebliche Mittel des Nordens in entsprechende Infrastrukturprojekte des Südens fließen müssen, etwa für Maßnahmen des *Joint Implementation*. Von der Finanzierungsseite her wäre hier beispielsweise globale Ökosteuern oder Umweltzertifikate (CO_2-Emissionszertifikate) denkbar, die zum besseren Schutz der Umwelt führen. Mit den auf diese Weise gewonnenen Mitteln könnte zugleich der weltweite Aufbau von Sozialsystemen, Anreizsystemen zur Senkung der Kinderzahlen und Maßnahmen des *Joint Implementation* finanziert werden.

Hier bietet übrigens der Kyoto-Vertrag mit dem Clean Development Mechanismen interessante Ansatzpunkte, die leider bisher in der öffentlichen Debatte, vor allem auch in Deutschland, völlig unterschätzt werden.

Von ganz besonderer Bedeutung scheint hier der oben bereits angesprochene Aufbau globaler Ausbildungssysteme auf Basis der Multimediatechnologie und unter Nutzung weltweiter Netzwerke zu sein. Auf diese Weise ließe sich sehr viel Wissen weltweit umweltfreundlich und kostengünstig verfügbar machen, auch als Beitrag des Nordens zum Aufbau einer nachhaltigen Weltwirtschaft. Zugleich könnte damit das *Human Capital* irgendwann vielleicht auch in einer Welt mit zehn Milliarden Menschen auf ein adäquates Niveau gehoben werden. Die Humanressourcen sind laut einer Studie der Weltbank der wichtigste Einzelfaktor für den Reichtum der Nationen (etwa 60 Prozent). Das Anheben der Humanressourcen, insbesondere auch erheblich höhere Investitionen in die Ausbildung von Frauen und in eine Verbesserung ihrer ökonomischen und rechtlichen Position, wäre zugleich ein entscheidender Beitrag zu einem Rückgang der Weltbevölkerung. Es geht bei all dem nicht allein um großzügige Hilfe für die ärmeren Staaten, sondern um »Insightful Selfishness«, also das gemeinsame Arbeiten an einer zukunftsfähigen Welt, gerade auch zur Sicherung unseres eigenen Wohlstands.

Unter den angedeuteten neuen Rahmenbedingungen würde sich der Hauptanteil wirtschaftlicher Aktivitäten in die aus heutiger Sicht erforderliche Richtung verlagern, weg von hoher Energie- und Ressourcennutzung sowie Umweltbelastung pro Wertschöpfungseinheit hin zu dematerialisierten Lösungen, also – plakativ gesprochen – von einem Verkehr auf Straßen hin zu einem Verkehr auf Kommunikationsnetzen. Es würden auch nicht mehr primär die Probleme der heute reichen Staaten im Vordergrund stehen, sondern die Lösung der weltweiten Herausforderungen.

Es ist offensichtlich, daß Multimedia, Datenautobahnen und neue Medien Schlüsseltechnologien auf diesem Weg in die Zukunft sind; sie werden zur Basisinfrastruktur des zukünftigen Lebens werden. Die Zukunftsfähigkeit unserer Zivilisation wird davon abhängen, ob es gelingt, das Potential der Informationstechnologie zur Erreichung des Ziels einer nachhaltigen Entwicklung zu erschließen oder ob Rebound-Effekte abermals – wie in der Geschichte schon so oft – die sich bietenden Chancen zunichte machen werden.

Multimedia, Datenautobahnen und neue Medien sind Schlüsseltechnologien für die Zukunft.

Vision: Nachhaltige Entwicklung

Zwölf Thesen

1. Nachhaltigkeit muß zum Leitbild des 21. Jahrhunderts werden, um die ökologische Krise zu überwinden. Der Grundgedanke lautet: Die natürliche Umwelt muß so weit erhalten bleiben, daß die Lebensqualität kommender Generationen gesichert ist.

2. Die internationale Umweltpolitik bedarf neuer globaler Institutionen und Richtlinien. Notwendig ist beispielsweise die Einrichtung eines internationalen Umwelt-Gerichtshofes zur Bestrafung von Umweltsündern und zur Festlegung neuer Rahmenbedingungen umweltgerechten Wirtschaftens.

3. Die ökologische Modernisierung sichert die Zukunft der Industriegesellschaften. Von zentraler Bedeutung sind neue umweltgerechte Verfahren und Produkte.

4. In der jüngeren Generation muß ein Bewußtsein geschaffen werden für die Bedeutung nachhaltiger Entwicklung. Deshalb sollte der »ökologischen Erziehung« für Kinder und Jugendliche mehr Gewicht verliehen werden.

5. Das Gesundheitswesen muß am Prinzip der nachhaltigen Gesundheit ausgerichtet werden. Diese umfaßt nicht nur Pillen und Apparatemedizin, sondern nimmt insbesondere Rücksicht auf umweltbedingte Risiken und Gefahrenpotentiale.

6. Es ist möglich, die Welternährung – bei gleichzeitigem Erhalt der natürlichen Umwelt – zu sichern. Voraussetzung dafür ist jedoch, daß Armut und Unterentwicklung auf der Welt erfolgreich bekämpft und – gemeinsam mit den betroffenen Menschen – die aus Armut und Not resultierenden Umweltprobleme gelöst werden.

7. Güter und Dienstleistungen müssen dematerialisiert werden. Das Ziel ist eine wissensbasierte Volkswirtschaft mit geringem Ressourcenverbrauch.

8. Unverzichtbar ist ein Umwelt-Krisenatlas: zur Früherkennung und gezielten Bekämpfung von Umweltschäden. Krisenszenarien erleichtern es, das Ausmaß akuter Umweltverschmutzung zu erkennen – gleich, ob es sich um die Übernutzung einzelner Ökosysteme oder die Schädigung ganzer Landschaften handelt.

9. Ein kontrolliertes Wirtschaftswachstum ist nur durch ein verbessertes Umweltrecht, einen geringeren Energieverbrauch und eine Entwicklungspolitik unter der Maxime »Hilfe zur Selbsthilfe« zu erreichen.

10. Eine Verringerung des Verkehrs ist die Voraussetzung für die Wahrung unserer Mobilität. Die Überwindung größerer Entfernungen muß teurer werden.

11. Der gesamte Energieverbrauch wird sich nur dann drastisch reduzieren lassen, wenn konsequenter gespart, effizienter gewirtschaftet und die Umstellung auf weniger energieaufwendige Strukturen vollzogen wird.

12. Datenautobahnen und Neue Medien sind die Basisinfrastrukturen des zukünftigen Lebens. Es besteht allerdings die Gefahr, daß mögliche Einsparungen von Ressourcen durch einen Rebound-Effekt wieder aufgefressen werden.

Literatur

Agenda 21: »Konferenz der Vereinten Nationen für Umwelt und Entwicklung im Juni 1992 in Rio de Janeiro. Dokumente Agenda 21«, in: *Umweltpolitik – Eine Information des Bundesumweltministeriums*. Bonn, 1992.

Akademie für Technikfolgenabschätzung (Hg.): *Jahrbuch 1992/93*. Stuttgart, 1994.

Allen, Robert: *How to Save the World*. London, 1980.

Altner, Günter: »Von Lebewesen und Lebensmitteln«, in: Weiger, Hubert/Willer, Helga (Hg.): *Naturschutz durch ökologischen Landbau*. Holm, 1997.

Angerer, Gerhard: »Auf dem Weg zu einer ökologischen Stoffwirtschaft. Teil I: Die Rolle des Recyclings«, in: *GAIA* 4 (1995), Nr. 2, S. 77-84.

Arbeitskreis Evangelischer Unternehmer (Hg.): *Zukunftsfähiger Wirtschaften mit Energie. Eine globale und nationale Aufgabe*. Essen, 1997.

Arts, Bart: »Nachhaltige Entwicklung – eine begriffliche Abgrenzung«, in: *Peripherie* 54/1994, S. 6-27.

Baethge, M./Baethge-Kinsky, V.: »Der implizite Innovationsmodus: Zum Zusammenhang von betrieblicher Arbeitsorganisation, human resources development und Innovation«, in: Lehner u. a. (Hg.) 1998.

Becker, Egon: *Umwelt und Entwicklung*. Frankfurt a. M., 1991.

Benedick, R.E.: *Ozone Diplomacy. New Directions in Safeguarding the Planet*. Cambridge, Mass./London, 1998.

Benz, A./Scharpf, F.W./Zintl, R.: *Horizontale Politikverflechtung. Zur Theorie von Verhandlungssystemen*. Frankfurt a.M./New York, 1992.

Bergmann, Heide/Brockmann, Karl Ludwig/Rennings, Klaus: *Möglichkeiten und Grenzen von freiwilligen Umweltschutzmaßnahmen der Wirtschaft unter ordnungspolitischen Aspekten.* Kurzfassung des Endberichtes. Mannheim, 1996.

Bericht der Nord-Süd-Kommission: *Das Überleben sichern. Gemeinsame Interessen der Industrie- und Entwicklungsländer* (Brandt-Bericht). Köln, 1980.

Biermann, F./Büttner, S./Helm, C. (Hg.): *Zukunftsfähige Entwicklung. Herausforderungen an Wissenschaft und Politik.* Berlin, 1997.

Biermann, F.: *Weltumweltpolitik zwischen Nord und Süd. Die neue Verhandlungsmacht der Entwicklungsländer.* Baden-Baden, 1998.

Bierter, W./Stahel W.R./Schmidt-Bleek, F.: *Öko-intelligente Produkte, Dienstleistungen und Arbeit.* Wuppertal, 1996.

Bleischwitz, Reinhard: »Ökoproduktivität als Chance einer gesellschaftlichen Erneuerung. Wege zu neuen Wohlstandsmodellen«, in: AG Ökologische Wirtschaftspolitik (Hg.): *Ökologische und soziale Bedingungen des deutschen Einigungsprozesses.* Marburg, 1994.

BMU: *Umweltbewußtsein in Deutschland. Ergebnisse einer repräsentativen Bevölkerungsumfrage 1996. Eine Information des Bundesumweltministeriums.* Förderkennzeichen 101 07 112/05. Berlin, 1996.

Brandt-Bericht: s. Bericht der Nord-Süd-Kommission.

Braun, Gerald: »Vom Wachstum zur dauerhaften Entwicklung«, in: *Aus Politik und Zeitgeschichte.* 1991, Nr. 22.

von Braun, Joachim/Kennedy, Eileen: *Agricultural commercialization, economic development, and nutrition.* Baltimore/London, 1994.

von Braun, Joachim/Teklu, Tesfaye/Webb, Patrick: »Famine as the outcome of political, production, and market failure«, in: *IDS Bulletin* 24/1993, S. 73-79.

von Braun, Joachim/Teklu, Tesfaye/Webb, Patrick: *Famine in Africa: Causes, Mitigation, Prevention.* Baltimore/London, 1998.

Brösse, Ulrich: »Planungsorientierte Umweltpolitik«, in: Junkerheinrich, Martin/Klemmer, Paul/ Wagner, Gerd Rainer (Hg.): *Handbuch zur Umweltökonomie.* Berlin, 1995.

Brown, Lester/Flavin, Christopher/Postel, Sandra (Hg.): *Saving the Planet.* New York, 1991.

Brown-Weiss, E.: *In Fairness to Future Generations. International Law, Common Patrimony, and Intergenerational Equity.* Tokio, 1989.

Brown-Weiss, E.: »Plädoyer für einen ökologischen Generationenvertrag«, in: *Jahrbuch Ökologie 1994,* München, 1993, S. 31-38.

Brundtland-Bericht: s. Hauff 1987.

BUND/Misereor (Hg.): *Zukunftsfähiges Deutschland. Ein Beitrag zu einer global nachhaltigen Entwicklung.* Basel, 1997.

Bundesministerium für wirtschaftliche Zusammenarbeit und Entwicklung: *Überlebensfrage Wasser – eine Ressource wird knapp.* Bonn, 1995.

Business Council: *Business Council for a Sustainable Energy Future. Positions on Global Climate Change.* Washington D.C., 1994.

Caldwell, L.K.: *In Defense of Earth. International Protection of the Biosphere.* London, 1972.

Castells, M.: *The Rise of the Network Society.* Malden, 1996.

Charles, T./Lehner, F.: »Competitiveness and Employment – A Strategic Dilemma of Economic Policy«, in: *Competition and Change,* 1998.

Charles, T.: »The New Division of Labour in Europe«, in: Littek, W./Charles, T.: *The New Division of Labour.* Berlin/New York, 1996.

Commission on Sustainable Development: *Comprehensive Assessment of the Freshwater Resources of the World.* New York, 1997.

Cousteau Society: *Protecting the Rights of Future Generations.* Calypso Log, August 1991.

Dalal-Clayton, Barry: *Green Plans.* London, 1996.

Daly, Herman E.: »Sustainable Growth: An Impossibility Theorem«, in: Daly, Herman E./Townshend, Kenneth N. (Hg.): *Valuing the Earth. Economics, Ecology, Ethics.* Cambridge, Mass., 1993, S. 267-273.

De Haan, G.: *Lokale Agenda 21: Der Stand der Dinge November 1996.* Freie Universität – Forschungsgruppe Umweltbildung: Berlin, 1996.

Dieckmann, Andreas/Preisendörfer, Peter: »Persönliches Umweltverhalten: Diskrepanzen zwischen Anspruch und Wirklichkeit«, in: *Kölner Zeitschrift für Soziologie und Sozialpsychologie,* H. 2, 1992, S. 226-251.

van Dieren, Wouter: *Mit der Natur rechnen. Der neue Club of Rome Bericht: Vom Bruttosozialprodukt zum Ökosozialprodukt.* Basel, 1995.

Doll, R.: »Health and the Environment in the 1990s«, in: *AJPH* 82(7), 1992, S. 933-941.

Drèze, Jean/Sen, Amartya: *Hunger and Public Action.* Oxford, 1989.

Edwards, John D.: »Crude Oil and Alternative Energy Production Forecasts for the Twenty-First Century«, in Bulletin of the American Association of Petroleum Geologists 1997, Nr. 8, S. 1292-1305.

Eisenberg, Wolfgang/Vogelsang, Klaus: *Nachhaltigkeit leben. Orientierung und Bibliographie.* Frankfurt a. M., 1997.

Enquête-Kommission: »Schutz der Erdatmosphäre« des Deutschen Bundestages: *Mehr Zukunft für die Erde.* Bonn, 1995.

Enquête-Kommission: »Vorsorge zum Schutz der Erdatmosphäre« des Deutschen Bundestages: *Schutz der Tropenwälder. Eine internationale Schwerpunktaufgabe.* Bonn/Karlsruhe, 1990.

Enquête-Kommission: Konzept Nachhaltigkeit. *Fundamente für die Gesellschaft von morgen.* Bonn, 1997.

Esty, D.C.: *Greening the GATT. Trade, Environment, and the Future.* Washington, D.C., 1994.

European Environmental Agency (EEA): *Environmental Taxes. Implementation an Environmetal Effectiveness.* Kopenhagen, 1996.

FAO – Food and Agriculture Organization of the United Nations: *The sixth world food survey.* Rom, 1996a.

FAO: *Declaration and Global Plan of Action of World Food Summit.* Rom, 1996b.

FAO: *Food Security and Nutrition. Technical Background Paper No. 5. for the World Food Summit.* Rom, 1996c.

FAO: *State of the World's Forests 1997.* Rom, 1997.

Frank, R./Cook, P.: *The Winner take all Society.* New York, 1995.

FUE – Forum Umwelt und Entwicklung: *Lokale Agenda 21. Ein Leitfaden.* Bonn, 1996.

Fussler, C.: *Driving Eco Innovation. A Breaktrough Discipline for Innovation and Sustainability.* London/Hong Kong/Johannesburg/Melbourne/Singapore/Washington, 1996.

Gadamer, H.G.: *Über die Verborgenheit der Gesundheit.* Frankfurt a.M., 1994.

Gerstengarbe, F.-W./Werner, P.C.: »Waldbrandentwicklung im Land Brandenburg«, in: *AFZ – Der Wald,* 7/1997, S. 392ff.

Gessner, Wolfgang/Kaufmann-Hayoz, Ruth: »Die Kluft zwischen Wollen und Können«, in Fuhrer, U. (Hg.), *Ökologisches Handeln als sozialer Prozeß*. Basel, 1995, S. 11-25.

Gettkant, Andreas: *Der Erdgipfel. Nach dem Erdgipfel »Global verantwortliches Handeln für das 21. Jahrhundert«. Kommentare und Dokumente.* Hg. v. SEF – Stiftung Entwicklung und Frieden, Bd. 7. Bonn, 1993, S. 11-19.

Giarini, O./Liedtke, P.M.: *Wie wir arbeiten werden. Der neue Bericht an den Club of Rome.* Hamburg, 1998.

Gleick, P.H.: *Water in Crisis.* New York/Oxford, 1993.

Goodland, Robert/Leddec, George: »Neoclassical Economics and Principles of Sustainable Development«, in *Ecological Modelling* 38, 1987.

Grubb, M.: *The Earth Summit Agreements. A Guide and Assessment.* London, 1993.

Haas, P.M./Keohane, R.O./ Levy, M.A. (Hg.): *Institutions for the Earth. Sources of Effective International Environmental Protection.* Cambridge, Mass./London, 1993.

Hauff, Volker (Hg.): *Unsere gemeinsame Zukunft. Der Bericht der Weltkommission für Umwelt und Entwicklung* (Brundtland-Bericht). Greven, 1987.

von Hayek, F.A.: *Die Anschauungen der Menschheit und die zeitgenössische Demokratie.* Tübingen, 1969.

Heins, Bernd: »Nachhaltige Entwicklung aus sozialer Sicht«, in *Zeitschrift für angewandte Umweltforschung* 7, 1994. H. 1, S. 19-25.

Helm, C.: *Sind Freihandel und Umweltschutz vereinbar? Ökologischer Reformbedarf des GATT/WTO-Regimes.* Berlin, 1995.

Hettige, Memala/Huq, Mainul/Pargal, Sheoli/Wheeler, David: »Determinants of Pollution Abatement in Developing Countries: Evidence from South and Southeast Asia«, in: *World Development,* Bd. 24/1996, Nr. 12.

Hiessl, Harald/Meyer-Krahmer, Frieder/Schön, Michael: »Auf dem Weg zu einer ökologischen Stoffwirtschaft. Teil II: Die Rolle der ganzheitlichen Produktpolitik«, in GAIA 4 (1995), Nr. 2, S. 89-99.

Hilbert, J./Nordhause-Janz, J.: »Suchfelder für beschäftigungsintensive Wachstums- und Innovationsbereiche: Ein potential- und problemlösungsorientierter Ansatz«, in: Lehner u. a. (Hg.) 1998.

Hoffmann-Riem, Wolfgang/Eifert, Martin: »Umweltpolitische Kooperation«, in Junkerheinrich, Martin/Klemmer, Paul/ Wagner, Gerd Rainer (Hg.): *Handbuch zur Umweltökonomie*. Berlin, 1995.

Honnefelder, Ludger: »Welche Natur sollen wir schützen?«, in: *GAIA 2 Nr.* 5/1993, S. 253-264.

Hösle, Vittorio: *Philosophie der ökologischen Krise*. München, 1991.

Huber, Joseph: *Nachhaltige Entwicklung. Strategien für eine ökologische und soziale Erdpolitik*. Berlin, 1995.

Hurrelmann, K./Laaser U.: *Gesundheitswissenschaften. Handbuch für Lehre, Forschung und Praxis*. Weinheim/Basel, 1993.

IFPRI – International Food Policy Research Institute: *A 2020 Vision for food, agriculture, and the environment*. Washington D.C., 1995.

IIASA – International Institute for Applied Systems Analysis: *The Future Population of the World. What can we assume today?* London, 1995.

Independent Working Group on the Future of the United Nations: *The United Nations in its Second-half Century* (Qureshi/von-Weizsäcker-Bericht). New York, 1995.

Institut für Ökologie (Hg.): *Ö-Punkte und Agenda 21*. Reiskirchen-Saasen, 1998.

IPCC: *Climate Change 1995 – Contribution of Working Group I to the Second Assessment Report of the Intergovernmental Panel on Climate Change*. Cambridge, 1996.

IPCC: *Climate Change 1995. Economic and Social Dimensions of Climate Change*. Cambridge, 1996.

IPCC: *Climate Change 1995. Impacts, Adaptations and Mitigation of Climate Change: Scientific-Technical Analyses*. Cambridge, 1996.

IPCC: *Climate Change 1995. The Science of Climate Change*. Cambridge, 1996.

IPOS – Institut für praxisorientierte Sozialforschung: *Einstellungen zu aktuellen Fragen der Innenpolitik 1993 in Deutschland*. Mannheim, 1993.

Jänicke, Martin: »Umweltpolitische Prävention als ökologische Modernisierung und Strukturpolitik«, in: *IIUG discussion papers*, Wissenschaftszentrum Berlin (WZB): Berlin, 1984.

Jänicke, Martin/Carius, Alexander/Jörgens, Helge: »Nationale Umweltpläne in ausgewählten Industrieländern«, in: *Enquête-*

Kommission: »Schutz des Menschen und der Umwelt« des 13. Deutschen Bundestages. Berlin/Heidelberg/New York, 1997.

Jänicke, Martin/Weidner, Helmut: *National Environmental Policies – A Comparative Study of Capacity Building.* Berlin/Heidelberg/New York, 1997.

Jepma, C.P. (Hg.): *The Feasibility of Joint Implementation.* Dordrecht/Boston/London, 1995.

Kastenholz, Hans/Erdmann, Karl-Heinz/Wolff, Manfred (Hg.): *Nachhaltige Entwicklung – Zukunftschanchen für Mensch und Umwelt.* Berlin/Heidelberg, 1996.

Kickbusch, I.: *Think Health. What makes the difference? 4th International Conference on Health Promotion, Jakarta, 21-25 July 1997,* WHO/HRP4ICHP/SP/97.1, 1997.

Kissinger, H.: *Die Vernunft der Nationen.* München, 1994.

Knaus, Anja/Renn, Ortwin: *Den Gipfel vor Augen. Unterwegs in eine nachhaltige Zukunft.* Marburg, 1998.

Kohlmeier, L./Kroke, A./Plötzsch, J./Kohlmeier, M./Martin, K.: *Ernährungsabhängige Krankheiten und ihre Kosten. Schriftenreihe des Bundesministeriums für Gesundheit Nr. 27.* Baden-Baden, 1993.

Krebs, Angelika: *Naturethik.* Frankfurt a. M., 1997.

Kreibich, Rolf: *Entwicklung und Zukunft der Wissenschaftsgesellschaft.* Werkstattbericht 18. Gelsenkirchen, 1996.

Küng, H.: *Weltethos für Weltpolitik und Weltwirtschaft.* München,/ Zürich, 1997.

Kyoto Protocol: *Kyoto protocol to the UNFCCC.* Document number FCCC/CP/1997/L.7/Add.1, 1997.

Lampietti, Julian A./Subramanian, Uma: *Taking Stock of National Environmental Strategies. Environmental Management Series Paper* Nr. 010. World Bank, 1995.

Lehner, F./Baethge, M./Kühl, J./Stille, F. (Hg.): *Beschäftigung durch Innovation.* München-Mering, 1998.

Lehner, F./Baethge, M./Kühl, J./Stille, F.: »Beschäftigung durch Innovation: Perspektiven und Ansätze für eine strukturelle Erneuerung von Wirtschaft und Arbeit in Deutschland«, in: dies. 1998.

Lehner, F./Bandemer, S.v./Belzer, V./Charles, T./Hilbert, J./Kleinschmidt, M./Nordhause-Janz, J./Potratz, W./Widmaier, B.: *New Markets, New Structures and New Strategies: The Future of Industry in Europe*. Brüssel, 1993.

Lehner, F.: »Weltklasse Produktion: Der Wettbewerb der Produktionssysteme«, in: Lehner, F./Wickens, P. (Hg.): *Schlüssel zur Weltklasseproduktion*. München, 1997.

von Lersner, H.: »Interview zum Thema ›Generationenkammer‹«, in: *Natur,* 1/1994, S. 15.

Linckh, Günter/Sprich, Hubert/Flaig, Holger/Mohr, Hans: *Nachhaltige Land- und Forstwirtschaft. Voraussetzungen, Möglichkeiten, Maßnahmen*. Berlin/Heidelberg, 1997.

Majer, Helge: *Wirtschaftswachstum – Paradigmenwechsel vom quantitativen zum qualitativen Wachstum*. Oldenburg, 1992.

Marx, Karl/Engels, Friedrich: »Manifest des Kommunismus«, in: dies.: Ausgewählte Schriften in 2 Bänden. Berlin 1966.

McMichael, A.J./Jendritzky, G./Kovats, S.: »Klimaänderung und Gesundheit«, in: Wichmann, H.-E./Schlipköter, H.-W./Fülgraff, G. (Hg.): *Handbuch der Umweltmedizin*. Landsberg/Lech (Losebl.-Ausg.), 1997.

Meadows, D. u.a.: *Die Grenzen des Wachstums*. Stuttgart, 1972.

Messner, D./Nuscheler, F. (Hg.): *Weltkonferenzen und Weltberichte. Ein Wegweiser durch die internationale Diskussion*. Bonn, 1996.

Meyer-Krahmer, Frieder: »Industrielle Leitbilder«, in: Levi, Hans Wolfgang/Danzer, Brigitte: *Umweltverträgliches Wirtschaften*. Stuttgart, 1995, S. 23-37.

Mill, John Stuart: *Grundsätze der politischen Ökonomie,* 2 Bde. Jena, 1924.

Ministry of Environment (Korea): *Korea´s Green Vision 21*. Kwacheon, 1995.

Ministry of Environment (Sweden): *Our Environment*. Stockholm, 1996.

Mishan, E.J.: *Technology and Growth. The Price We Pay*. New York/ Washington D.C., 1970.

Mohr, Hans: *Qualitatives Wachstum*. Stuttgart, 1995.

Montanari, Massimo: *Der Hunger und der Überfluß. Kulturgeschichte der Ernährung in Europa*. München, 1993.

Murray, C.J.L./Lopez, A.D. (Hg.): *The global burden of disease. A comprehensive assessment of mortality and disability from diseases, inju-*

ries, and risk factors in 1990 and projected to 2020. Global Burden of Disease and Injuries Series, Bd. 1ff. Boston MA, 1996.

OECD/OECDE (Hg.): *Project on Environmentally Sustainable Transport, OECD – Environment Directoriate.* Paris, 1997. Über Internet: http://www.oecd.org/env/trans und alle dort angegebenen Veröffentlichungen.

OECD: *Environmental Performance Reviews: Germany* (und andere OECD-Länder). Paris, 1993ff.

OECD: *The OECD Jobs Study: Evidence and Explanations. Teil I: Labour Market Trends and Underlying Forces of Change.* Paris, 1994.

OECD: *Technology, Productivity and Job Creation. Analytical Report.* Paris, 1996.

OECD: *Globalisation and Environment.* Paris, 1997.

Pawlik, K.: »The Psychology of Global Environmental Change. Some Basic Data and an Agenda for Cooperative International Research«, in: *International Journal of Psychology* 5/1991, S. 547-563.

Pearce, David/Markandya, Anil/Barbier, Edward: *Blueprint For a Green Economy.* London, 1993.

Pfister, Christian: »Das 1950er Syndrom – Die Epochenschwelle der Mensch-Umwelt-Beziehung zwischen Industriegesellschaft und Konsumgesellschaft«, in: *GAIA 2.* 1994, S. 71-90.

Pfister, Gerhard/Renn, Ortwin: *Ein Indikatorensystem zur Messung einer nachhaltigen Entwicklung in Baden-Württemberg. Arbeitsbericht der Akademie für Technikfolgenabschätzung* Nr. 65. Stuttgart, 1996.

Pfister, Gerhard/Knaus, Anja/Renn, Ortwin: *Nachhaltige Entwicklung in Baden-Württemberg. Statusbericht, Präsentation der Akademie für Technikfolgenabschätzung.* Stuttgart, 1997.

PIK – Potsdam-Institut für Klimafolgenforschung: *Mögliche Auswirkungen von Klimaänderungen auf das Land Brandenburg. Pilotstudie.* Potsdam, 1996.

Porter, Michael E./van der Linde, Claas: »Green and Competitive: Ending the Stalemate«, in: *Harvard Business Review,* September/Oktober 1995.

Rees, Willam E.: *Planning for Sustainable Development.* Vancouver, 1988.

Reich, R.B.: *The Work of Nations.* London, 1991.

Renn, Ortwin/Kastenholz, Hans: »Ein regionales Konzept nachhaltiger Entwicklung«, in: *GAIA 5*, 2/1996, S. 86-102.

Renn, Ortwin/Oppermann, Bettina: »›Bottom-up‹ statt ›Top-down‹ – Die Forderung nach Bürgermitwirkung als (altes und neues) Mittel zur Lösung von Konflikten in der räumlichen Planung«, in: *Zeitschrift für angewandte Umweltforschung,* Sonderheft 6/1995, S. 257-267.

Renn, Ortwin/Webler, Thomas: »Konfliktbewältigung durch Kooperation in der Umweltpolitik. Theoretische Grundlagen und Handlungsvorschläge«, in: Umweltökonomische Studieninitiative OIKOS an der Hochschule St. Gallen (Hg.): *Kooperationen für die Umwelt.* Zürich, 1994.

Renn, Ortwin: »Ökologisch denken – sozial handeln: Die Realisierbarkeit einer nachhaltigen Entwicklung und die Rolle der Kultur- und Sozialwissenschaften«, in: Kastenholz, H./Erdmann, K.-H./Wolff, M. (Hg.), a. a. O., S. 79-119.

Renn, Ortwin/Webler, Thomas/Wiedemann, Peter: *Fairness and Competence in Citizen Participation. Evaluating New Models for Environmental Discourse.* Dordrecht, 1995.

Rennings, Klaus: *Indikatoren einer dauerhaft-umweltgerechten Entwicklung.* Stuttgart, 1994.

Rosegrant, Mark W./Agcaoili-Sombilla, Mercedita/Perez, Nicostrato D.: *Global Food Projections to 2020: Implications for Investment. Food, Agriculture, and the Environment. Discussion Paper 5.* Washington D.C., 1995.

Rosenbrock, R.: »Gesundheitspolitik«, in: Hurrelmann, K./Laaser, U. (Hg.), a. a. O., S. 317-346.

von Rudloff, H.: »Die Klima-Entwicklung in den letzten Jahrhunderten im mitteleuropäischen Raume (mit einem Rückblick auf die postglaziale Periode)«, in: Oeschger, H./Messerli, B./Svilar, M. (Hg.): *Das Klima.* Berlin/Heidelberg/New York, 1980.

Sadik, Nafis: »Bevölkerung, Umwelt und nachhaltige Entwicklung«, in: SEF (Hg.), a. a. O., S. 21-32.

Saeger, J.: *Der Öko-Atlas.* Bonn, 1994.

Schmidheiny, S.: *Kurswechsel. Globale unternehmerische Perspektiven für Entwicklung und Umwelt.* München, 1992.

Scrimshaw, Nevin S.: »Effects of iron deficiency and protein-calorie malnutrition on cognitive behavior and neurological function«, in: Stanbury, John B. (Hg.): *The damaged brain of iodine deficiency.* New York/Sidney/Tokio, 1994, S. 59-65.

SEF – Stiftung Entwicklung und Frieden (Hg.): *Nach dem Erdgipfel »Global verantwortliches Handeln für das 21. Jahrhundert«. Kommentare und Dokumente.* Bd. 7. Bonn, 1993.

SEF – Stiftung Entwicklung und Frieden: *Globale Trends 1998. Fakten, Analysen, Prognosen.* Frankfurt a.M., 1997.

Senghaas, D.: *Wohin driftet die Welt ?* Frankfurt a.M., 1994.

Simonis, Udo Ernst (Hg.): *Weltumweltpolitik. Grundriß und Bausteine eines neuen Politikfeldes.* Berlin, 1996.

Smil, V.: *China's Environmental Crisis.* Armonk, N.Y., 1993.

Solow, Robert: *An Almost Practical Step to Sustainablility.* Washington, 1992.

SRU – Rat von Sachverständigen für Umweltfragen: *Umweltgutachten 1994. Für eine dauerhaft umweltgerechte Entwicklung.* Stuttgart, 1994.

Stahel, Walter R.: *Langlebigkeit und Materialrecycling.* Essen, 1993.

Stark, Susanne: *Lokale Agenda 21. Hemmnisse, Risiken, Chancen. Wuppertal-Papers 73.* Wuppertal, 1997.

Statistisches Bundesamt: *Statistisches Jahrbuch 1997 für die Bundesrepublik Deutschland.* Bonn, 1997.

Stille, F./Bitzer, J.: »Beschäftigungswirkungen von Innovationen: Analysen zu einem komplizierten Verhältnis«, in: Lehner u. a. 1998.

Thierse, Wolfgang/von Weizäcker, Ernst-Ulrich: »Der freie Markt und die mühsam erkämpfte Demokratie«, in: *Frankfurter Rundschau,* Nr. 224, 1997, S. 18

Thompson, R.D/Perry, A. (Hg.): *Applied Climatology.* London/New York, 1997.

Thöne, Eberhard/Fahl, U.: »Energiewirtschaftliche Gesamtsituation«, in: *BWK* 46/1994, Nr. 4, S. 113-118.

Tietenberg, T.: »Implementation Issues for Globally Tradeable Carbon Entitlements", in: van Ireland, E.C. (Hg.): *International Environmental Economics.* Amsterdam, 1994.

Umweltbundesamt: *Nachhaltiges Deutschland. Wege zu einer dauerhaft-umweltgerechten Entwicklung.* Berlin, 1997.

UN: *Preparations for the United Nations Conference on Environment and Development on the Basis of General Assembly Resolution*

44/228 and Taking into Account Other Relevant General Assembly Resolutions: Cross-Sectoral Issues. Progress Report on Institutions, UN-Dok. A/CONF.151/PC/36, 31. Januar 1991.

UN: *»Erklärung von Rio de Janeiro über Umwelt und Entwicklung, Grundsatz Nr. 3«,* in: UN (Hg.): Earth Summit Agenda 21. The United Nations Programme of Action from Rio. New York, 1992.

UN: *Financial Resources and Mechnisms for Sustainable Development: Overview of Current Issues and Developments,* UN-Dok. E/CN. 17/ISWG.II/1994/2, 22. Februar 1994.

UNDP: *Human Development Report* 1997. New York, 1997.

UNEP/ISRIC: *World Map of the Status of Human-Induced Soil Degradation.* Wageningen, 1991.

UNEP: *Global Biodiversity Assessment.* Cambridge, 1995.

UNEP: *Global Environment Outlook.* New York/Oxford, 1997.

UNFPA – United Nations Fund for Population Activities: *Weltbevölkerungsbericht 1994. Entscheidungsfreiheit und Verantwortung.* Hg. DGVN – Deutsche Gesellschaft für die Vereinten Nationen. Bonn, 1994.

dies.: *Weltbevölkerungsbericht 1995. Grundlagen der Entwicklung: Macht für Frauen und reproduktive Gesundheit.* Bonn, 1995.

dies.: *Weltbevölkerungsbericht 1996. Welt im Wandel: Bevölkerung, Entwicklung und die Zukunft der Stadt.* Bonn, 1996.

dies.: *Weltbevölkerungsbericht 1997. Das Recht zu wählen: Reproduktive Rechte und reproduktive Gesundheit.* Bonn, 1997.

United Nations, Economic Commission for Europe: *Regional Conference on Transport and the Environment.* Wien, 1997.

Vosti, Stephen/Scherr, Sara: *Conservation and enhancement of natural resources. 2020 Brief 8.* Washington D.C., 1994.

Wagner, Hermann-Josef: *Erneuerbare Energien haben ihren Preis. Volkswirtschaftliche Korrespondenz der Adolf-Weber-Stiftung,* Nr. 6/1997.

Wallace, David: *Environmental Policy and Industrial Innovation. Strategies in Europe, the USA and Japan.* London, 1995.

WBGU – Wissenschaftlicher Beirat Globale Umweltveränderungen: *Welt im Wandel. Grundstruktur globaler Mensch-Umwelt-Beziehungen. Jahresgutachten.* Bonn, 1993.

WBGU: *Welt im Wandel. Die Gefährdung der Böden. Jahresgutachten 1994.* Bonn, 1994.

WBGU: *Welt im Wandel. Wege zur Lösung globaler Umweltprobleme. Jahresgutachten 1995.* Berlin/Heidelberg/New York, 1996.

von-Weizsäcker-Bericht: s. Independent Working Group on the Future of the United Nations.

von Weizsäcker, Ernst Ulrich: *Erdpolitik,* 3., aktual. Aufl. Darmstadt, 1992.

Weltkommission für Umwelt und Entwicklung: *Unsere gemeinsame Zukunft.* Greven, 1987.

WHO – World Health Organisation: *Global Database on Child Growth.* Genf, 1995.

dies.: *Health and environment in sustainable development.* Genf, 1997a.

dies.: *Health for All in the 21th Century – Policy.* 1997b, www.who.org/programmes/ppe/policy/sustain.htm.

Wilson, E.O.: *The Diversity of Life.* New York, 1992.

World Bank: *Making Development Sustainable. The World Bank Group and the Environment.* Washington D.C., 1994.

dies.: *World Development Report 1996.* Washington D.C., 1996.

World Commission on Culture and Development: *Unsere kulturelle Vielfalt.* Bonn, 1996.

World Commission on Environment and Development: *Our Common Future.* Oxford, 1987.

World Conservation Monitoring Centre: *Global Biodiversity. Status of the Earth's Living Resources.* London, 1992.

World Energy Council: *Energy for Tomorrow's World.* 1993.

World Resources Institute: *World Resources 1994-95. A guide to the Global Environment.* New York, 1994.

dass.: *World Resources 1996-97.* New York/Oxford, 1996.

Worldwatch Institute: *Zur Lage der Welt 1997.* Frankfurt a.M., 1997.

Young, H. Peyton: *Equity. Theory and Practice.* New Jersey, 1995.

Zhu, Z./Wang, T.: »Trends of Desertification and its Rehabilitation in China«, in: *Desertification Control Bulletin,* 22/1993, S. 27-30.

Autorennotiz

Günter Altner, Biologe und Theologe, ist Professor em. für Sozialethik an der Universität Koblenz-Landau.

Udo J. Becker ist Leiter des Lehrstuhls für Verkehrsökologie an der Technischen Universität Dresden.

Hans Christoph Binswanger leitet das Institut für Wirtschaft und Ökologie an der Universität St. Gallen (CH).

Joachim von Braun arbeitet am Institut für Ernährungswirtschaft und Verbraucherlehre an der Christian-Albrechts-Universität Kiel.

Elke Elsel ist wissenschaftliche Mitarbeiterin am Lehrstuhl für Verkehrsökologie an der Technischen Universität Dresden.

Rainer Fehr leitet die Abteilung Umweltmedizin, Umwelthygiene des Landesinstituts für den Öffentlichen Gesundheitsdienst Nordrhein-Westfalen in Bielefeld.

Friedrich-Wilhelm Gerstengarbe arbeitet am Potsdam-Institut für Klimafolgenforschung in Potsdam.

Martin Jänicke arbeitet an der Forschungsstelle für Umweltpolitik an der Freien Universität Berlin im Fachbereich Politische Wissenschaft.

Hans Kastenholz ist wissenschaftlicher Mitarbeiter an der Akademie für Technikfolgenabschätzung in Baden-Württemberg mit Sitz in Stuttgart.

Anja Knaus arbeitet als wissenschaftliche Mitarbeiterin an der Baden-Württemberger Akademie für Technikfolgenabschätzung in Stuttgart.

Franz Lehner ist Leiter des Instituts Arbeit und Technik am Wissenschaftszentrum NRW in Gelsenkirchen.

Roger Lienenkamp ist wissenschaftlicher Assistent bei Paul Velsinger an der Fakultät Raumplanung der Universität Dortmund.

Susanne Friederike Moebus arbeitet am Institut für medizinische Informatik, Biometrie und Epidemiologie am Universitätsklinikum Essen.

Franz Josef Radermacher ist Leiter des Forschungsinstituts für anwendungsorientierte Wissensverarbeitung (FAW) in Ulm.

Ortwin Renn ist Mitglied des Vorstands der Akademie für Technikfolgenabschätzung in Baden-Württemberg mit Sitz in Stuttgart.

Meinhard Schulz-Baldes ist Mitglied des Wissenschaftlichen Beirats der Bundesregierung »Globale Umweltveränderungen« am Alfred-Wegener-Institut in Bremerhaven.

Udo Ernst Simonis ist Leiter der Forschungsprofessur Umwelt am Wissenschaftszentrum Berlin.

Paul Velsinger lehrt an der Fakultät Raumplanung der Universität Dortmund im Bereich Volkswirtschaftslehre, insbesondere Raumwirtschaftspolitik.

Peter C. Werner arbeitet am Potsdam-Institut für Klimafolgenforschung in Potsdam.

Register

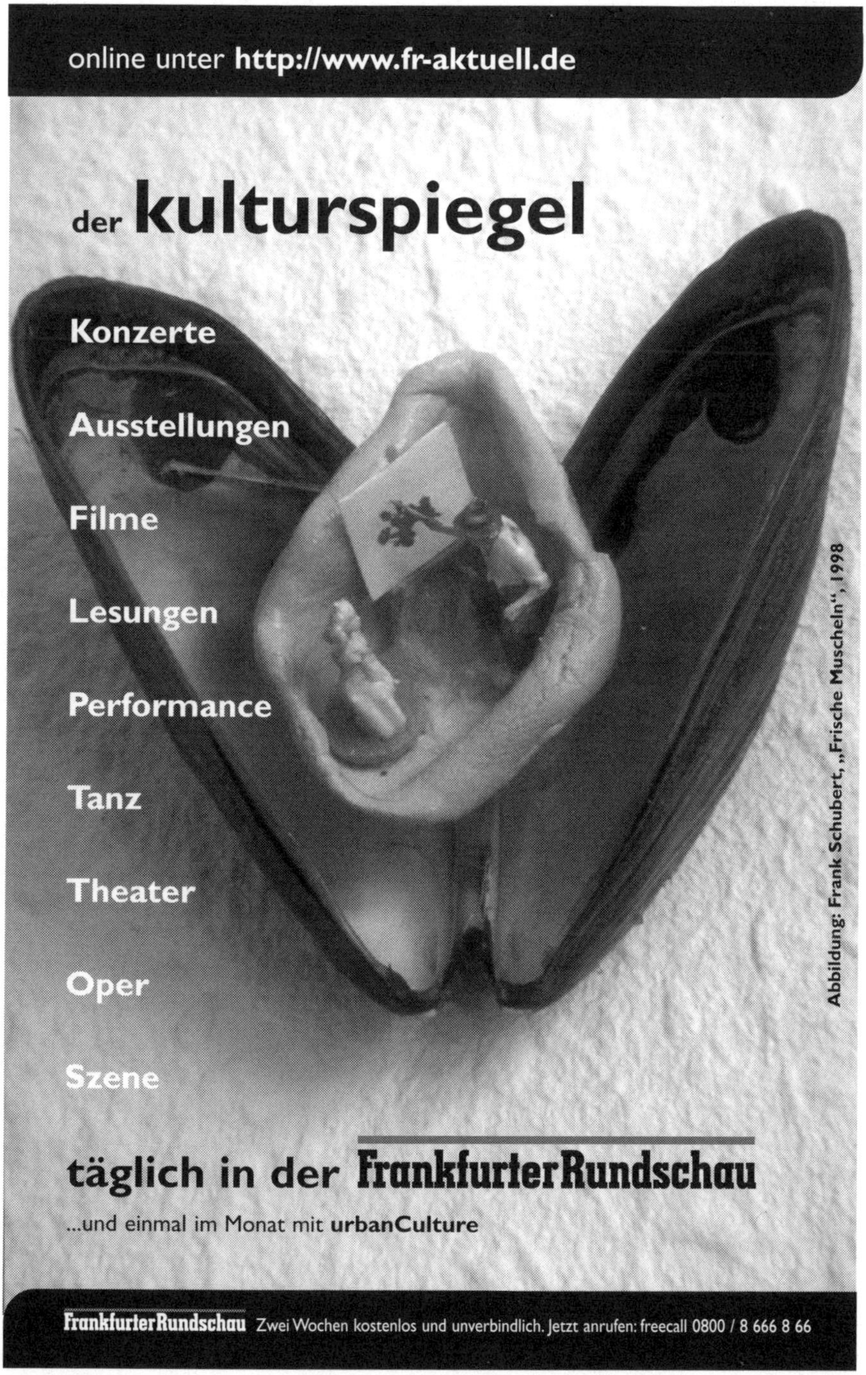
online unter http://www.fr-aktuell.de
der kulturspiegel
Konzerte
Ausstellungen
Filme
Lesungen
Performance
Tanz
Theater
Oper
Szene
Abbildung: Frank Schubert, „Frische Muscheln", 1998
täglich in der FrankfurterRundschau
...und einmal im Monat mit urbanCulture
FrankfurterRundschau Zwei Wochen kostenlos und unverbindlich. Jetzt anrufen: freecall 0800 / 8 666 8 66